权威·前沿·原创

皮书系列为
"十二五"国家重点图书出版规划项目

广东省社会建设蓝皮书

BLUE BOOK OF
SOCIETAL CONSTRUCTION
IN GUANGDONG

广东省社会建设发展报告
（2013~2014）

ANNUAL REPORT ON SOCIETAL CONSTRUCTION IN
GUANGDONG (2013-2014)

主　编／广东省社会工作委员会

社会科学文献出版社
SOCIAL SCIENCES ACADEMIC PRESS（CHINA）

图书在版编目（CIP）数据

广东省社会建设发展报告. 2013～2014/广东省社会工作委员会主编. —北京：社会科学文献出版社，2014.12

（广东省社会建设蓝皮书）

ISBN 978 - 7 - 5097 - 6675 - 0

Ⅰ. ①广… Ⅱ. ①广… Ⅲ. ①社会发展 - 白皮书 - 广东省 - 2013～2014 Ⅳ. ①D676.4

中国版本图书馆 CIP 数据核字（2014）第 241857 号

广东省社会建设蓝皮书

广东省社会建设发展报告（2013～2014）

主　　编 / 广东省社会工作委员会

出 版 人 / 谢寿光
项目统筹 / 任晓霞
责任编辑 / 任晓霞　杨桂凤

出　　版 / 社会科学文献出版社·社会政法分社 （010）59367156
　　　　　　地址：北京市北三环中路甲 29 号院华龙大厦　邮编：100029
　　　　　　网址：www. ssap. com. cn
发　　行 / 市场营销中心 （010）59367081　59367090
　　　　　　读者服务中心 （010）59367028
印　　装 / 北京季蜂印刷有限公司

规　　格 / 开 本：787mm×1092mm　1/16
　　　　　　印 张：22.5　字 数：363 千字
版　　次 / 2014 年 12 月第 1 版　2014 年 12 月第 1 次印刷
书　　号 / ISBN 978 - 7 - 5097 - 6675 - 0
定　　价 / 99.00 元

皮书序列号 / B - 2014 - 406

本书如有破损、缺页、装订错误，请与本社读者服务中心联系更换

▲ 版权所有 翻印必究

摘　要

　　《广东省社会建设发展报告（2013～2014）》系统总结了2013年广东社会建设的成就和问题，指出2014年以及今后一个时期广东社会建设的方向和重点。全书分总报告、分领域报告、地方报告、季度分析报告四个部分。

　　总报告认为，广东社会建设在十八届三中全会精神的指引下，以改革创新精神扎实推进社会领域各项工作，特别是在社会体制改革、保障和改善民生、创新社会治理、城乡区域协调发展、社会组织、基层治理、人才队伍建设、流动人口服务管理等方面取得了显著成效，为广东实现"三个定位""两个率先"的总目标提供了坚强的社会支撑；同时也指出当前广东社会建设总体上还滞后于经济建设，社会建设和社会治理还存在不少薄弱环节，主要是民生改善与公众需要仍有差距、社会治理创新面临新挑战、社会自治能力仍然较弱、非户籍人口社会融入面临深层障碍等；在分析成效和问题的基础上，总报告对广东社会发展趋势进行了展望，并根据存在的问题提出了针对性的对策建议——广东要进一步加快推进社会体制改革，以保障和改善民生为重点，以加强和创新社会治理为难点，解决好人民最关心、最直接、最现实的利益问题，建立与社会主义市场经济相适应的社会治理模式，实现社会幸福、活力、有序。

　　分领域报告重点分析了广东人口服务管理、城乡社区建设、社会组织发展、平安广东建设、新型城镇化等社会建设具体领域的发展情况。其中创新人口服务管理报告认为，广东人口发展呈现系列转型期特征：人口数量增长速度放缓，人口性别结构失衡明显，"单独二孩"政策全面实施，人口生育政策步入有序调整期，人口老化程度日趋严重，人口老化速度呈加速态势；为此，广东正积极探索人口服务管理新路径，如加快户籍制度改革，有序推进农业转移人口市民化，推进人口计生服务均等化等；下一步广东人口服务管理改革要在现有的基础上深化推进。城乡社区建设报告认为，2013年广东省积极探索基层社会治理创新，稳步推进城乡社区建设，不断增强社区自治和服务功能，各地社区建设实践探索深入推进，涌现一批先进典型，取得了显著成效。广东省社会组织发展报告认为，2013年对于广东省社会组织改革发展来说是具有里程碑意义的一年，这一年，广东社会组织管理制度改革的许多做法上升为党和国家的顶层设计。平安广东建设报告认为，自2012年广东省委、省政府全面部署创建平安广东工作以来，平安建设成效逐步彰显。新型城镇化报告认为，不能将新型城镇化简单视作保持GDP规模全国领先地位的新支撑，而应在把握规律和现实的基础上，从全局和长远的战略高度，以问题为导向，深化改革，以人为本推进新型城镇化建设，着重要解决的是"人与城市的和谐"问题。

地方报告总结了广东省内21个地级及以上市和佛山市顺德区在加强社会建设方面的创新做法、地方特色和鲜活经验，有利于加深对广东各地社会建设具体实践的认识。

季度分析报告则对广东省2013年每个季度的社会建设情况进行了监测评估，并对每个季度的热点问题进行了研究，有利于全面观察2013年广东每个季度社会建设的具体进展。

总之，全书从广东社会建设的总体情况（总报告）、条条（分领域报告）、块块（地方报告）、历史进展（季度报告）四个维度系统展示了2013年广东社会建设的情况，为全国社会建设提供了鲜活的地方经验和有益启示。

Abstract

The Blue Book of Guangdong Societal Construction (2013 – 2014) summarizes the achievements and problems of Guangdong societal construction in 2013 comprehensively and systematically. It indicates the direction and focuses of Guangdong societal construction in 2014 and the next period. This book is divided into four chapters including General Report, Domain Report, Local Report and Quarterly Analysis Report.

According to the General Report, under the guidance of spirit of The Third Plenary Session of the 18th CPC Central Committee, Guangdong steady promoted the societal construction in the spirit of reform and innovation and achieved results in all work of societal fields especially in the aspects of societal system reform, guaranteeing and improving the people's livelihood, innovating societal governance, coordinated development of urban and rural areas, societal organization, grassroots governance, talents team construction, the service and management of the transient population and so on, that provides Guangdong strong societal support to realize the general target of "three positioning and two leading". The report also indicates that compared with achievement of economic construction, the societal construction of Guangdong province still seems to relatively lag behind generally. There are still many weak links in societal construction and societal governance including gaps between people's livelihood improvements and the public's demands, new challenges faced by societal governance innovation, lack of societal autonomy ability, a series of underlying barriers in the societal inclusion of non – native permanent residents and so on. Based on the analysis of the achievements and problems, the General Report provides a vision of Guangdong societal construction trend and puts forward the corresponding countermeasures and suggestions for future work according to the problems existing. Guangdong should accelerate the reform of the societal system, focus on ensuring and improving people's livelihood, conquer the task of strengthening and making innovation in the societal governance, solve the most direct and realistic interest problem people most concerned about, establish a societal governance model compatible with the socialist market economy, and finally realize a society with happiness, vitality and order.

The Domain Report analyzes the service and management of Guangdong population, urban and rural community construction, development of societal organizations, and peace Guangdong construction, new – type urbanization and other selected domains of societal construction. Among them, the report of population service and management shows that a series of characteristics of population transitional period presents in Guangdong population development: the slowing population growth, the imbalanced sex ratio, full implementation of second – child policy, birth policy stepping into the phase of adjustment orderly, serious population aging trend, and accelerated speed of population aging. Therefore, Guangdong is actively exploring new paths of population service and management, such as accelerating the reform of household registration system, promoting the agricultural population urbanization, promoting the equal opportunities for family planning service and so on. The next step of reform of Guangdong population service and management needs to be advanced and deepened on the basis of existing achievements. According to the report of urban and rural community construction, Guangdong province actively explored grassroots societal management innovation and steadily pushed forward the urban and rural community construction, as well as strengthening community autonomy and service function continuously. There are batches of advanced paragons made remarkable achievements emerging over the local community construction practices. The report of Guangdong societal organizations development indicates that the year of 2013 is a milestone year for reform and development of societal organizations. In this year, many measures of reform of Guangdong societal organization management system are upgrade to the top design of the party and the country. Safe Guangdong construction report shows that the results of peace construction are revealed gradually since the Guangdong provincial party committee and provincial government deployed the overall tasks of peace Guangdong in 2012. The new – type urbanization report argues that instead of simply regarding the new – type urbanization as a new support for maintaining the leading position of GDP scale, Guangdong should deepen reform oriented from the realistic problems and promote the construction of new – type urbanization oriented from people with the overall and long – term strategic perspectives and based of rules and reality. The proposition of 'harmony of man and the city' is crucial and imperative to be realized.

The Local Report summarizes innovations, local characteristics and flexible experiences in strengthening the societal construction of 21 cities and the Shunde district in Foshan city, which are helpful to deepen the understanding of specific practices of society construction all around Guangdong.

The Quarterly Analysis Report carries out the monitoring and evaluation of the societal construction in Guangdong province for each quarter of 2013 and studies the hot issues of each quarter, which is advantageous to observe the specific progress of societal construction in Guangdong province for each quarter of 2013 comprehensively.

In conclusion, the whole book shows the situation of Guangdong society construction in 2013 systematically from four perspectives including overall situation (General Report), series (Domain Report), blocks (Local Report) and the progress (Quarterly Analysis Report), which provides vivid local experience and beneficial enlightenment for national societal construction.

目 录

BⅣ 季度分析报告

皮书数据库阅读 **使用指南**

CONTENTS

B I General Report

B II Domain Reports

B III Local Reports

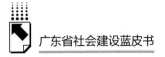

BIV Quarterly Analysis Reports

总 报 告

General Report

B.1

2013 年广东省社会建设报告

导言：社会建设又好又快发展

党的十八大后，习近平总书记首站视察广东，对广东提出了"三个定位、两个率先"的要求。一年来，全省上下深入学习贯彻习近平总书记视察广东重要讲话精神，把总书记对广东提出的"三个定位、两个率先"的要求作为广东今后工作的总目标，认真谋划和推动广东经济社会发展，在新的历史起点上谋划和部署广东新一轮改革发展各项工作。在前几年快速推进的基础上，更加注重社会建设质量的提升。不仅重点保证底线公平，出台了《关于提高我省底线民生保障水平的实施方案》，而且更加重视社会事业的公平正义和可持续发展；不仅重视社会组织数量的增长，而且更加强调有效管理，把对社会组织的积极培育和规范管理统筹起来；不仅注意维护社会的平安和谐稳定，而且更加重视社会的包容、活力、文明。可以说，这一年，广东以改善民生和创新治理为主要内容的社会建设全面推进，亮点纷呈。2013 年 11 月 9 日，党的十八届三中全会胜利召开，出台了《中共中央关于全面深化改革若干重大问题的决定》，全方位部署了经济、政治、文化、社会、生态文明和党的建设等各领域的改革重点，描绘了全面深化改革的路线图和时间表。未来广东社会建设将在十八届三中全会精神的指引下，以改革创新精神扎实推进社会领域各项工作，为广东实现"三个定位、两个率先"总目标提供坚强的社会支撑。

一　2013 年广东社会建设总体形势

一年来，广东社会建设按照中央有关决策部署，围绕省委、省政府中心工作，以社会体制改革为动力，以保障和改善民生与创新社会治理为抓手，在民生社会、平安社会、公平社会、活力社会、法治社会等方面均取得显著成效。

（一）深化社会体制改革，解放和增强社会活力

2013 年，广东抓住制约社会发展的突出问题，加大改革攻坚力度，重点领域和关键环节改革深入推进。年初，省社工委根据省委、省政府工作要点，出台了《2013 年广东深化社会体制改革工作要点》，在民生事业体制、社会组织体制、基层社会治理体制、社工和志愿者服务体制、加强和创新社会治理等五大领域提出明确的改革任务。

《广东省"十二五"时期深化行政审批制度改革先行先试方案》提出到2015 年，广东力争打造成为全国行政审批项目最少、行政效率最高、行政成本最低、行政过程最透明的先行区。其中 2013 年取消、转移、下放国家设定和省权限内的行政审批事项共 508 项[1]，市、县行政审批改革事项目录全部公布。省级食品药品监管、卫生计生、新闻出版和广电部门机构改革顺利实施，职能有效整合。事业单位分类改革基本完成。省网上办事大厅联通全部县（市、区）。商事登记制度改革从试点地区向珠三角各市铺开，全省新登记企业数量增长 50.4%、注册资本总额增长 1.8 倍。[2] 珠三角和山区县农村综合改革深入开展。编制实施全省社会信用体系和市场监管体系建设规划。

---

① 新华社：《广东再取消和下放一批行政审批项目》，2014 年 3 月 1 日。
② 广东省省长朱小丹：《广东省政府工作报告——2014 年 1 月 16 日在广东省第十二届人民代表大会第二次会议上》，《南方日报》2014 年 1 月 22 日。

（二）重点保障和改善民生，基本公共服务扩容提质

2013 年，广东以推进基本公共服务均等化和十件民生实事为抓手，切实加大民生保障力度，全年 11 类民生支出占全省公共财政预算支出比重为 67.17%，比上年同期提高 1.38 个百分点，省级财政超收收入的 86% 用于改善社会民生事业、推进基本公共服务均等化及均衡区域发展水平。主要体现在如下方面

一是教育均衡协调发展。教育"创强争先建高地"全面推进，新创建教育强县（市、区）12 个，教育强镇（乡、街）196 个。截至 2013 年底，全省共有教育强县（市、区）68 个、强镇（乡、街）982 个，覆盖率分别为 50.8% 和 62%。学前教育三年行动计划总目标基本实现，义务教育均衡优质标准化发展扎实推进，高中阶段教育普及水平得到巩固提升，扩大高校办学自主权改革和"四重"建设迈出新步伐，中等职业教育免学费范围扩大至所有农村（含县、镇）户籍全日制在校生；71 个承担山区、边远农村义务教育教师津补贴任务的县（市、区）已全部制定本地津补贴实施办法，并已按人均不低于 500 元/月的标准发放津补贴；城乡免费义务教育生均公用经费补助标准小学已提高至 750 元、初中提高至 1150 元。[1]

二是就业充分且质量提升。全省扶持创业 17.6 万人，城镇新增就业 164.5 万人，失业人员再就业 67.7 万人，就业困难人员实现再就业 20.2 万人；至 2013 年底，全省高校毕业生就业率达 97% 以上。年末城镇实有登记失业人员 37.01 万人，城镇登记失业率 2.43%，比上年末下降 0.05 个百分点；组织农村劳动力培训 70.6 万人，转移就业人数 90.8 万；企业职工最低工资标准平均提高 19.1%。[2]

三是城乡居民收入稳步提高。全年城镇居民人均可支配收入 33090.05 元，比上年增长 9.5%，扣除价格因素，实际增长 6.9%；城镇居民家庭恩格尔系数为 36.7%，比上年下降 0.2 个百分点；全年农村居民人均纯收入 11669.31

---

[1] 广东省政府新闻办：2013 年广东省十件民生实事完成情况新闻发布会，2014 年 1 月 14 日。
[2] 广东省政府新闻办：2013 年广东省十件民生实事完成情况新闻发布会，2014 年 1 月 14 日。

元，比上年增长10.7%，扣除价格因素，实际增长7.8%；农村居民家庭恩格尔系数为49.0%，比上年下降0.1个百分点。①

四是社会保障水平全面提升。社会保险方面，五大险种参保人数实现新增长（见表1），城乡居民社会养老保险、医疗保险基本实现全覆盖，流动就业人员基本医疗保险关系实现省内转移接续。14个地级以上市开展城乡居民大病保险。全省城乡居民养老保险基础养老金从每人每月55元提高至65元，提高18.2%；调整企业退休人员基本养老金，平均增加10.4%。② 新增发放社会保障卡5534万张，目前全省持卡人数达8899万。全年征收社会保险基金2916.74亿元，增长19.1%；年末五种保险基金累计结余6985.30亿元，增长21.6%。社会救助方面，城乡居民月人均低保标准分别提高19.1%、17.6%，全省所有县（市、区）的城镇、农村低保补差水平均已达到或超过242元、109元，年末享受低保救济的困难群众达197.48万人；社会福利方面，年人均农村五保集中供养、分散供养标准分别提高至1200元、1300元，全省所有县（市、区）的农村五保供养水平均达到不低于当地上年农村居民人均纯收入的60%；各类收养性社会福利单位床位15.98万张，收养人员9.02万人；

表1 2013年年末广东省参加各类保险人数及其增长率

指标	参保人数（万人）	比上年末增长（%）
参加城镇职工基本养老保险（含离退休）	4137.14	3.7
其中：参保职工	3715.84	2.0
参保离退休人员	421.30	21.3
参加城乡（镇）基本医疗保险	9182.42	9.0
其中：城镇职工基本医疗保险	3472.96	3.0
城乡（镇）居民基本医疗保险	5709.46	13.3
参加城镇基本医疗保险的异地务工人员	1866.31	1.6
参加城镇基本失业保险	2705.09	34.6
参加工伤保险	3057.25	3.2
其中：参保异地务工人员	1999.53	2.6
参加生育保险	2711.59	9.1

数据来源：《2013年广东省国民经济和社会发展统计公报》。

① 广东省政府新闻办：2013年广东省十件民生实事完成情况新闻发布会，2014年1月14日。
② 广东省政府新闻办：2013年广东省十件民生实事完成情况新闻发布会，2014年1月14日。

全年共为 5831 户贫困家庭残疾人提供居家康复服务，为 11099 户贫困家庭残疾人实施居家无障碍环境改造；城镇各种社区服务设施 4.97 万个，其中，综合性社区服务中心 2542 个；共发行销售福利彩票 189.94 亿元，筹集福利彩票公益金 55.89 亿元，直接接收社会捐赠 18.79 亿元；住房保障方面，新开工建设保障性安居工程 8.81 万套，基本建成 13.89 万套，发放租赁补贴 9138 户，全面完成国家下达的目标任务，此外，建成渔民保障性安居房 533 套。①

五是基本医疗卫生服务体系进一步健全。全省县级公立综合医院基本药物平均使用比例达 49.73%，所有三级医院检验检查结果已实现互认，免费孕前优生健康检查服务已覆盖全省所有县（市、区），全年共为 105.67 万人提供检查服务，除深圳市外，全省 20 个地级以上市都已按要求设立平价医院、平价诊室，共认定平价医院 51 家，平价诊室占二级以上公立医院门诊资源的 9.08%，所有政府乡镇卫生院和社区卫生服务中心均提供平价药包服务。② 深圳市结合公立医院改革，取消全市所有公立医院、政府办社康中心药品加成收入，推行平价医疗服务。基本药物制度巩固完善，建成药品第三方交易平台，38 个县（市）开展县级公立医院改革试点，平价医院、平价门诊、平价药包活动深入开展。中医药强省建设取得新成效。低生育水平保持稳定，妇幼安康工程顺利实施。

（三）社会治理创新亮点纷呈，社会大局和谐稳定

2013 年，广东省重点针对以下六个方面创新社会治理：一是创新信访工作机制，探索以群众工作统揽信访维稳工作的新路径；二是建立健全特殊人群管控帮教机制，完善刑释人员就业安置和社区矫正机制；三是建立以人民调解为基础的多元化矛盾纠纷解决机制，完善利益协调和博弈机制；四是建立救助保护机构诉讼代理人制度，保护未成年人的合法权益；五是建立民意收集处理系统，完善群众利益诉求表达机制和社会矛盾调处机制；六是依托各级社会工作委员会，整合相关临时协调机构，完善社会建设的统筹、协调和决策机制。

---

① 广东省政府新闻办：2013 年广东省十件民生实事完成情况新闻发布会，2014 年 1 月 14 日。
② 广东省政府新闻办：2013 年广东省十件民生实事完成情况新闻发布会，2014 年 1 月 14 日。

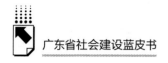

（四）城乡一体化进程加快，区域发展协调性增强

一是统筹城乡规划建设。建制镇总体规划编制全面完成，村庄规划覆盖率达55%。

二是大力改善农村生产生活条件。涉及150.4万农村居民的593宗农村饮水安全工程全部完工，基本解决全省农村饮水安全问题，对10万户农村低收入住房困难户进行住房改造建设，对700个村1.5万户"两不具备"的贫困村移民进行整体搬迁。[1] 启动实施新一轮扶贫开发，将人均年收入低于3480元的20.9万户农户纳入扶贫范围，并落实资金30.8亿元，启动扶贫项目17620个。完成5000公里新农村公路路面硬化、79宗中小河流治理和312宗重点小型病险水库除险加固工程。[2]

三是加快粤东西北地区协调发展。对促进粤东西北地区振兴发展新部署，粤东西北地区站上振兴发展新起点。推动地级市中心城区扩容提质，新区规划和撤县设区进展顺利，起步区和重点片区规划建设有序启动。全年省产业转移园实现工业总产值4800亿元、税收195亿元，分别增长23%、30%，工业增加值占粤东西北地区比重上升至21%；粤东西北地区生产总值、固定资产投资等主要经济指标增幅继续高于全省平均水平。[3]

（五）深化社会组织体制改革，社会组织作用增强

近年来，广东社会组织数量快速增长。截至2013年底，全省各级民政部门登记注册的社会组织有41025个，比2012年（34537个）增长18.8%。从人均数量来看，2013年年末，每万人拥有社会组织数量为3.85个，比2012年（3.35个）增长14.9%。社会组织从业人员50万多人，关联员工以数百万计。

---

① 《去年十件民生实事超额完成》，《南方日报》2014年1月15日。
② 广东省省长朱小丹：《广东省政府工作报告——2014年1月16日在广东省第十二届人民代表大会第二次会议上》，《南方日报》2014年1月22日。
③ 广东省省长朱小丹：《广东省政府工作报告——2014年1月16日在广东省第十二届人民代表大会第二次会议上》，《南方日报》2014年1月22日。

目前，全省初步形成了门类齐全、覆盖广泛、结构优化、布局合理的社会组织发展体系，逐渐涌现一批机制健全、能力突出、管理科学、具备一定社会公信力和影响力的社会组织，这些社会组织在促进经济发展、繁荣社会事业方面发挥越来越重要的作用，主要表现为：第一，弥补公共服务不足，满足社会多样化需求。社会组织配合政府职能转移，承接一部分社会治理和公共服务职能，兴办了大量民办教育、医疗、卫生、社会福利、体育等机构，弥补了公共服务的薄弱环节，扩大了服务供给，使社会多样化需求得到进一步满足。第二，行业协会组织促进经济发展。很多商会协会不仅为某一个群体、某一个行业或者某一个产业的利益代言，更推动、引领了社会经济的发展。第三，公益性社会组织逐步壮大。全省 267 家基金会净资产 47.45 亿元，捐赠收入 15.31 亿元，用于减贫济困、救灾防害、安老抚幼、扶弱助孤等公益活动支出 7.9 亿元。

（六）社会治理重心下移，基层社区基础不断夯实

2013 年，广东深化社会建设和基层管理与服务体制改革，推进城市基层治理体制改革，强化社区服务功能。

以"幸福社区"创建为落脚点，按照"居站分设"的模式，推进社区治理结构完善、社区治理模式创新。在全市范围内推进社区服务站建设，承接社区行政事务，而居委会则集中精力开展社区自我管理、自我服务活动。2013 年，珠三角地区全面应用社区警务平台。社区警务平台以社区民警日常工作内容为主线，全面整合相关业务系统，只需录入一次信息，平台会自动关联其他公安业务系统，实现了任务自动生成、信息采集方便、责任落实到人、完成时限明确、质量监督到位等目标。

（七）社工志愿者联动发力，社会建设人才队伍建设有序推进

一是高度重视社会工作专业人才队伍建设和专业社会工作服务工作。2013 年，全省用于政府购买社会工作服务的经费近 6 亿元，政府购买社会工作服务涉及社区社会工作服务、农村社会工作服务、企业社会工作服务等领域。全省 15 个市出台推动社工专业人才队伍建设总体政策，一半的市级民政部门设立

了社会工作科。在省民政厅出台继续教育、政府购买、社工与志愿者联动等专项政策的同时,地处珠三角的广州、深圳、珠海、东莞、中山、顺德等地围绕培养、评价、选拔、使用、流动、激励保障等环节,围绕社工机构培育与规范、政府购买社工服务、社工督导选拔与培养、社工登记注册、社工继续教育等重要内容出台一系列具有前瞻性、务实性的政策。全省社会工作者报考人数和成绩合格人数继续保持全国第一,成绩合格人数突破万人大关,比2013年增加73%。为提升社会工作者的实务能力,全省确定3家省级培育基地和20家重点实训基地。二是在全国率先出台政策打造社工志愿者联动机制。2013年10月,省民政厅、团省委、省文明办出台《关于推进社会工作者与志愿者联动工作的实施意见》,推动社会工作者和志愿者资源有效整合。2013年年末,全省注册志愿者人数达687.83万,增长8.2%,注册志愿者人均参与志愿服务时数26.89小时。

(八)创新人口服务和管理,有序推进农业转移人口市民化

"创新人口服务和管理,坚持寓管理于服务之中,在改进服务中加强管理,构建实有人口一体化服务管理新格局",是广东创新人口服务和管理的发展目标。一是深化户籍制度改革。从2011年起,广东率先实施积分制入户政策,以积分形式破解户籍改革难点,引导农民工有序落户、融入城镇;2012年进一步扩大积分入户对象范围,由"在粤务工的农业户籍劳动力"扩大至所有在粤务工城乡劳动者,适用范围也由原先仅用于积分入户扩大至享受城镇公共服务;2013年全省有15.9万异地务工人员实现积分入户城镇。二是推进常住人口基本公共服务均等化。广东将流动人口服务管理作为共创共享平安广东的重要内容,在基本公共服务共享、创新服务管理模式和促进社会融合等方面科学谋划、先行先试,为全国改革提供了实践经验。出台《进城务工人员随迁子女接受义务教育后在我省参加高考实施办法》。全省21个地级以上市已出台随迁子女就地参加中考的具体办法(广州市为过渡方案)并组织实施。惠州等地在计生服务、医疗卫生、义务教育、法律援助、文化惠民等方面,给予流动人口与当地人同等待遇,试点推行"公民网页",通过互联网、社区终端、智能移动终端,主动为包括流动人口在内的

实有人口提供精细化的服务，实现由"人找服务"到"服务找人"的转变。三是强化流动人口社会参与和政治吸纳。不断增加流动人口在各级党代表、人大代表和政协委员中的名额，吸纳流动人口参与居住地的社会事务管理，让流动人口特别是新生代流动人口融入社会。

二 2013 年广东社会建设面临的主要问题

在社会结构快速变动、利益结构深刻调整和社会矛盾不断凸显的大背景下，尽管广东加大了社会建设的力度，社会发展呈现良好势头，但还存在不少的薄弱环节，社会建设日益面临新的挑战和压力。

（一）改善民生要求迫切

随着经济快速发展和收入水平提高，人民群众对民生改善的要求更加迫切。一是基本公共服务供给相对不足。从全省来看，基本公共服务在城乡、区域、群体之间配置不均衡，以基本教育为例，仍有相当一部分流动人口随迁子女无法享受均等的教育资源，就读公办学校还有一定困难。此外，优质公共服务总量相对不足，供需矛盾比较突出。二是基本公共服务均等化协同推进的力度仍待加强。基本公共服务均等化的推进是一项综合的系统工程，在起始阶段，部分地市采取先易后难的推进路径，取得了显著成效。但随着均等化工作推进的深入，各个领域的协同推进变得日益重要，部分地市出现明显的短板指标，从而影响基本公共服务均等化整体水平的提升。三是基本公共服务均等化成效与公众满意度的差距仍然存在。公众满意度与均等化系数之间仍存差距，公众的主观感受与实际客观成效并不完全一致，客观评价结果普遍高于公众满意度，政府提供的基本公共服务与普通民众的"三最"（最关心、最直接、最现实）需求并不完全吻合。一方面是政府提供的基本公共服务与公众真实需求不相符合。政府在设计基本公共服务投向与供给时，未能充分了解公众最真实的需求，未让公众有更多的知情、参与、表达和监督的机会。另一方面是公众对基本公共服务的期望需求呈递增性，但满足感的增长速度趋缓。随着基本公共服务均等化工作的推进，公共服务提升的难度逐步递增，包括资金需求量

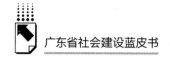
增大、服务内容拓展、服务质量提升、服务机制改革等。虽然基本公共服务的基础设施在逐步完善，但公众的需求层次相对较高，更多的是对政府服务质量而不是数量与规模提出要求，从而出现公众满足感增长速度趋缓的现象。

（二）社会治理创新面临新挑战

创新社会治理是一项复杂的系统工程，而且随着社会经济的发展而动态地变化。当前，广东省创新社会治理面临以下四大新挑战：一是社会治理理念有待进一步提升。在以经济建设为中心的条件下，如何在经济发展中统筹兼顾社会建设的思路仍不明晰，难以理解社会建设的服务之道、管理之策，沿袭传统做法开展工作，导致工作措施的针对性不强，成效难以突破。二是行政管理体制改革仍不到位。近年来，广东省部分地市实施大部制、简政强镇、行政管理体制等改革虽初见成效，但政府缺位、越位、不到位问题依然存在。公共服务投入过分依赖财政，投入主体单一、结构不合理等问题仍然存在。政府向社会组织购买服务的工作刚刚启动，财政资金如何"向外"使用尚需论证，评价、监督机制仍不健全。三是网络社会呼唤管理创新。开放多元的城市特质和网络社会深入发展，给社会治理带来新的挑战。广东，特别是珠三角地区人口构成复杂，流动人口比例大。移动互联网、微博、微信等的快速发展，给社会治理带来了新的挑战，需要积极探索创新网络化、开放化条件下服务群众和创新社会治理的有效手段。四是公民社会参与途径亟待规范。公民意识不断增强，市民群众对社会参与、社会公平的期待更高。目前，广东正处于经济社会发展转型和新型城镇化进程中，利益主体、诉求更加多元化，群众维权意识、法治意识不断增强，参与公共事务管理的愿望更加强烈，如何引导群众依法、理性表达诉求，稳步扩大有序参与的途径，促进社会公平正义，考验政府制定、实施公共政策的智慧和水平。

（三）社会自治能力仍然较弱

大多数社会组织规模较小，社会公信力不高，社会动员和参与能力普遍不足。城乡社区自治能力不强，镇街与村（居）委会权责未完全厘清。社会力量、市场力量引入社会工作领域的深度不够，社会治理资源相对分散，整合优化不到位。从整体来看，全省社会组织的发展仍然难以满足社会发展的需要。一是社会组织整体结构不够合理，其中，教育类民办非营利组织总数较多，而行业协会、社区与公益性社会组织数量较少、规模较小、服务社会的能力比较弱，这与当前的社会经济发展要求不相适应。二是社会组织体系发育不完善，社会组织公信力、服务能力不足。从社会组织体系看，全省的社会组织呈现服务执行机构多而筹措资源的基金会数量少的格局。而且，社会组织专业化分工不足，社会组织往往将执行与筹资角色合二为一，不仅效率不高，也难以形成有效的监督与制约。三是社会组织能力建设不足。除社工服务外，目前政府其他购买服务工作进展缓慢，大多数社会组织难以获得政府资源。而社会组织获取社会捐赠资金，既受制于目前基金会转型不足，也受制于社会组织公信力与治理能力不足。

（四）非户籍人口社会融入面临深层障碍

改革开放以来，随着城镇化、工业化发展，广东城乡分割的局面被逐步打破，城镇化进程加速发展，但也存在城镇化质量不高的问题，其中最突出的是"半城市化"或"伪城市化"问题。整体来看，非户籍人口社会融入愿望与现实融入制度安排之间的矛盾日益突出。虽然外来人口具有强烈的融入当地的愿望，然而现实的制度安排以及公共服务的供给，显然无法满足众多外来人口快速融入的强烈需求。事实上，非户籍人员被制度性地排斥在当地公共福利外，是无法分享当地经济发展成果的"外地人"，这使其无法产生对当地的认同，或者说只能产生"拒斥性认同"。近年来，广东省通过积分入户的方式，加快吸纳流动人员，推动其最终融入当地社会，然而积分入户制度的标准，使得该制度始终无法满足所有外来流动就业人员的融入愿望。如何通过社会创新方式，将流动人口的社会融入、社会治理和基本公共服务的均等获取结合起来，值得高度重视。

三 2014 年广东社会建设的政策建议

广东省社会建设要认真贯彻落实党的十八大和十八届三中、四中全会的精神和要求，紧密结合广东的实际，从全面深化社会体制改革，推进法制社会建设，认真抓好保障和改善民生这个重点，努力搞好加强和创新社会治理这个难点，解决好人民最关心最直接最现实的利益问题，建立与社会主义市场经济相适应的社会治理模式，实现社会幸福、活力、有序。

（一）发挥经济体制改革牵引作用，加快推进社会体制改革

近年来，广东全省上下对社会体制改革给予高度重视，把社会建设摆上重要的位置，进一步强化各级党委、政府的社会建设职能，建立健全组织领导和督促落实机制，推动人力、物力、财力进一步向社会事业倾斜，做到同规划、同布置、同考核、同推进，初步形成了社会体制改革的"广东经验"。度过经济粗放扩张阶段的广东，经济的高水平崛起离不开社会建设的强力支撑。如创新驱动离不开劳动力素质的提高，劳动力素质的提高又离不开教育、医疗、科技、文化等社会事业的发展。又如，扩大内需离不开社会保障对城乡居民稳定消费预期的形成，以及公平的收入分配和作为消费主力军的中产阶层的培育。我国从1996年的"九五"计划开始，就提出转变经济增长方式，至今已经将近20年，但转型升级是一个长期的过程，很多问题不出在经济制度本身，而是缺乏间接的社会体制改革的支撑。因此，必须跳出经济建设谈经济建设，通过加强社会建设，从体制、结构、机制乃至心态等方方面面清除深化经济改革的荆棘藩篱，创造适宜的社会环境，奠定坚实的社会基础，以支撑广东经济顺利转型升级，不断增创发展新优势。

（二）弘扬公平正义的首要价值，让人民群众共享发展成果

公平正义不是空中楼阁，体现在具体的制度安排、法律规范、政策支持、利益分配等方方面面。公平公正的制度是实现社会各阶层利益和幸福最大化的均衡点。紧紧围绕更好保障和改善民生、促进社会公平正义，深化社会体制改革，推进社会领域制度创新，更加注重权利公平、机会公平、规则公平，使所有人都能通过自己的努力获得应有利益，促进共同富裕。以公平正义实现基本社会制度重构，从而建立代表和实现最广大人民群众根本利益的人文、理性、民主、正义的"善治"制度体系，保障全体人民在规范、有序、公平、清明、

活力、和谐的社会制度环境中有尊严地生活、发展。

实现公平正义，关键是加快收入分配制度改革，逐步形成中产阶层占多数的橄榄型社会结构。一要完善收入初次分配制度；二要强化再分配的公平性；三要完善民间互助的第三次分配。

（三）完善社会政策，科学保障和改善民生

人民对美好生活的向往，就是党和政府的奋斗目标。但改善民生福祉离不开科学的理论指导，过去计划经济时期大包大揽的教训以及当今希腊等国的主权债务危机都告诉我们，保障和改善民生绝不是仅有良好的愿望就可以的。要积极吸收社会政策学、社会学、经济学等关于民生福祉研究的最新理论成果，认真借鉴欧美以及亚洲的日本、韩国和新加坡的经验教训，把改善民生和建设中国特色福利社会建立在更为科学的基础上。将以底线公平理论为基础的基本公共服务均等化，打造具有广东特色的福利模式。基本公共服务是人民群众最关心、最直接、最现实的需求，是保护个人最基本的生存权和发展权所必需提供的公共服务，是一定阶段公共服务应该覆盖的最小范围和边界。基本公共服务均等化的福利模式将改变目前根据城乡、身份、职业设置福利制度的碎片化状况，从人的真实需要出发，凡是基本需要未得到满足的对象均被纳入保障范围，福利对象的选取以人本需要为原则。

（四）培育扶持与规范管理并重，着眼社会组织能力建设

社会组织发育成功与否，在于能否进行有效管理。要把对社会组织的积极培育和规范管理统筹起来，探索如何管理和引导好社会组织的问题。一要正确处理政府和社会的关系，加快实施政社分开，推进社会组织明确权责、依法自治、发挥作用。凡适合由社会组织提供公共服务和解决的事项，坚决交由社会组织承担。加快政府向社会简政放权步伐，制定并公布各级政府年度转移社会服务与管理事项目录，积极向社会组织和市场转移政府职能，依法将行业管理与协调、社会微观事务服务与管理、技术和市场服务等职能转移给具有资质条件的社会组织。推广政府购买服务，凡属事务性管理服务，原则上都要引入竞争机制，通过合同、委托等方式向社会购买。规范购买服

务的办法、程序、服务标准和绩效评价，引导社会组织提升服务能力，实现健康有序发展。加快推进社会组织"去行政化"和"去垄断化"改革，限期实现行业协会商会与行政机关真正脱钩，实现自愿发起、自选会长、自筹经费、自聘人员、自主会务，做到无行政级别、无行政事业编制、无行政业务主管部门、无现职国家机关工作人员兼职，允许"一业多会"（即同一行业有多个协会）。二要落实扶持引导机制，为社会组织营造良好发展环境。突出培育扶持重点。重点培育和优先发展行业协会商会类、科技类、公益慈善类、城乡社区服务类社会组织，鼓励支持群众和企业参与社会服务。加大财政扶持力度，把政府购买服务的资金纳入各级政府财政预算，且每年按一定比例递增。落实相关税收优惠政策，对符合条件的社会组织，在公益性捐赠、非营利性社会组织税收减免等方面，按规定给予税收政策支持。创新资金分配方式，重点扶持具有示范导向作用的公益服务组织、慈善互助组织、行业协会、社区服务组织。拓展社会组织融资渠道，鼓励金融机构在加强风险控制的前提下为符合条件的社会组织提供信贷支持，建立健全公益慈善类社会组织向社会筹款或接受社会捐助制度。加快建设社会组织培育孵化基地，对筹备或创建初期的社会组织提供场地、资金、人员培训等关键性支持。拓宽社会组织参政议政渠道，建立在重大行业决策征求相关社会组织意见的制度，在党代表、人大代表、政协委员中配有一定比例的社会组织代表。设立社会组织奖励专项资金，对经第三方评估和服务对象遴选出的优秀社会组织，给予嘉奖。三要构建社会组织综合监管机制，促进社会组织健康发展。构建社会组织综合监管体系，明确各部门的职责任务和分工，完善制度，加强督查，逐步由重入口登记向准入和日常管理并重转变。加快建立全省统一的社会组织登记管理信息系统，推动社会组织信息公开。建立社会组织信息动态情况记录、社会评价、诚信管理制度。完善社会组织信息披露制度，在公共媒体或相关网页定期公布社会组织名单、业务范围、收费项目、财务审计、年检等信息，形成有效的社会监管和舆论监督机制。定期开展社会组织考核评估和评比表彰工作。加强对敏感社会组织的管理，尤其是对境外非政府组织在粤活动的监管，完善各部门信息交换机制和联合查处机制，抵御境外非政府组织的渗透。

（五）创新基层社会治理，建立"行政区—行政社区—自治社区"的新体制

我国既在行政管理意义上使用社区概念，又在自治意义上使用社区概念，因此有必要对社区进行"行政社区—自治社区"的二分，并探索建立"行政区（一级政府）—行政社区（派出代理机构）—自治社区（自治组织）"的新体制。① 行政区是国家政权在最基层的代理人，既直接代表国家为公民提供公共服务和公共产品，又是国家行政管理、维持社会秩序的基础。行政社区是政府（国家）与社区（社会）连续谱系中的一个中间地带，设立行政社区的目的就是完成党和国家在基层的一切政治和行政事务，增强政府对基层的控制力和服务能力，这有利于避免目前社区居委会的行政化现象，增强社区居民自治功能。自治社区是行政社区层级下的一个基层群众自治单位。自治社区的地理空间区域更小，人们由于工作生活于同一地方，并能够经常发生面对面的交往，容易对本社区产生强烈的认同感和归属感，从而形成共同意识（价值）和共同利益。

具体来说，"行政区—行政社区—自治社区"的新体制就是要在一级政府和村（居）委会之间设立一个行政机构或准行政机构，这个机构主要代表政府履行为社区居民提供公共服务，并做好行政管理事项。

（六）加快农业转移人口市民化和农民工产业工人化，促进新型城镇化健康发展

党的十八大和十八届三中全会都提出要"推进农业转移人口市民化"。广东必须认真应对人口城镇化的趋势，遵循人口迁移流动规律，促进农业转移人口市民化和农民工产业工人化，加快社会融合的步伐，使流动人口的数量和结构与广东经济社会发展的需求相适应，以产业转型升级促进人口转型升级，以人口转型升级加快产业转型升级，实现人口、资源、环境的可持续发展，构建

---

① 目前，全省各地的实践均是这种思路，无论是深圳的居站分设，还是东莞的村级体制改革，抑或是清远的"乡镇—片区—村"新体制，都是要在行政区和传统社区之间设立一个新的机构或层级来履行政府的行政管理职能。

符合社会主义市场经济要求的流动人口服务管理机制。

要坚持利益导向，扎实推进流动人口基本公共服务均等化，以服务促管理，使流动人口从被动接受管理到主动接受管理。要将流动人口纳入政府基本公共服务的财政预算计划，加大公共投入，优先重点解决就业、子女教育、医疗、社保、住房、维权、入户等当前流动人口迫切需要解决的问题，最大限度地满足流动人口的民生需求。要把握流动人口高流动性的特点，推进基本公共服务一体化。现有福利体制和基本公共服务体制僵化的行政区划界限，严重限制了人口的自由流动。要按照区域经济一体化的要求，打破行政区划壁垒，加快各地基本公共服务制度的对接，促进基本公共服务一体化。要积极稳妥地推进户籍管理制度改革，进一步放宽各类人才和具有突出贡献人员的入户条件。完善积分制入户政策，适当调整放宽积分制入户准入条件和分数标准。完善按积分享受基本公共服务制度，提升流动人口享受公共服务水平。开展流动人口需求调查，从流动人口最迫切的需求入手，进一步增加居住证的社会服务功能，如乘坐公交优惠、推荐就业、享有居民医疗保险、平等参加机关事业单位招聘、子女入读公办学校等，使居住证真正成为流动人口异地工作生活的通行证、优惠证。

（广东省社会科学院供稿）

分领域报告

Domain Reports

B.2

创新人口服务和管理报告

创新人口服务和管理，包括完善人口服务和优化人口管理两个层面的内容。广东作为我国第一人口大省，随着经济转型与社会进步，广东的人口数量优势并不能带来必然的竞争优势，在完善人口服务、创新人口管理方面广东仍然面临多重挑战。2013年，广东在完善人口服务、创新人口管理、促进不同群体参与社会治理等领域取得显著成效，其经验值得总结推广，但也要看到，当前创新人口服务和管理仍然面临一系列深层次的问题与障碍，急需突破现有思路框架，在人口（特别是流动人口）服务和管理方面进行系统性改革创新，促进人口与经济、社会、资源、环境协调发展。

一 广东人口发展呈现系列转型期特征

当前中国人口发展处于人口发展战略"三步走"的第二步，即稳定低生育水平，直至实现人口的零增长，同时，注重人口素质的提高和结构的调整，逐步完成由以数量控制为主向以素质提高、结构调整为主的转变。广东人口发展已充分呈现了人口发展战略第二步中的显著特征，这也预示着广东人口发展已步入一个新时期，在这个时期内，人口数量增长速度放缓，人口质量提升需求急迫，人口结构调整压力巨大，人口服务完善与拓展的诉求剧增，人口管理机制创新任务艰巨。2013 年，广东人口发展呈现系列转型期的关键特征。

（一）人口数量增长速度放缓，呈现"人口回流"现象

2013 年广东省统计公报数据显示，2013 年末常住人口 10644 万人。全年出生人口 113.73 万人，出生率 10.71‰；死亡人口 49.80 万人，死亡率 4.69‰；自然增长人口 63.93 万人，自然增长率 6.02‰。相较于 2012 年，2013 年广东省常住人口仅增长 50 万人，明显低于上一年度 89 万人的增长幅度，这表明广东人口连续高速增长态势已大幅趋缓（见图 1）。

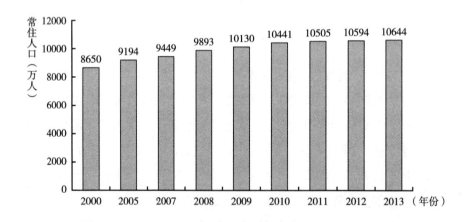

图 1　广东省 2000 年以来常住人口规模变化图

另外，表 1 的数据表明，2013 年，广东省常住人口增长总量首次低于自然增长人口总量，人口的机械增长出现负值（常住人口流出或回流 13.93 万人），广东呈现明显的"人口回流"现象。长期以来，广东人口总量的持续增长，主要由人口机械增长所推动。2013 年，广东常住人口规模增长速度趋缓，其关键原因是人口出现机械负增长，这对广东人口发展而言是一个显著的转型信号。预计未来几年，若没有较大幅度的人口自然

增长作为支撑，在人口机械负增长的条件下，广东人口规模将呈缩减态势。人口作为一个基础性的因素，其发展态势的扭转将对广东经济社会发展产生重大影响。

表1　2012～2013年广东省常住人口增长情况

年度	常住人口（万人）	自然增长（％）	机械增长（％）
2013	10644	63.93	−13.93
2012	10594	73.31	15.69

数据来源：根据2013年广东省统计公报、2012年广东省统计年鉴数据整理。

（二）人口性别结构失衡明显，引发人民群众热切关注

人口性别结构的失衡必将对社会发展产生显著影响。2013年底，广东省常住人口为10644万人，其中男性5548.72万人、女性5095.28万人，性别比（女性为100）108.90，总人口性别比显著偏高。第六次人口普查数据显示，2010年，全国总人口性别比为105.20，而同期广东总人口性别比为108.98，显著高于全国平均水平。根据总人口性别比的一般规律，世界上大多数国家总人口性别比在95～105，广东总人口性别比显著偏高。对一个区域来说，影响总人口性别比的因素有很多，主要包括出生人口性别偏好、分性别死亡概率、分性别人口迁移率等。从广东来看，近年来，虽然总人口性别比仍然偏高，但发展态势是下降的。广东总人口中男性偏多，主要由以下两大原因造成：一是出生人口男性偏好的影响。经过多年的综合治理，广东出生人口性别比偏高问题虽然得到有效控制，但直到2013年年底，广东出生人口性别比仍然高达111.77，在出生男婴总量高于女婴的条件下，随着时间的推移，会造成总人口性别比偏高。二是常住人口中外来男性人口比重偏大。受产业结构和企业对劳动力需求偏好男性的影响，外来务工人员中男性劳动力比重明显高于女性。"六普"数据显示，2010年，全省户口登记在外省的人口中，男性约1023万人，女性约744万人，男性人口超出女性人口279万人。显然，广东总人口性别比偏高，主要是由外来流动人口的性别结构失衡所造成的，对经济社会发展的影响仍是可控的，而且总体上呈趋缓态势。

（三）"单独二孩"政策全面实施，人口生育政策步入有序调整期

2014年3月27日，广东省十二届人大常委会第七次会议表决"广东二孩"政策，全票通过《广东省人口与计划生育条例》，将原有的"双独二孩"条款修改为"单独二孩"并即日起实施，将原条例第十九条第一款第六项"夫妻双方为独生子女且只有一个子女的"，改成"夫妻一方为独生子女且只有一个子女的"。这预示广东人口生育政策步入有序调整期。党的十八届三中全会决定明确提出，坚持计划生育的基本国策，启动实施一方是独生子女的夫妇可生育两个孩子的政策，逐步调整、完善生育政策，促进人口长期均衡发展。广东"单独二孩"政策是贯彻落实上述精神的重要体现，一方面，有利于缓解未来的系列人口问题。例如，调整生育政策被视为缓解"人口老龄化"、保持合理的劳动力数量结构、促进经济持续健康发展的主要手段。与此同时，放开"单独二孩"的决策，将为转变经济发展方式、培育经济持续健康发展新优势等提供更为有利的人口条件。另一方面，此政策具有探索检验意义。"单独二孩"政策是一种过渡性人口政策，这种探索可以检验群众的实际生育意愿与诉求，其实施结果将为后续的生育政策调整做好准备。

（四）人口老化程度日趋严重，人口老化速度呈加速态势

未来几十年，广东省人口结构将面临关键的转型。"六普"数据显示，家庭小型化、人口老龄化、高龄化和空巢化"四化叠加"，人口结构性矛盾凸显。从人口老化程度来看，2013年末，在广东省常住人口中，65岁及以上老年人口总量达到869.62万人，占常住人口的8.17%，老年人口比重首次超过8%。同期，广东65岁及以上老年人口数量比上年增加121.63万，增长16.26%，比全省常住人口增幅高出15.79个百分点。老年人口增长速度高于常住人口增长速度，这是人口老化速度加快的一个信号，预示广东人口步入老化加速期。从广东人口发展趋势来看，随着人口出生率的下降、"人口回流"的出现，常住人口中老龄化率升高是必然趋势。在短期内，广东常住人口老龄化率升高的变化幅度受外来人口回流的影响，如果外来人口急剧减少，则老龄化率会快速升高。2013年，广东首次出现人口机械负增长，这直接导致老年

人口增长速度高于常住人口增长速度，加快了广东人口老化进程。从结果来看，老龄化问题的加重对经济社会发展的影响是多重的，最直接的表现为两大方面：一是经济增长的人力资源动力不足，人口红利消失；二是社会负担加重，社会抚养比提升，财政用于社会养老方面的支出快速增加。

二 广东积极探索人口服务和管理新路径

"创新人口服务和管理，坚持寓管理于服务之中，在改进服务中加强管理，构建实有人口一体化服务管理新格局"，这是广东创新人口服务和管理的发展目标。

（一）户籍制度改革逐步推进，差别化落户政策出台

近年来，广东一直为推进户籍制度改革努力。从 2011 年起，广东率先实施积分制入户政策，以积分形式破解户籍改革难点，引导农民工有序落户、融入城镇；2012 年进一步扩大积分入户对象范围，由"在粤务工的农业户籍劳动力"扩大至所有在粤务工城乡劳动者，适用范围也由原先仅用于积分入户扩大至享受城镇公共服务。2012 年 4 月 17 日省政府办公厅印发的《深入推进基本公共服务均等化综合改革工作方案（2012~2014 年）》明确提出，广东将积极稳妥推进户籍制度改革，放宽中小城镇人口准入条件，基本公共服务均等化综合改革将在三年内基本完成。2014 年 6 月 15 日，广东省召开城镇化会议提出，到 2020 年，广东常住人口城镇化率要提高到 73%，户籍人口城镇化率达到 56%，要实现不少于 600 万本省和 700 万外省农业转移人口及其他常住人口落户城镇。而特大城市深圳，正在就居住证制度进行全国首份立法，将外来常住人口的"准市民"待遇固化，探索在无法颠覆城乡户籍二元分立的现实情况中，外来人口渐进市民化之路。

当前户籍制度改革的难点并不在于户籍登记制度本身，而在于附加在户籍之上的诸多公共服务、社会保障等配套制度的改革。和户籍相关的教育、医疗、劳动就业、住房、社会保障等配套制度的改革，不仅制约户籍制度的改革，也往往决定整个制度改革的成败。当前，和差别化落户政策一脉相承的是

社会建设和公共服务方面。未来这个政策的落实，关键是在中小城市里，挂靠的人口和新加入的大学生享受和大中城市原居民一样的社会福利。人口政策仅是一种引导性的政策，人口流迁主要受利益驱动。从经验来看，新迁入人口会综合权衡其享受的各种显性和隐性福利。如果新迁入的人口享受的社会福利和其原来居住地的福利差别不大，甚至加入城镇户籍后，原来的权益（如土地）也没有了，或许就达不到加速城镇化的预期目标。

（二）优先解决热点问题，走渐进式市民化之路

广东是农业转移人口大省，有序推进农业转移人口市民化，广东的探索也走在全国前列。广东通过不断拓展居住证功能，逐步实现城镇基本公共服务常住人口全覆盖，并结合各地的实际情况，有序推进农业转移人口市民化进程。从市民化进程来看，与户籍制度改革类似，农业转移人口市民化的实质仍然是基本公共服务和社会福利的共享问题，随着改革的深入，如何保障农业转移人口能够均等享受城镇基本公共服务，仍然与当前城乡的财政供给能力、财政转移支付制度紧密相连。农业转移人口市民化需要与各项公共服务制度进行联动配套改革，并与各个部门协调推进。基于此，当前广东各地以优先解决民生热点问题为重点，深圳率先探索走出渐进式市民化道路。

首先，努力回应异地高考问题。最新的广东异地高考政策规定，随迁子女在广东参加中考并在父母就业城市具有高中阶段 3 年完整学籍的，2016 年起可以报名在广东参加高考。赋予外来人员子女在居住地接受义务教育且参加高考的权利，是政府提出纠正户籍不公、推进基本公共服务均等化、实现"人的城镇化"的重要体现。其次，立法设计渐进式市民化发展图谱。2014 年 6 月 25 日，《深圳经济特区居住证条例（草案）》（下称《条例》）提请深圳人大常委会审议，这一立法试图突破的是，将居住证的职能从加强外来人口管理，更多地转向提供基本公共服务。也就是说，居住证要成为"准户籍"，是在深圳的常住人口享受公共服务的凭证。《条例》将居住证待遇分为三个层级：第一层是持证者都可享受的十多项基本公共服务。其中包括未成年子女幼儿园补贴、上学，申领驾照、护照以及来往港澳、台湾通行证，还有社工服务、就业辅导培训以及职业技能培训补贴等；第二层是附加条件待遇。如果持证人符合居住

年限、就业年限、社保参保年限等条件，除了享受第一层基本公共服务外，其子女可以在深圳参加中考、高考，持证人可申请公共租赁住房或者租房补贴、困难救助等；第三层是持证人达到一定的条件后，可以申请入户直接转为深圳户籍居民，而不愿意入户的，也可完全享有与深圳户籍居民同等的基本公共服务。

（三）创新人口治理机制，推进人口计生服务均等化

在积分制管理改革的基础上，2013 年，广州市在流动人口治理机制上率先创新，成立了广州市来穗人员服务管理局，并把广州市积分入户统筹职责划入该局。根据《广州市来穗人员服务管理局主要职责内设机构和人员编制规定》，来穗人员服务管理局新设 4 个机构，其中两个处室重点统筹解决来穗人员的出租屋管理和积分入户服务两项重要职责。《规定》充分体现了政府对人口管理职能的整合，这集中表现在三个方面：一是将市社会管理综合治理委员会办公室流动人员、出租屋管理处承担的统筹协调来穗人员管理和出租屋服务管理职责划入市来穗人员服务管理局；二是将市发展和改革委员会负责的积分制入户工作的统筹协调、组织编制出租屋流动人员管理专项经费年度使用计划等职责划入市来穗人员服务管理局；三是将市人力资源和社会保障局承担的具体实施积分制入户工作、来穗人员在行业评优推先中的组织协调工作等职责划入市来穗人员服务管理局。《规定》也同时为流动人口服务管理提供了指引，明确了来穗人员服务管理局的 10 项主要职责，为广州市创新人口治理奠定了基础。

在服务提供方面，广东继续推进人口和计划生育基本公共服务均等化。一是专门研究建立农业转移人口市民化成本分担机制，尝试从制度上解决人口市民化的财政分担问题。二是促进社会融合，让流动人口特别是新生代流动人口融入社会，拥有实现自己人生价值的机会，能够自由地放飞梦想。例如，广东各地不断增加流动人口在各级党代表、人大代表和政协委员中的名额，吸纳流动人口参与居住地的社会事务管理。目前，中山市正在辖区内多个镇区试点探索异地务工人员的社区融入模式，努力让新生代农民工融入城市社区组织，这种再社会化过程可超越户籍的外在屏障而使新生代农民工融入城市社会，在心灵上产生一种归属感、安全感、认同感，进而全面提升自己适应城市社会的能

力。三是积极推进人口和计划生育基本公共服务均等化。根据《国家基本公共服务体系"十二五"规划》要求，广东正在积极推进人口和计划生育基本公共服务均等化，最终全面形成人口服务和管理、计划生育技术服务、计划生育奖励扶助为一体的人口和计划生育服务体系，实现服务水平优质化、服务对象全民化、服务标准统一化，全面实现人口和计划生育基本公共服务均等化，建立统一制度、统一地区标准、统一监管的奖励和扶助制度体系。当前，广东推进的人口和计划生育基本公共服务均等化，正与其他公共服务制度衔接，努力把计划生育技术服务纳入医疗卫生保障制度，成为公民基本公共医疗卫生服务体系中的一部分；努力把计划生育奖励扶助制度与社会保障制度衔接，形成覆盖公民生命周期的完整社会保障体系。

三 深化推进人口服务和管理创新的对策建议

（一）合理定位政府在人口服务和管理的职能

政府在人口服务和管理过程中，要坚持三大要点：一是制定公平政策。政府要建立公平公正的制度架构，逐步淡化城市户口和农村户口的界限，消除对流动人口的制度性歧视、政策性歧视和心理性歧视；在就业制度、住房制度、教育制度、人才制度、医疗制度等方面实行城乡居民身份平等、公平竞争，逐步消除户口所具有的身份、待遇和等级差别。二是坚持市场自由平等竞争。要充分发挥市场在人口资源配置中的决定性作用，人口迁移流动必须通过市场机制来调节。三是坚持个人理性选择。让劳动力根据自己的市场竞争能力和个人偏好做理性选择，在城乡之间保留"绿色通道"，让农民有一个调整适应期，实现城乡间的进退自如，降低农民市民化的风险，特别是在当前加快推进城镇化的进程中，建立有利于农民自主选择的多元化市民化通道，力争避免为了追求城镇化而力推城镇化，避免大规模城镇贫民的出现。

（二）重点进行户籍制度改革

近年来，广东在全国率先试点积分入户，推行外来人口居住证制度等，这事实上都是在不断探索户籍制度改革的突破口。下一步，建议在居住证的基础上，率先试点突破户籍制度坚冰，不断拓展居住证的福利范围，逐步实现户籍居民与持有居住证的外来人口享受同等的基本公共服务，逐步缩小两类人群的社会福利差距，从而在本质上消除户籍制度背后所隐藏的巨大福利差别。

创新人口服务和管理的重点在服务，服务的重点在于财政支出，要建立农业转移人口市民化成本分担机制。在我国当前的体制下，要实现人口服务水平的大提升，离不开相关领域制度的配套改革。因此，要提升人口服务水平，财政和税收体制也应进行两项改革：一是深化分税制改革，在保证中央财政收入增长的情况下，建立地方财政，特别是基层财政税种，类似于美国地方社区的财产税。二是强化中央转移支付制度，必要时可以建立某项公共服务的专项资金，支持地方财政。

（三）深化人口发展战略研究

针对广东当前人口发展中面临的基本形势，广东人口发展将实现两大转型：一是从稳定低生育水平到统筹解决人口问题；二是从以人口与生育为主导走向促进人口长期均衡发展，从"小人口"研究走向"大人口"视野。下一阶段，广东要更加重视人口研究的广度和深度，针对人口自身变量、人口变量对经济社会发展变量的影响、人口治理创新等关键性问题进行深入研究，充分开发利用第六次人口普查资料，为广东未来二三十年的人口发展战略进行前瞻性研究，为广东顺利实现"三个定位、两个率先"目标奠定清晰的人口省情基础。

（广东省社会科学院供稿）

B.3

城乡社区建设报告

2013 年广东省积极探索基层社会治理创新，稳步推进城乡社区建设，不断增强社区自治和服务功能，各地社区建设实践探索深入推进，取得了明显成效。深圳市罗湖区的"社区多元融合新机制"入选"2013 年度中国社区治理十大创新成果"。东莞市、博罗县、德庆县达到《民政部关于开展"农村社区建设实验全覆盖"创建活动的通知》要求的"领导协调机制、社区建设规划、社区综合服务设施、社区各项服务、社区各项管理"五项全覆盖创建标准，被认定为"全国农村社区建设实验全覆盖示范单位"。广州市越秀区、南沙区，深圳市罗湖区、坪山新区，佛山市南海区，被民政部确认为"全国社区治理和服务创新实验区"。

一 城乡社区建设主要做法与成效

（一）城乡社区治理水平明显提升

近年来，广东省认真贯彻落实中央关于加强社会建设的决策部署，先后出台了《关于加强社会建设的决定》以及 7 个配套文件，并以此为抓手加快重点领域和关键环节改革，不断完善体制机制，进一步激发社会的活力，在城乡社区治理领域取得了明显成效。

一是基层社会治理模式不断创新。从 2013 年开始，广东采取"1 + 5 + N"的方式推进基层管理体制改革。其中，"1"是指广东省社工委即将出台的《关于开展全省基层社会管理体制改革试点工作方案》，当中提出 10 项改革任务，包括建立农村民主监督机制、落实现时各地农村监委会的职能、鼓励社会多种力量共同参与农村基层组织、探索农村土地所有制的实践方式等；"5"

是选择广州、深圳、珠海、东莞、清远5个市，由各市党委、政府牵头，开展为期一年的综合改革试点；"N"则是鼓励其他各地结合实际，创建有特色的基层社会管理体制。目前，"1+5+N"的改革在全省各地积极推进。

二是城乡基层自治制度逐步完善。2013年，广东进一步规范社区居委会、村委会建设，健全城乡社区党组织领导下的群众自治机制，在社区设置党代表工作室。截至2013年6月，社区党组织书记兼任居委会主任的占68.6%。全省上一届村（居）委会参选率达到了98.1%，72.6%的村委会采取无候选人选举方式，34%的社区居委会直接选举，其中深圳市基本上实现了直选；另外，在现行法律法规框架内，异地务工人员最大限度地实现了与户籍居民平等的民主权利和参与机会，有2706名非本市户籍常住人口当选为社区居委会成员，占全省居委会成员数的7.7%。①

三是村务公开和民主管理进一步深入推进。1月11日，广东省村务公开协调小组办公室发布了2013年全省村委公开民主管理工作要点。7月，省法制办就《广东省村务公开条例（修订送审稿）》向公众公开征求意见，该条例对村务公开的频次作了具体规定，明确了村民委员会要将村民普遍关心的、涉及村民切身利益的村务重大事项告知村民，并由村民参与管理、实施监督；实行事前、事中、事后全过程公开；涉及财务的事项应当每月公布一次，涉及村民利益的重大事项、重大决策随时公布；对拒不改正或弄虚作假、欺瞒村民的，应当建议召开村民会议对有关责任人依法予以罢免；等等。

四是社区服务型党组织建设逐渐加强。2013年各地结合实际探索创新，围绕服务改革、服务发展、服务民生、服务群众、服务党员，将社区党建工作的重心转移到服务上来。比如深圳在社区普遍设立综合党委，构建条块联动、区域统筹的基层党建新格局，围绕服务党员、服务群众，深入开展"五进社区"②活动。又如东莞打破以条块为主的社区党组织体系，设置社区党工委，统筹社区各类组织和各项工作，建立社区班子联席会议、党群联席会议"两联席"制度，实行群众评议党员、党员评议党组织、下级党组织评议上级党

---

① 2013年6月27日，广东省社工委社会建设情况通报新闻发布会。
② 五进社区是指：市、区委委员进社区，党代表进社区，机关在职党员进社区，党员志愿者进社区，党群工作者进社区。

组织"三评议",实行承诺事项公开、决策过程公开、实施结果公开、群众意见公开"四公开"等制度,加强社区管理和服务。再如云浮立足欠发达地区的实际,抓队伍、重保障、强运作、优服务,扎实推进"三有一化"① 工作;中山火炬开发区实施"双融双建"②,打破条块分割的传统党建工作格局,探索构建区域化党建工作新格局;广州番禺区建立"社区大党委—网格党支部—功能型党小组"三级体系,建立"社区党委书记—党委委员—党支部书记—党小组长—党员"五级负责制,拓展社区党组织服务体系。

(二)城乡社区服务功能不断强化和改善

一是城乡社区服务机构数量大幅增长。2013 年,广东以便民、高效为原则,对街道继续进行改革,全省目前已建成街镇政务服务中心 947 个,比2011 年增加 101 个。截至 2013 年年底,全省社区服务机构总数达到 49694 个,比 2012 年增加近 1.2 万个。其中,社区服务指导中心③ 30 个,社区服务中心2512 个,社区服务站 13098 个,其他社区服务机构④达到 34054 个⑤(见表1)。从近五年的数据⑥来看,广东各种层次的社区服务机构数量均有大幅增长(见图 1)。同时,家庭综合服务中心、社区综合服务中心的模式在全省逐步推广,惠及包括弱势群体、户籍居民以及非户籍居民的所有群体,服务范围也开始向农村延伸。2013 年农村的社区服务机构数量有较大幅度的增长。其中,农村社区服务中心由 2012 年的 287 个增加到 934 个,增幅达到 225.4%;农村社区服务站由 2012 年的 3025 个增加到 4468 个,增幅为 47.7%。另外,全省社区日间照料床位数和社区留宿照料床位数也有极大幅度的增长,其中日间照料床位数增幅达 127.7%,留宿照料床位数增幅高达 392.7%(见表 1)。从这

---

① 三有一化是指:社区中有人管事、有钱办事、有场所议事,推进城市基层党建区域化建设。
② 双融双建是指:机关融入基层、党员融入群众,建设为民务实清廉的党员干部队伍、建设幸福和美开发区。
③ 社区服务指导中心是指县级以上建立的,除有一般社区服务中心(站)的职能外,还对社区服务中心(站)的工作具有指导作用的社区服务机构。
④ 其他社区服务机构是指民政业务范围以外的以提供服务为主的社区服务设施,如社区服务站、社区文化服务站、残疾人康复站等。
⑤ 广东省民政厅:《广东社会服务业统计季报(2013 年 4 季度)》。
⑥ 国家统计局:《中国统计年鉴》(2010~2013 年)。

一系列数据可以看出，2013 年广东城乡社区服务机构建设力度大，社区服务发展势头较好。

表1 广东省社区服务机构情况

	2012 年	2013 年	增幅（%）
社区服务机构总数（个）	37399	49694	32.9
（1）社区服务中心（个）	2193	2512	14.5
其中农村（个）	287	934	225.4
（2）社区服务站（个）	7444	13098	76.0
其中农村（个）	3025	4468	47.7
（3）其他社区服务机构（个）	25863	34054	31.7
社区日间照料床位数（张）	992	2259	127.7
社区留宿照料床位数（张）	615	3030	392.7

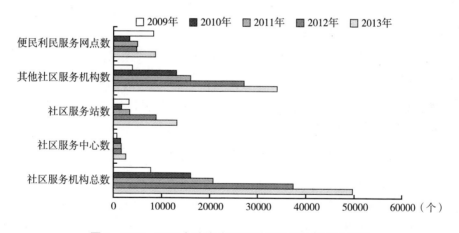

图1 2009～2013 年广东省社区服务机构数量变动情况

二是城乡社区服务功能得到积极拓展。2013 年，全省各地在创新社区治理的过程中，积极拓展城乡社区的服务功能，服务项目基本涵盖各项基本公共服务，无论是教育、就业还是心理咨询、法律援助等，均可以在社区平台中得到实现。在教育方面，中山市三乡镇社区居委会的"四点半课堂"免费为社区内适龄学童（不分户籍）提供免费托管服务，中山市妇联创建的"亲亲家园"儿童友好社区则涵盖儿童托管、功能辅导、文艺培训、心理疏导、家庭互助、志愿者服务等服务项目。江门市江海区 2013 年积极创建广东省社区教育试验区，5月成立了第一个社区教育学习站，7月底则在全区23个社区均建成一个社区教育学习站，接下来还要建成一所社区学院，为全区青少年和成人提供培训。东莞塘厦镇作为广东省内第一批社区教育试验区，着力完善终身教育体系，构建社区教育平台，形成社区化、开放式的教育网络。在就业方面，中山市为促进就业困难人员实现"家门口"就业，推行社区就业工作坊（大嫂工作坊），实现了社区居民就业和保证企业生产的双赢。在心理健康方面，中山市推出心理健康进村入户，组建了社区心理健康服务队，为社区中的重性精神疾病患者提供跟踪服务。在金融服务方面，东莞市新莞人服务管理局联合公安和银行等有关职能部门和社会机构，以居住证和银联卡为载体，推出出租屋电子缴租和小区小额消费业务，建设"微现金安全社区"。在法律援助方面，中山市探索了一种基层法律服务新机制，建立起覆盖279个村居社区的338名乡村律师队伍，除了少数属于镇区购买的服务之外，大多数乡村律师免费为基层提供公益律师服务。

三是社区服务提供方式不断创新。为了更好地向居民提供社区服务，除了通过向社区服务机构购买公共服务外，各地积极探索创新社区服务的提供方式。比如广东省2013年积极推行社区警务平台，以社区民警日常工作内容为主线，全面整合相关业务系统，这既提高了基层治安工作实力，提升了基础工作效能，又使社区民警从繁杂、重复的工作中解脱出来。又如中山市南头镇试点社区电子信息公共服务平台项目，包括建设社区网站、打造社区网上服务和沟通平台、建立短信发布平台、开通社区官方微博、建设LED公共电子信息显示屏等。通过平台及时发布社区各项活动信息、政策法规以及各项事务办事流程等资讯，使社区居民了解社区各项相关信息，参与社区管理。同时，社区信息化通过网络、电话、"一键通"等多种形式，为居民提供餐饮、就医、保健、购物、旅游、缴费等各种信息服务。又如佛山禅城积极打造"小半径"社区警务服务圈，将全区12个派出所管辖的124个社区划分为230个警务责任区，平均每个责任区管理实有人口约5000人，由1名社区民警负责，若干个警务责任区为一个片区，由原有社区和巡防中队领导协调片区工作。这样就基本实现了责任区工作量基本均等，促进社区民警将各项工作任务落到实处。再如江门市江城区启动"1＋N"创建社区多元化公共服务平台工作，即通过政府牵头，社区居委会、企业、社会组织等多方参与，共同建成社区服务站和邮政便民服务站，打造"为民、便民、利民"的服务型社区，把社区行政性事务逐步转移到服务站，强化社区服务管理职能。社区服务站和邮政便民服务站投入使用后，围绕打造社区"一刻钟服务圈"，为群众提供便捷的政务和生活服务，实行"一站式"服务和"一个窗口受理、一次性告知、一条龙服务、一站式办理"的运行机制。同时，江城各乡镇利用村委会办公场所，在全市率先建设农村社区邮政"三农"服务站，代办计生审批、民政事务、新型农村养老保险、户口迁入、身份证办理、合作医疗报销、国土城建报建手续等业务。

四是社区服务人才队伍不断壮大。2013 年广东通过引入社会工作者服务社区居民，壮大了社区志愿服务组织，构筑由社会工作者带动志愿者开展多样化的社会服务体系，推动社区自助、互助服务蓬勃发展。目前，全省社区拥有专职工作人员约 5.4 万人，兼职人员 0.9 万多人。社区服务志愿者组织 5400多个，社区服务志愿者近 80 万人。另外，文化志愿服务者队伍也不断发展壮大，截至 2013 年 10 月底，全省注册文化志愿者 31463 人，文化志愿机构（分队）5947 个，平均志愿服务时间 51.8 小时，志愿者平均年龄 40 岁。2013 年以来，全省累计开展文化志愿活动 69403 次，组织文化志愿者培训 7312 次，为文化志愿者提供培训 5906614 人次。①

（三）城乡社区建设保障机制不断健全

一是城镇化发展规划明确城乡社区建设发展方向。2013 年 3 月省政府办公厅发布《广东省城镇化发展"十二五"规划》，明确了城镇化要加强宜居社区建设，以保障和改善民生为重点，完善公共服务设施，改善居住环境，健全服务体系，保障居住安全，丰富文化生活，全面提高社区的宜居水平。《规划》指出"新建社区要按照省宜居社区考核标准的要求进行建设，已建成社区要对公共交通、教育、医疗卫生、文化、体育和商业服务等设施进行改造完善和对社区环境进行整治。重视环境保护，节约资源，减少排放；鼓励回收雨

---

① 《文化服务离老百姓越来越近》，《南方日报》2013 年 11 月 29 日第 A04 版。

水,用于浇灌、清洗和其他用途。地下车库照明尽量采用自然光或太阳能,新建建筑要符合建筑节能标准,重视社区步行和自行车交通系统建设,充分衔接城市绿道网和公共交通网络。通过实行一站式政务服务、综合性便民服务和推进专业化物业管理,规范发展社区服务组织,营造和谐的社区氛围"。

二是城乡社区事务公共财政预算支出稳步增长。2013年,广东省用于城乡社区事务①的财政预算支出达到673亿元,占全省公共财政预算总支出的8.14%;支出额在九大重点支出项目中位列第三位,仅低于教育、社会保障和就业②(见图2)。从近五年的支出额情况来看,广东用于城乡社区事务的预算支出呈稳步增长态势,2013年支出额较2009年增长了近一倍,而城乡社区事务支出占全省公共财政预算支出的比重也维持在8%左右③(见图3)。

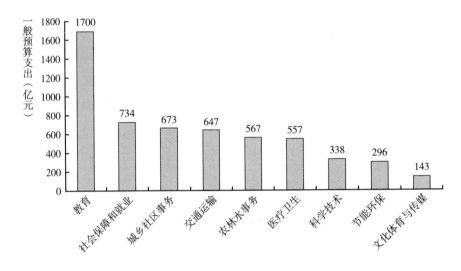

图2 2013年广东省公共财政预算重点支出情况

三是社区建设民间资本参与新模式出现。2013年1月17日,"汇丰广东社区服务成长计划"在广州启动,这是目前国内首个面向社区服务方向的企

---

① 城乡社区事务支出包括城乡社区管理事务、城乡社区规划与管理、城乡社区公共设施、城乡社区住宅、城乡社区环境卫生、建设市场管理与监督、政府住房基金支出、土地有偿使用支出、城镇公用事业附加支出、其他城乡社区事务支出等十项内容。

② 广东省财政厅:《广东省2013年预算执行情况和2014年预算草案的报告》。

③ 国家统计局:《中国统计年鉴》(2010～2013年)。

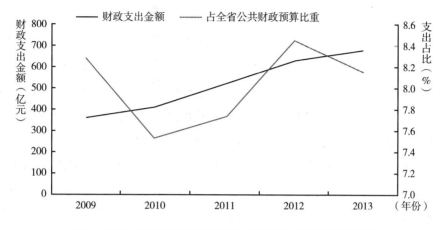

图3　2009～2013年广东省城乡社区事务公共财政支出情况

业发起设立的公益资助计划。这一计划的实施对于广东社区建设和社区服务发展具有重要的示范意义，意味着广东的社区服务除了政府重视外，更得到了企业和社会的大力支持，成为广东社区建设民间资本参与的新模式。

二　城乡社区建设面临的问题

（一）社区治理行政化倾向依然存在

虽然近几年地方政府在探索社区治理模式的过程中，努力使社区居委会成为一个完全意义上的群众自治组织，但是在现实情况下，社区治理的行政化倾向依然存在。这表现在社区不仅要承担社区本身的公共事务，而且还要办理上级政府交办的各种行政性事务，在经费、人事任免和招聘等方面，都严重地依附于上级政府，并没有表现社区自治应有的独立地位。与此同时，在实际情况下，有些地方的社区居委会还大量承担上级政府交办的各种行政性任务。这种"行政化"的工作思维和运行方式必定导致城市基层管理部门公共服务功能不足。

（二）社区整体服务水平不高或公共服务不到位

在社区治理模式的探索过程中，一些社区建立了计生、再就业、卫生方面的社区服务站，但总的来看，由于缺乏与之相适应的人、财、物条件，社区服务整体水平仍然较低或公共服务不到位，主要表现在服务领域不宽、服务设施不足、服务质量不高、服务投入不多等方面。另外，在大多数社区治理模式中，社区的大多数公共服务由政府主导，带有很强的政府主导色彩，基本上停留在政府组织、安排的状态，加之缺乏畅通的参与渠道和有效的参与机制，社区的其他主体（居民、社会团体、中介组织等）参与不足，这导致社区公共服务提供不到位或质量不高。同时，社区资源整合和项目运作机制也有待进一步完善，很多地市区的党委政府、驻区单位及居民三元治理主体的大量资源因为缺乏具体可操作的项目还处于沉睡状态，得不到充分利用。

（三）社区居民和社会组织参与社区建设不足

广东省目前大部分社区居民、成员单位、社团等组织对社区的认可和参与程度不高。究其原因，一是政府提供的服务吸引力不足。传统的党委、政府一元主体提供的社区服务供给品种、数量及质量难以满足社区不同人群日益多元、个性化的需求，加上宣传不够等原因，居民参与率不高、受惠面不广、满足度不足。目前参与、享受社区服务的居民以老人、孩子为主，广大的中青年居民因为没有符合其需求的社区服务项目而很少介入社区活动。二是居民参与社区事务管理的渠道缺乏，难以实现居民自身的自我管理、自我服务。三是驻区单位的社区共建意识不强，缺乏相应联动机制。驻区单位有事才与所在街道、社区联系，缺乏长期稳定的沟通、合作。另外，在社区参与中，管理服务类、公益类的社区组织较少，目前活跃在社区的组织仍以文艺、兴趣爱好类为主，围绕社区事务发展起来的社区居民自我管理、自我服务及公益类、互助类的服务组织仍比较欠缺，且缺乏培育、引导机制。

（四）社区自治运行缺乏资金及支配自主性

在社区建设中，缺乏足够的资金及支配权是普遍存在的问题，因为社区居委会完全是一个依附于上级政府的派出机构，在实际的运作中，既没有实际的用人权，也没有独立的财权和财务支配权。社区服务资金主体上是行政性质的，社区工作开展所需的资金来源严重不足。目前，城市社区建设资金主要由街道、居委会自筹，政府投资以项目为主，所占比重较低。同时，在中国的公民社会和慈善事业发展不成熟的情况下，依靠企业捐赠等方式获得社区所需的资金也非常有限。这些问题造成社区服务事业的资金总量不大，从而影响服务质量的提高，使得社区的有效治理和规划无法得到保障。①

三 对策建议

党的十八届三中全会提出了"加强党委领导，发挥政府主导作用，鼓励和支持社会各方面参与，实现政府治理和社会自我调节、居民自治良性互动"的改革精神，为广东省进一步推进社区建设和社区治理提供了政策支持。

（一）总结和探索具有广东特色的社区治理模式

一是根据当前社区治理工作推进情况，逐步梳理并完善相关配套政策，指导、推动广东社区建设进一步规范化、系统化。二是完善社区政务中心建设。按照事权与财权相一致原则，建立和完善社区政务中心，统筹承接原由村级承担的行政和公共管理事务。科学界定社区政务中心的工作范围，明确工作要求，核定人员配备，加大财政投入，整合利用资源，有效降低村级行政管理成本，提高基层政务服务水平，夯实社会管理基础。从政府层面入手，试点探索将街道公务员下沉到社区承担政务服务，在解决街道办事处行政链条过长、层级过多问题的同时，加大社区服务和管理资源投放力度，切实提高基层行政效能。三是总结推广广州、深圳、珠海、东莞、清远等地的深化基层社会管理体制改革的经验做法，着重指导广州市越秀区和南沙区、深圳市罗湖区和坪山新区、佛山市南海区五个"全国社区治理和服务创新实验区"开展实验工作，实现政府治理和社会自我调节、居民自治良性互动。

（二）完善城乡社区基层自治制度，加强村（居）委会建设

2014 年是社区居委会和村委会换届选举年，要平稳有序、依法依规组

---

① 程宇：《社区治理新模式探析——以广东省探索为例》，《临沂大学学报》2013 年第 5 期。

织开展全省第六届村委会、第五届社区居委会换届选举工作。要指导各地制定好换届选举的实施办法，密切关注难点村（居）的选举，对容易发生问题的环节有各种工作预案和处置预案，发现问题及时处置。建立信息沟通机制，做好信息报送工作。对已完成换届选举的村（居），要监督做好工作的移交。同时，健全村（居）民会议和村（居）民协调议事会议制度，完善民情恳谈、社区听证、社区论坛、社区评议等对话机制。争取出台"广东省村务公开条例""广东省村务监督委员会工作规则（试行）"。深化村（居）务公开工作，全面建立村务监督委员会。积极推动村务公开民主管理达标县、示范县创建工作，开展第四批广东省村（居）务公开民主管理示范创建活动。同时，要提高居民参与社区公共事务技术，培养理性的社区居民。积极拓宽社区居民参与社区治理的机制与途径，既可以通过居民论坛、社区对话、社区民主评议政府部门等直接沟通机制，也可以通过以电话、网络、媒体为中介的市长热线，QQ群等间接沟通机制，构建良好的"政府—居民"对话平台。

（三）加大社区基础设施建设，完善城乡社区服务体系

一是完善社区基础设施，继续按照"一村（居）一站"模式，推进城乡社区公共服务站建设，继续协调推进城乡社区"六个一"（公共服务站、文体活动中心、健康计生服务中心、家庭服务中心、综治信访维稳工作站、小广场或公园）工程建设，实现社区建设标准化、规范化。二是探索建立面向全体社区居民的服务主体多元、服务功能完善、服务质量和管理水平较高的社区公共服务网络。继续实施家庭服务中心示范项目建设，打造"一站式"综合服务平台，提高农村社区综合服务设施覆盖率。规范新建城市社区公共服务用房建设，与住宅物业项目同期规划、设计、建设及使用。协同开展城市社区公共服务综合信息平台建设试点。三是通过政府购买服务、设立项目资金等途径，积极引导各类社会组织参与社区管理和服务。引导支持工会、共青团、妇联以及其他驻区机关、部队、学校和企事业单位发挥各自优势积极参与社区服务活动，向社区居民开放服务设施，开展公益慈善活动。四是推动社区服务社会化运作，发展社区志愿服务、群众性互助与自助服务，繁荣商业便民利民服务，

满足居民生产生活多样化需求。同时，加快村（社区）公共服务设施向非户籍常住人口开放。

（四）建立多元筹集机制，扩宽社区发展的资金来源

从目前的情况来看，社区发展有三类财力资源可以整合：第一，依托职能部门，利用行政机制，整合财政资源，区街社区进行的财政投资可以采取按比例配套的筹资机制；第二，依托社区自治和非营利组织，整合自愿捐赠资源，充分宣传"汇丰广东社区服务成长计划"，引导更多企业和社会组织参与社区建设；第三，依托辖区单位，利用共建机制，整合单位资源。通过这些方式，弥补与解决在社区治理中公共服务供给不足和质量较低的问题。

（广东省社会科学院供稿）

B.4
广东省社会组织发展报告

2013 年对于社会组织改革发展来说是具有里程碑意义的一年,这一年,社会组织管理制度改革上升为党和国家重大发展战略。党的十八届二中全会与十二届全国人大一次会议审议通过的《国务院机构改革和职能转变方案》、党的十八届三中全会通过的《中共中央关于全面深化改革若干重大问题的决定》(以下简称《决定》)对改革社会组织管理制度、激发社会组织活力作出重大部署,明确了社会组织改革发展的重点任务。《决定》提出"激发社会组织活力。正确处理政府和社会关系,加快实施政社分开,推进社会组织明确权责、依法自治、发挥作用",进一步明确了社会组织在社会治理体系和社会治理能力现代化中的重要作用。作为社会组织发展的"先行地",广东锐意改革、敢于突破,社会组织建设虽在艰难中前行,但仍取得长足进步。

一 广东省社会组织发展现状

2013 年,广东社会组织数量规模持续扩大,社会组织管理体制改革取得显著成效,社会组织在经济社会发展中的作用越发彰显。

(一)社会组织数量飞速上涨

社会组织数量突破 4 万。近几年来,广东省社会组织的数量得到了巨大的提升,增长速度前所未有。截至 2013 年 12 月,广东经各级民政部门依法登记成立的社会组织达到 41025 个。在增量方面,2013 年新增数达到 6000 多个,是 2005 年以来的最大年度增幅;在增速方面,与 2012 年相比较,社会组织总量同比增长 18.75%①，大幅攀升的趋势仍未减弱，近十年来的平均年增长率将近 10%（见图 1）。

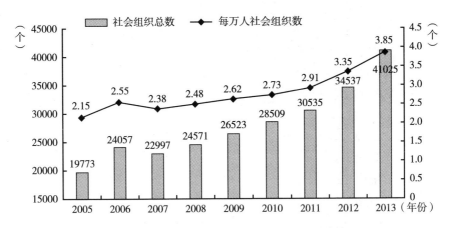

图 1　2005～2013 年广东省社会组织发展趋势图

数据来源：2005～2007 年数据来自《广东省 2007 年民政事业统计公报》，2010 年数据来自《广东省民政事业发展"十二五"规划》，2011 年数据来自《2011 年民政工作总结》，2012 年数据来自广东省统计局 2012 年统计公报，2013 年数据来自民政部规划财务司公布的《2013 年 4 季度各省社会服务统计数据》，2013 年年末常住人口数据来自统计公报。其余年份数据来源于中国社会组织网。

社会组织数量位列全国第二。2013 年 3 月《国务院办公厅关于实施〈国务院机构改革和职能转变方案〉任务分工的通知》颁布，标志国家层面的社会组织登记管理体制改革拉开帷幕。《通知》提出，2013 年 12 月底前民政部将会同法制办完成《社会团体登记管理条例》等相关行政法规修订工作，对行业协会商会类、科技类、公益慈善类、城乡社区服务类社会组织实行民政部门直接登记制度。

在百舸争流、千帆竞发的态势下，2013 年广东省社会组织发展依然表现出色，在全国 31 个省、自治区、直辖市中排列第二，仅次于排名第一的江苏省（55586 个），超越山东（38976 个）、浙江（35565 个），攀升至第二位（见图 2）。

每万人拥有社会组织数量达到 3.85 个。国际上，每万人拥有社会组织

---

① 民政部规划财务司：《2013 年 4 季度各省社会服务统计数据》。

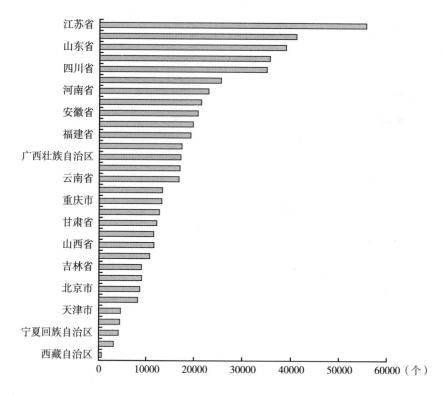

图2　2013 年全国 31 个省、自治区、直辖市社会组织总量比较图

数据来源：民政部规划财务司公布的《2013 年 4 季度各省社会服务统计数据》。

的数量已成为衡量社会文明程度的一个指标。2013 年，广东每万人拥有社会组织数量 3.85 个[①]，稍低于全国平均水平 3.98 个，在 31 个省、自治区、直辖市中排列第 18 位，江苏（7.00 个）、浙江（6.47 个）位列前两位（见图 3）。

（二）社会组织结构渐趋优化

按类型结构划分，2013 年广东共有社会团体 18823 个、民办非企业单位 21771 个、基金会 431 个[②]，分别占比 45.88%、53.07% 与 1.05%，与 2012 年的结构基本持平（见图 4）。

---

① 民政部规划财务司：《2013 年 4 季度各省社会服务统计数据》。
② 民政部规划财务司：《2013 年 4 季度各省社会服务统计数据》。

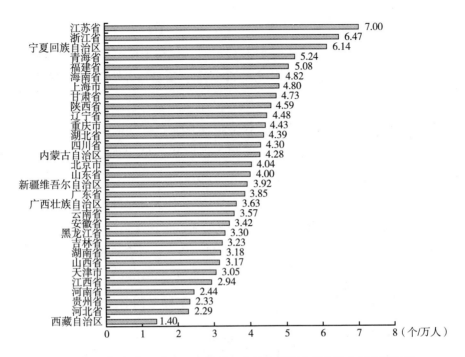

图3 2013年全国31个省、自治区、直辖市每万人拥有社会组织数量图

数据来源：民政部规划财务司公布的《2013年4季度各省社会服务统计数据》。

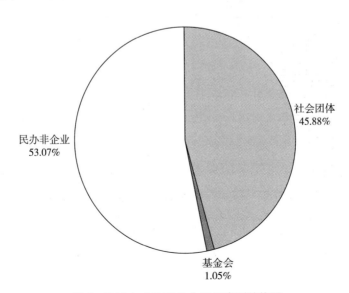

图4 2013年广东省社会组织类型结构图

数据来源：民政部规划财务司《2013年4季度各省社会服务统计数据》。

地方性社会组织大幅增长 5000 多个。按登记管理划分，省级社会组织共有 2283 个，其余 38742 个为地方性社会组织（包括地市与市县的社会组织），与 2012 年比较两者分别新增 474 个与 5061 个，可见地方性社会组织的增长是带动广东省社会组织发展的重要动力。

社会团体居多，专业性团体增长率超过 60%。从登记注册类型来看，省级社会组织机构类型仍以社会团体最多，占比高达 61.06%，但比 2012 年同期下降 2 个百分点①，专业性团体数量与 2012 年一样仍以学术性社团居多，但 2013 年增幅最大的是专业性社团，与 2012 年比较几乎翻了一倍，年增长率超过 60%。地方性社会组织以民办非企业为主，占比达到 54.8%。

社会组织总量的地域分布不均有所改善。广东省社会组织在地域上分布极不均衡，如图 5 所示，2013 年位列第一的深圳社会组织数量达到 5611 个，比数量最少的云浮多 5001 个；但差距有所减少，2012 年同期此差距为 5133 个。②

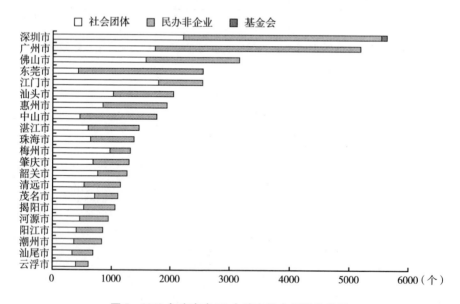

图 5　2013 年广东省 21 个地市社会组织排位图

数据来源：社会组织总量数据源自民政部规划财务司《2013 年 4 季度各省社会服务统计数据》。

---

① 广东省民政厅：《广东省社会服务统计季报（2013 年 4 季度）》。
② 广东省民政厅：《广东省社会服务统计季报（2013 年 4 季度）》。

与 2012 年相比，社会组织力量较弱的地市在 2013 年有了飞速发展，例如，得益于"江门市社会组织孵化基地"和"江门市社会工作协会"的建立，江门市 2013 年新登记的社会组织总数达到 1119 个，社会组织年度增长率达到 70% 以上，是本年度社会组织发展的佼佼者。再如，潮州、阳江、揭阳、湛江等市社会组织年度增长率也达到了 30%，是社会组织增速高企的"第二军团"。

落后地区每万人拥有社会组织数大幅提升。与 2012 年比较，21 个地市的每万人拥有社会组织数都有不同程度的提高。其中，2012 年每万人拥有社会组织数垫底的揭阳从 1.36 上升到 1.77；上涨幅度最大的是江门，从 2012 年的 3.21 上升到 5.64，提升超过 2 个（见图 6）。

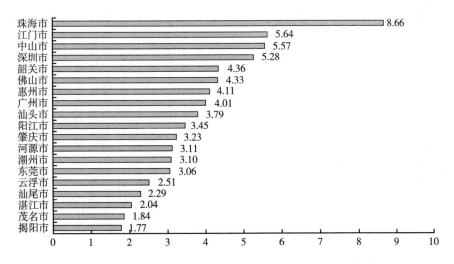

图 6　2013 年广东省 21 个地市每万人拥有社会组织数量图

注：由于没有查询到清远和梅州的统计公报，因此两市每万人拥有社会组织数没有计算在内。

数据来源：广东省民政厅《广东省社会服务统计季报（2013 年第 4 季度）》。每万人拥有社会组织数由课题组根据各市 2013 年的常住人口数计算得到，数据来源于各市的 2013 年国民经济与社会发展统计公报。

二　社会组织管理体制改革取得显著成效

2013 年度"深化社会组织登记管理体制改革，促进和规范社会组织健康发展"被评为广东省 2013 年社会建设十大亮点之一。

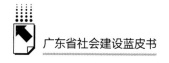

（一）社会组织登记管理制度改革领先全国

适度放开校友会登记政策，开全国先河。从 2013 年开始，广东省大量没有正式身份的各类校友会有了转正的途径。《广东省民政厅关于校友会登记管理的指导意见》首次以正式文件的形式，对校友会的登记管理作出专门规定，开全国先河。

非公募基金会简化登记程序、下放登记权限"步子更大"。2013 年 7 月省民政厅出台了新的《广东省民政厅关于进一步促进公益服务类社会组织发展的若干规定》。新《规定》提出，基金会的登记管理机关是省人民政府民政部门，对冠以地级以上市行政区划名称的非公募基金会，可向已获得授权的地级以上市民政部门直接申请登记。

城乡基层社区登记管理率先推动"双轨制"并行。新《规定》提出，全省公益服务类社会组织的布局应合理配置资源，重在为基层民众服务。培育发展公益服务类社会组织应向城乡基层倾斜，服务于城乡基层社区的公益服务类组织，不具备登记条件的，可在乡镇（街道）进行备案；具备登记条件的，在县（区）民政部门进行登记；对于发起人公益服务贡献较大、影响力强、服务区域大、服务对象数量多的组织，可以在地级以上市民政部门登记；对于在全省乃至全国范围内有广泛影响和代表性、对全省公益事业提供有力资源支持的组织，可以在省级民政部门登记。城乡基层公益服务类社会组织的登记管理按照《广东省民政厅关于培育发展城乡基层群众生活类社会组织的指导意见》执行。

2013 年异地务工人员服务组织成为重点培育对象，由省人社厅作为业务主管单位，省民政厅已登记重庆、河南、湖北、广西、甘肃、湖南、江西等异地户籍在粤务工人员服务协会，主要从事外来务工人员就业帮助、权益维护等服务。自广东加强异地务工人员服务管理组织建设以来，广东已成立 9 个省级异地务工人员服务协会、125 家异地务工人员服务组织。

（二）加强社会组织综合监管取得重大进展

构建社会组织综合监管体系机制试点工作正式启动。2013 年广东省社工委全体会议审议通过《构建社会组织综合监管机制试点工作指导意见》。《指导意见》鼓励支持各地级以上市，重点支持东莞、深圳开展试点，进一步梳理登记管理机关、业务主管（指导）部门、各职能部门的职责，完善社会组织分类管理办法，初步建立法律监督、政府监督、社会监督、自我监督相结合的社会组织综合监管体系。

东莞、深圳试水社会组织综合监管体系获得成功。2013年广东省决定率先在深圳、东莞两地开展综合监管试点，从建立职能部门联合监管机制、推进社会组织信息化管理、健全综合监管政策法规体系等9个方面构建社会组织整体监管框架。例如，深圳龙岗区探索构建社会组织宽进严管模式：社会组织登记机关负责社会组织准入登记、年检等工作，行业主管部门负责对社会组织实施业务指导和行业管理，市场监管、财政、税务等部门在职责范围内对社会组织依法实施监督管理；建立和完善民政、公安、教育等相关单位各司其职、各负其责、信息共享、协同监督、齐抓共管的联合监管机制，形成监管合力，全面开展社会组织等级评估、年检、日常监督、诚信建设、执法查处等工作。该区凭借社会组织综合监管体系建设，获得首批"全国社会组织建设创新示范区"称号。

（三）社会组织信息化稳步推进

2013年3月7日，省民政厅牵头，联合广东省社会组织管理局、广东省社会组织总会、中国联通广东分公司召开广东省社会组织信息化建设专项小组成立暨工作推进会。以建设信息化重点应用为突破口，广东省政府将与中国联通共同推进社会组织管理信息化建设，按照"发挥优势、合作共赢"的原则，深度开发利用资源，全面提升省社会组织信息化水平，推动智能技术在各种社会团体、基金会、民办非企业单位等社会组织中广泛应用，加速构建社会组织信息化高效管理，助推全省社会组织信息化水平迈入全国先进行列。2013年的工作为《广东省社会组织公共服务信息平台建设方案》的正式拟订奠定了坚实基础。

三 社会组织在社会发展中的作用越发彰显

（一）政府购买服务超越社会工作机构，覆盖整个社会组织

党的十八届三中全会的《决定》中多处出现了"政府购买服务"的内容，

政府购买服务在 2013 年逐渐常规化，成为一种新型的政府提供公共服务方式。

向社会组织购买服务金额达到 4.66 亿元。广东在政府购买服务中一直走在全国前列，先后出台省级政府向社会组织转移职能、政府购买社会组织服务、具备承接政府职能转移和购买服务资质的社会组织三个目录。与其他省份不同，广东的政府购买服务已经超越社会工作机构，覆盖整个社会组织领域。2013 年，广东省向社会组织转移职能 56 项，公布了省级具备资质的社会组织618 家，全年度向社会组织购买服务达 4.66 亿元。①

政府购买社会组织服务机制体制尚待完善。由于评估体系不够完善，对转出去的职能社会组织承接得好不好、社会组织是否有违法乱纪的行为等，政府对这些情况都无法及时掌握。有些社会组织承接政府职能后，存在乱收费的问题。再者，在加强社会组织诚信体系建设方面，广东仍有许多工作要做。最后，社会组织的信息发布制度还不够健全，需要将评价社会组织的状态数据、评价方案、指标体系、评价方法、评价程序等信息进行发布，接受大众监督。

政府购买社会组织服务的监管力度仍需进一步加强。2013 年公布的审计报告显示，在政府部门向社会组织购买服务的实施过程中，仍存在不少问题：在抽查的 116 个社会组织中，有 10 个部门单位向社会组织购买服务没有实施政府采购，涉及金额 2276 万元；有 5 个部门单位对社会组织提供的 8 项服务少支付或不支付费用；有 3 个社会组织受托履行行政职能收取的行政事业性收费 716.8 万元未实行"收支两条线"管理；有 6 个社会组织承接的 15 个财政资金项目未按要求完成，涉及资金 417.8 万元；有 9 个社会组织使用财政资金2705.9 万元没有在财务上进行独立核算。同时，审计中还发现一个比较严重的问题——有 9 个社会组织利用虚假手段获取财政专项资金 2308.1 万元；有8 个社会组织挪用财政专项资金 508.3 万元，用于社会组织的注册、日常费用等开支。②

（二）建设枢纽型组织体系，发挥人民团体联系服务群众的作用

省总工会打造"三工"联动服务模式。所谓"三工"是指工会、社工和

---

① 广东省人民政府 2014 年 5 月 28 日提交广东省人大的报告。

② 广东省审计厅 2013 年 7 月发布的审计报告。

义工；"工会"既指工会组织也指工会干部；"社工"既指职工服务类社会组织也指其从业工作者；"义工"指通过工会牵头、社工机构具体负责招募并培训而组织的义务提供服务的工作者。"三工"联动服务模式即"以工会为主导，以社工为承担，以义工为配合"的项目运作新模式。

团省委实施"好社会·亲青汇"青年社会组织培养发展计划。团省委、省青联迅速行动，以"好社会·亲青汇"为主题，全面推进枢纽型社会组织建设工作。"好社会"是省委、省政府社会建设的目标指向，"亲青汇"是团省委打造枢纽型社会组织的统一行动，其中，"亲"既是当前青年人喜爱使用的网络流行语，又代表团组织最亲密地与青年在一起，"青"代表青年和青年组织，"汇"意指汇聚广大青年社会组织，引导青年社会组织参与社会自治。

省妇联实施"集思广益幸福广东——支持妇女计划"，以项目形式鼓励社会组织发现挖掘妇女需求，为各类妇女群体发展提供多元的专业化服务。"集思广益幸福广东——支持妇女计划"由广东省人民政府和香港李嘉诚基金会共同出资 2000 万元，由省妇儿工委执行。计划自启动以来，借鉴"香港仁爱香港"项目运作的经验，采用公开、公平、透明的竞争机制，公开投票产生第一期 88 个资助项目。

（三）商会协会质量品牌有所提升，80% 以上的招商引资由商会协会承担

2013 年，广东涌现了一大批优秀的商会协会。从品牌上来看，很多商会协会不仅为某一个群体、某一个行业或某一个产业的利益代言，更是推动、引领社会经济的发展，甚至是战略上的引领。例如，行业协会为企业开展有关经济管理、法律、政策、文化等各方面的座谈会、研讨会，对企业能够更好地在市场经济环境下开拓理念、提升境界、加强管理，起到了非常重要的作用。其在招商引资上的作用也是很明显的，现在为企业招商引资的组织工作 80% 由商会协会承担。

（广东省社会科学院供稿）

B.5

平安广东发展报告

平安，是广大老百姓亘古不变的期盼，是中国社会和谐稳定的保障，更是全面建成小康社会的基础。2012 年广东省委、省政府全面部署创建平安广东工作以来，平安建设在南粤大地上蓬勃展开，成效逐步彰显。

一 平安广东创建工作全面推进

（一）党政领导高度重视

2013 年 6 月 7 日，广东省委常委会议专门听取省委政法委、省综治办《关于深化平安中国建设工作会议主要精神和我省贯彻意见》的专题报告。中共中央政治局委员、省委书记胡春华强调，要坐实各级党委、政府维稳责任，以深化平安建设为抓手，主动治理、综合治理、依法治理，务必形成合力，全面推进平安广东创建。会后随即发出《关于进一步学习贯彻深化平安中国建设工作会议精神的通知》，要求各地各部门认真学习贯彻。10 月 12 日，纪念毛泽东同志批示"枫桥经验"50 周年大会在浙江省召开，11 月 13 日，广东省委常委会议专题听取会议精神的汇报，胡春华同志作出五点指示：要深刻领会贯彻习近平总书记重要指示和孟建柱同志重要讲话精神，认真学习借鉴并与时俱进发展"枫桥经验"；要坚持民意导向，坚持人民主体地位，努力创造人民群众追求、认可、满意的平安；要积极创新社会治理方式，化"被动维稳"为"主动治理"，并形成主动治理长效机制；要正确把握信访工作定位，探索建立和不断完善基层统一的群众诉求受理平台，切实解决信访突出问题；要以中央综治办督导组到我省调研为契机和动力，进一步做好综治和"创平"各项工作。

（二）部署三大工作重点

根据《创建平安广东行动计划（2012～2022年）》部署——到2013年底，创建平安广东工作全面启动、形成声势，规划实施一批创建项目，创建工作机制基本建立，创建指标体系基本形成；维稳形势和治安状况初步好转，人民群众安全感有所增强，省综治办（省平安办）将社会动员体系、立体化防控体系和"平安细胞"工程建设作为3大重点项目，制订实施方案，全力予以推进。

（三）召开三个片区推进会和四个行业推进会

省综治委、省创建平安广东工作领导小组分珠三角、粤东、粤西三个片区，先后召开了创建平安广东工作推进会。时任省委副书记、省政法委书记、省创建平安广东工作领导小组组长朱明国同志在会上强调：要坐实责任，加大力度，真正落实一把手责任，重点落实市县主体责任，明确部门牵头责任；要讲究方法，务求实效，坚持长短结合、步步为营，坚持条块结合、形成合力，坚持专群结合、全民创安，坚持定性定量结合、科学考核评估。

2013年9月29日至10月下旬，省综治委、省创建平安广东工作领导小组又先后在肇庆市召开全省创建平安学校、平安文化市场工作推进会，在中山市召开全省创建平安医院、平安家庭工作推进会。朱明国同志强调，各地各部门要统一思想，充分认识抓好各行各业平安创建的重要性和必要性；要认清形势，明确行业平安创建工作的组织推动责任；要抓住重点，加快行业平安创建的推进步伐；要讲究方法，建立健全创建工作长效机制，条块要互动，上下要联动，横向要齐动，不断取得平安创建新成绩，为建设平安广东、实现"三个定位、两个率先"工作总目标作出更大贡献。2013年11月7日，省社会管理综合治理委员会、省创建平安广东工作领导小组印发《关于推进"平安细胞"建设工作的指导意见》。

（四）细化53个项目

各地各相关部门认真落实省委、省政府关于创建平安广东部署，结合地方和部门实际，全面启动创建平安广东十大工程设计的53个建设项目。各地级以上市全面制订创建平安实施方案并全面启动；省直各相关成员单位认真规划、制订所牵头负责的创建项目实施方案并组织实施。各项目均进入实质性实施阶段，并取得阶段性成果。

（五）建立两个考评机制

一是组织对各地市综治考评和平安创建试考评。省综治委、省创建平安广东工作领导小组组织 7 个检查考核组（每个组负责 3 个地级以上市）于 2013 年 2 月 25 日至 3 月 3 日对各地级以上市创建平安广东工作进行试考评，并对 2011～2012 年度综治工作进行检查考核（两考合一）。检查考核组按照考核规程听取工作汇报、查看工作台账、实地检查、走访群众、明察暗访，并对每个受检市的情况进行认真反馈，总结工作经验、查找存在问题、提出对策建议，作出考核评价。在对地市考评中，加大群众安全感的分值权重。围绕严密组织群众安全感调查，准确、客观了解广东省群众对当前社会治安秩序、公共安全的真实感受，不断创新调查方法，坚持公开招标和 CATI 系统调查方式，以可信的调查结果反映创平工作成效。同时参照中央综治办的做法，组织了明察暗访。

二是组织对省直成员单位创建平安广东工作试考评。2013 年 4 月 9 日至 12 日，省综治办、省平安办组织 8 个检查考评组，先后对 89 个成员单位中的 85 个单位开展试考评。考评小组主要查核了各单位 2012 年综治和平安创建工作的有关台账资料，听取了工作情况汇报及意见建议，反馈了试考评情况。从考评情况看，各单位领导重视，责任明晰；措施有力，狠抓落实；积极探索，亮点纷呈。在组织对地级以上市和省直有关单位综治工作和平安创建试考评基础上，认真参加全国社会管理综合治理工作考评和评先评优推荐工作。2012 年广东省在全国综治考评中得分 90.23 分，继 2010 年、2011 年后再次获全国综治考评优秀等次。全省有 5 个地市、5 个县（区）、3 名个人、23 名领导干部受到表彰。广州、中山、肇庆三市被中央综治委授予全国社会管理综合治理"长安杯"。

（六）多方宣传发动

一是铺开社会宣传。充分利用流动展牌、户外广告、LED 显示屏等载体，在各市、县人员流动量大、繁华地段张贴创建平安广东宣传标语，积极开展建设平安广东的宣传工作。截至 2013 年 10 月 31 日，全省共悬挂创建平安横额、标语 50453 条，制作宣传栏、电子显示屏 12778 个；制作平安创建公益宣传短片，在电视台、公共交通视频、公共场所 LED 屏持续滚动播放。二是开展新闻宣传。及时向新闻媒体通报创建平安工作推进情况，主动联系中央及省级媒体，开辟专栏，策划专题，多角度、高密度、大力度宣传报道平安创建工作。截至 2013 年 10 月 31 日，在新闻媒体刊发平安创建新闻稿超过 2200 篇。三是开展活动宣传。深入开展"六防"进家庭活动，大力提高群众安全防范意识。积极开展内容丰富多彩、群众喜闻乐见的宣传文化活动，提高人民群众对平安创建工作的认知度。截至 2013 年 10 月 31 日，开展平安创建宣传咨询活动 2356 场、参加人数 1240.6 万人次，发放平安创建宣传单 672.4 万张、小册子 535.5 万册，向手机用户免费发送平安创建信息，累计发送手机短信 4328 万条，在全社会形成了浓厚的平安创建氛围。四是固化宣传机制、载体。制定《全面创建平安广东宣传工作方案》，建立平安建设宣传工作系列制度，联合《法制日报》广东记者站创办《平安广东》内刊（双月刊），配合中央电视台、广东电视台开展"平安中国 2013"媒体行动，组织各地开展形式多样的平安创建宣传活动，在全社会形成了浓厚的平安创建氛围。

（七）抓好四大重点

着力预防和化解社会矛盾。一是完善省、市、县三级社会稳定风险评估机制。各地围绕征地拆迁、劳资纠纷、环境污染、非法集资等重点领域，开展社会稳定风险评估，作为上马重大项目、出台重大决策的前置条件和必经程序，将预防和化解社会矛盾的关口前移。二是加强矛盾纠纷排查调处。依托全省县镇村三级综治信访维稳工作平台、基层法院诉前联调工作室、基层人民调解组织、行业性调解组织和村民理事会等群众性组织，健全人民调解、行政调解、司法调解相衔接的工作机制，滚动开展矛盾纠纷排查工作，综合运用教育、行政、经济、法律等手段，大力调处、化解矛盾纠纷和不稳定因素。省、市、县建立了矛盾纠纷调处工作协调会议制度和情况月报制度，形成了日常排查、重点排查、专项排查和"五个一"调处以及形势研判、督导检查等长效工作机制。三是依法妥善处置群体性事件。

深入开展严打整治专项行动。一是排查整治社会治安重点地区和突出问题。2013年，全省各级共排查治安重点地区1511个，其中县（市、区）9个、乡镇157个、村居734个。先后开展三大专项行动：以严厉打击涉枪、涉爆、涉毒、个人极端暴力四类严重刑事犯罪活动为重点的打击整治专项行动，全力开展破案攻坚，切实提升群众安全感。二是建立常态化"三打"工作体制机制。各地把"三打"（打击欺行霸市、打击制假售假、打击商业贿赂）专项工作纳入创建平安广东和综治工作的重要内容，固化"三打"经验，规范领导包案和纪检、组织、媒体"三介入"，以及联合执法、联席会议、检查考核、群众举报等工作制度。三是专项治理校园安全隐患。全省学校安全管理以维护教育系统重大活动、重要节点和"敏感期"安全稳定为核心任务，以"平安校园"建设为载体，加强校园安全宣传教育，"防火灾、防踩踏、防中毒、防雷击、防爆炸、防溺水"等安全知识教育入心入脑，校园人防、物防、技防建设和"巡防"制度进一步到位。四是加大西江流域水上治安整治力度。组建省、市两级公路、水路安全联防工作小组，健全完善水上治安长效管理机制，加强对水路客运、货运的治安管理和水域巡逻防控工作，打击危害水运安全违法犯罪活动，维护好港口和船舶的治安秩序。五是扎实推进其他社会治理专项工作。协调各地各有关部门深入开展打黑除恶、缉枪治爆，反偷渡、反走私、反假币，打击拐卖妇女儿童、打击金融电信诈骗、打击非法传销、打击非法集资，以及预防青少年违法犯罪、护路护线、流动人口和特殊人群管理等专项工作。组织召开了珠海市反偷渡综合治理工作会议。

健全立体化治安防控体系。各地以社会化、网络化、信息化为重点，大力推进立体化治安防控体系建设。一是着力构建以专门力量为主的"警防网"。各地不断完善以"110"为龙头，以巡警、派出所和刑警中队为骨干的社会治安巡防布控体系，并在城区主要出入口、重点路段、重点部位等设立治安岗亭，建设治安卡口，形成"一点布控、全城响应"，有效强化了街面治安防控。佛山市顺德区以加强"一支队伍、一张天网、三道防线"工作为切入点，全面打造"治安防控护城河"工程。二是发展和整合群防群治队伍。各地根据实际情况，大力加强群防群治队伍建设，发展由地方政府统一出资招聘、公安机关直接管理使用的专职治安巡防队伍，发动社会力量共同参与治安防控。同时，大力整合保安队、治安联防队、交通协管员、流动人口协管员和平安志愿者等群防群治力量，进一步提高素质、规范管理。三是大力推进治安视频监控系统建设。各地各部门认真落实《广东省社会治安视频监控系统建设三年规划（2012～2014年)》，截至2013年底，全省共完成安装视频监控镜头180多万个。广布"天眼"以来，各地"两抢一盗"案件数量明显下降，群众安全感大大增强。目前，以街面巡逻防控网、城乡社区村庄防控网、单位和行业场所防控网、区域警务协作网、视频技术防控网、"虚拟社会"防控网"六张网络"为主要内容的全省立体化治安防控网络不断健全。

扎实推进综治基层基础建设。一是继续加强综治信访维稳三级平台建设。推动各地进一步完善组织保障、内部管理、教育培训、考核激励等工作机制，同时总结推广梅州等地经验，进一步丰富三级平台的内涵，拓展服务功能。二是全面推进社区网格化管理。总结深圳、广州等地社区网格化管理经验，制定了《广东省城市社区网格化管理实施方案》，推动各地将社区网格化管理工作纳入平安创建的重要内容，予以重点推进。三是大力推进基层平安创建工作。推动各地深入开展平安镇街、平安村居、平安边界、平安市场、平安企业、平安学校、平安医院、平安家庭等基层平安创建活动。目前，全省各类基层平安创建活动已覆盖社区和人口90%以上。四是理顺全省社会管理综合治理委员会工作机制。2013年1月，省社会治安综合治理委员会正式更名为省社会管理综合治理委员会，下设8个专项组，与中央社会管理综合治理机构相对应。各地市综治委（办）也对应省的做法进行了改名，参照省的做法成立了专项组。完善了综治工作领导责任制，修改完善了创建平安广东暨综治工作考评体系。

二 平安广东创建工作面临的问题和挑战

总体上看，省委、省政府部署平安广东创建工作以来，方方面面、条条块块都行动起来并取得明显进展。但是，与党中央的新要求、老百姓的新期待、兄弟省的好经验相比，仍存在不少差距。特别是广东省地处两个前沿，经济社会快速发展、利益格局深度调整、流动人口众多，社会治理面临巨大压力，治安刑事案件高发、治安问题隐患依然突出，平安广东创建仍面临繁重任务。主要问题表现在如下几方面。

一是提高群众安全感效果不尽如人意。提高群众安全感是平安广东创建的主要指标，尽管 2013 年广东省群众安全感同比 2012 年有所提高，但这些年安全感波动较大，仍处在较低水平，与群众期望有差距。二是矛盾纠纷排查化解工作有待加强。2013 年，出现因矛盾纠纷排查化解不力而引发的重大刑事案件，如 2 月 13 日，广东省湛江市居民陈释麟因与前妻争夺女儿抚养权未果心怀不满，携自制爆炸物品在其前妻父亲家门前实施爆炸，造成 7 人死亡、18 人受伤。三是各类刑事案件高发，破案率有待进一步提高。全省实施如实立案，2013 年 1 至 10 月刑事案件已超过 2012 年全年立案数，占全国的 13.42%，破案率 18.99%，其中抢劫案件占全国的 22.28%，立抢夺案件占全国的 33.48%。四是社会治安防控体系建设仍存在盲点。侵财犯罪案件高发，2013 年 1 至 10 月，全省侵犯财产案立案件数占全国的 14.06%，占全省刑事案件的 89.75%。其中，发案较多的抢劫、抢夺、盗窃、诈骗 4 类案件占全部侵犯财产案件的 98.94%，2012 年的一项民众安全感调查显示，"抢劫犯罪现象"所占的比重远高于全国总体水平。五是社会治安重点地区排查整治工作仍存在薄弱环节。2012 年共排查 1768 个，已整治 1162 个，整治率为 65.7%，低于全国 94% 的平均水平。此外，在社会治安重点地区和突出治安问题排查整治常态化建设方面仍有待加大推进力度。六是对特殊人群的服务管理工作需要进一步加大力度。2013 年 7 月 29 日，广东省深圳下罗湖区一名男子挥刀连续砍伤多名路人，造成 3 人死亡 5 人受伤，经查，该男子患有精神病。需进一步加强对流动人口、重性精神病患者的服务、救助和管理。七是基层平安创建活动仍需要进一步加强社会动员。2013 年对广东的暗访调查发现，有 36.54% 的群众表示对当地是否开展平安建设工作不了解。

面对平安广东创建工作遇到的问题和挑战，工作上存在不少薄弱环节：一是部分领导和部门对"平安广东创建工作"认识不足，未能科学地将其纳入重点工作规划和重点内容，作为构建国泰民安和谐社会的基础工程来抓，行业系统条条未尽通达，部门横向平面块块结合未尽平顺，有"推一推，动一动"齐抓共管不给力现象；二是断根汕尾"毒瘤"、东莞"黄流"等历史积累问题，遏制八类严重刑事案件及涉枪问题等重点整治力度不够，命案数下降不明显、破案率不高；三是流动人口现有服务管理不到位、机制效果不明显及措施跟不上形势变化等；四是特殊人群特别是严重精神障碍患者的管理软硬件不足，如全省 21 个地级市仅广州有一家重症精神病强制医疗机构——广州市安康医院；五是社会治安防控体系对预防、侦破案（事）件的能力有待进一步提高，基层综治综合服务"三级平台"、"大调解"运作、效果明显的基层法制新机制推广等基层基础工作有待进一步夯实；六是宣传措施不到位，平安广东创建工作的各项努力未植入老百姓脑海，成效感知不明显。

三　2014 年全省平安广东创建工作要点

2014 年全省创建平安广东工作的主要任务是：认真贯彻党的十八大和十八届三中全会、中央政法工作会议、全国综治办主任会议、省委十一届三次全会和省委政法工作会议精神，大力推进平安广东创建十年行动计划，坚持系统治理、依法治理、综合治理、源头治理，提高社会治理现代化水平，着力解决影响社会和谐稳定的突出问题，严防发生严重刑事案件、重大群体性事件、重大公共安全事故，不断提升人民群众安全感和满意度。

（一）紧紧抓住平安建设的核心，坚决维护国家安全和社会政治稳定

严密防范、坚决打击危害国家安全的犯罪活动。以防范和应对"颜色革命"为重点，协调、推动相关情报搜集研判工作；严密防范和坚决打击境内外敌对势力的各种渗透破坏活动；深入开展反邪教工作；加强以珠三角地区为重点的非法宗教活动专项治理工作。加强反恐怖专门力量、手段和应急处置力量体系建设，完善反恐怖侦查指挥体系，强化部门职责，健全协作机制，细化防范和应急处置预案，严密防范、精确打击暴力恐怖犯罪活动。

着力解决进京非正常上访突出问题。各级综治部门协调有关部门建立依法有序表达诉求、及时就近解决问题的机制，加强教育、疏导，引导上访群众通过法定程序表达诉求；积极争取党政主要领导重视，建立主动治理机

制，及时有效化解突出的矛盾纠纷，努力解决进京非正常上访突出问题，维护首都社会稳定。推动建立进京非正常上访情报信息搜集研判、依法处置联动协作机制。对以上访为名聚众滋事、冲击国家机关或在重点地区、敏感部位聚集闹事、扰乱公共秩序的，严格依法处理；对敌对势力插手利用、制造事端的，坚决予以打击。

大力加强互联网管理。推动信息网络安全管理制度建设，推动网络有关实名制度和网络运营、服务主体法律责任的落实。健全网络舆情引导机制，分省、市、县三级建立互联网服务和舆情导控综合平台，及时做好网络舆论引导工作，有效掌握话语权、主导权。

（二）坚持专项整治与建立长效机制相结合，创新立体化社会治安防控体系

依法惩治各类违法犯罪活动。开展专项打击整治，按照省委关于打击毒品犯罪、食品药品犯罪、电信诈骗犯罪、涉车违法犯罪、涉枪犯罪、涉黄赌犯罪6项专项打击整治行动的部署，加大协调推动力度，快侦快破、快诉快判严重影响社会稳定的大案要案；同时高度重视、有效预防和积极治理发生在群众身边和利用新渠道、新手法从事的其他各种违法案事件。坚持贯彻宽严相济的刑事政策，努力化消极因素为积极因素。

加强对治安重点地区和突出治安问题的排查整治。完善治安形势分析研判机制，对严重影响群众安全感、集中多发的案（事）件和突出治安问题，及时协调、研究对策，推动问题解决。加大省、市、县三级挂牌整治力度，采取有效手段推动整治工作取得成效。细化社会治安重点地区和突出问题认定、考核验收标准及程序，健全挂牌督办机制，加强责任追究。认真开展危爆物品安全大检查大整治工作，加强交通运输、消防、危险化学品等重点领域安全生产专项治理，着力解决危害公共安全的突出问题。

完善社会治安防控运行机制。严防发生严重刑事案件和个人极端暴力事件。重点完善街面巡逻防控网、社区村庄防控网、单位行业场所防控网、区域警务协作网、技术视频防控网、虚拟社会防控网"六张网"。完善枪支弹药、爆炸和易燃、剧毒、管制刀具等重点物品管控机制。加强铁路、公路、水路和

电力、电信、广播电视设施及输油气管道等重点部位安全保护工作。完善幼儿园、学校等重点场所安全防范机制，强化校园及周边综合治理，切实维护师生生命财产安全。

（三）坚持和发展"枫桥经验"，创新有效预防和化解社会矛盾综合机制

加强对社会矛盾的源头预防。省委把 2014 年定为社会矛盾化解年，各级综治部门和综治委相关成员单位要树立依法治理理念，以重大问题为导向加强调查研究，特别针对群众反映突出的征地拆迁、环境保护、劳资关系等领域的问题和特殊利益群体的历史遗留问题等，积极向当地党委、政府提出政策建议，推动维护群众合法权益制度机制的完善。积极促进各地各部门科学、民主决策，落实重大决策社会稳定风险评估机制。要不断提升执法司法公信力，提高人民群众对政法工作的满意度，切实防止因执法不严、司法不公引发社会矛盾。

建立矛盾纠纷排查调处化解综合机制。各级各部门要及时排查化解社会矛盾纠纷，督促落实矛盾纠纷排查调处工作协调会议纪要月报制度，层层建立矛盾纠纷定期分析研判机制，每月定期报送重大矛盾纠纷排查化解台账。健全人民调解、行政调解、司法调解紧密衔接的化解矛盾新格局。发挥基层干部和群防群治力量优势，广泛发展信息员、调解员，第一时间发现并就地化解矛盾纠纷。加强婚姻家庭、邻里关系等多发性民间矛盾的调处工作，有效防止矛盾激化，预防和减少"民转刑"命案。加强征地拆迁、环境保护、医疗卫生、劳资关系等领域的专业性、行业性调解组织建设，提高调解工作专业化水平。建立人大代表、政协委员、社会组织等第三方参与的矛盾调处化解机制，通过建立专家咨询委员会、设立"两代表一委员"调解接待室、组织社会力量开展调处以及政府购买服务等办法，充分发挥各方面的作用。

（四）创新完善流动人口和特殊人群服务管理，最大限度增加社会和谐因素

创新流动人口服务管理。围绕"推动以人为核心的城镇化"等要求，积

极协调推动流动人口服务管理措施的完善和落实。深入推进居住证制度，积极促进农业转移人口市民化和基本公共服务均等化，严厉打击非法用工等违法犯罪行为，依法保障农民工合法权益。加强精细化管理，完善"以房管人、以证管人、以业管人"等措施。促进农村留守老人、妇女、儿童关爱帮扶体系的健全完善，预防和减少严重侵害"三留守"人员合法权益的案（事）件发生。

加强对各类特殊人群的服务管理工作。协调、推动各类特殊人群服务管理工作，推动对心理失衡等对社会不满人员建立健全社会心理预警、疏导机制。因地制宜改建、扩建、新建一批刑满释放人员过渡性安置基地、戒毒场所及康复安置场所、艾滋病诊疗定点医院等。加强社区矫正工作，完善社区矫正制度。

加强对肇事肇祸等严重精神障碍患者的服务管理。深入贯彻落实《精神卫生法》《国务院办公厅转发中央综治办等部门关于加强肇事肇祸等严重精神障碍患者救治救助工作意见的通知》，各有关责任部门要细化措施、落实责任，努力做到"应治尽治、应管尽管、应收尽收"，坚决防止严重精神障碍患者肇事肇祸重大恶性事件发生。开展定期筛查和随访，重点做好高风险及贫困患者的信息甄别、登记报告和危险性评估工作。完善贫困患者救治救助政策，开展精神障碍患者服务管理专业社工试点工作。加强强制医疗机构、精神障碍患者福利机构和街道、社区康复机构建设。积极推动强制医疗机构相关法律制度建设。

做好预防青少年违法犯罪工作。加大组织协调力度，加强对有不良行为或严重不良行为青少年、闲散青少年、流浪乞讨青少年、服刑在教人员未成年子女等重点青少年群体的服务管理工作。深入开展青少年法制教育，努力净化青少年成长的社会环境。大力加强专门学校等基础性设施和青少年事务专职社会工作者队伍建设，保障青少年合法权益，有效预防和减少严重侵犯青少年合法权益和人身安全的案（事）件发生。

（五）加强基层综合服务管理平台建设，夯实基层基础

大力推进基层综治平台建设。平安广东创建将县镇村三级综治信访维稳中

心（工作站）改造为"社会服务管理中心（工作站）"，在综治信访维稳中心三级平台基础上，加快推进基层综合服务管理平台建设。在进一步完善"六联"工作机制基础上，增强基层行政服务、便民服务功能，切实提高基层社会服务管理水平。同时，加快推进综合服务管理平台信息化建设，抓好佛山市综治信息化建设试点工作，总结推广典型建设经验，争取早日在全省建成省、市、县、镇、村五级联网的综治管理信息系统。

全面推行城市网格化管理。总结推广深圳市成功经验，努力促进全省城市网格化管理全覆盖，在城乡社区（村）科学划分网络，将人、地、物、事、组织全部纳入网格管理范畴，每个网格至少配备一名专职管理员，统筹做好服务居民群众的各项工作，使基层综合服务管理平台的功能触角延伸到每家每户。到2014年底，各地级以上市要实现城区网格化管理覆盖率超过80%，并选取2~3个农村网格化管理单位试点推进。

全力推进"平安细胞"工程建设。深入开展平安县市、平安镇街、平安村居、平安家庭等多种形式的基层平安创建活动，总结推广命案"零发案"县（市、区）和刑事案件"零发案"村居的经验，预防和减少重大"民转刑"案件。深入开展平安医院、平安校园、平安边界、平安山林、平安企业、平安工地（厂矿）等由行业行政主管部门牵头的平安创建活动，树立人命关天、安全第一的理念，推动安全生产工作，严防发生重大群体性事件和群死群伤重大公共安全事故，严防发生暴力伤害、消防安全、食品卫生安全等重大事故发生。

（六）加强组织领导，提升社会治理现代化能力水平

加强统筹协调。各地要切实落实"属地管理"原则，严格落实综治和平安广东创建的领导、部门、单位责任制和目标管理责任制。省综治委8个专项组和各成员单位要认真履行职责，完善工作制度，狠抓各项措施的落实。各级综治组织要加强组织协调，进一步完善齐抓共管、协作配合的长效工作机制，特别要健全和落实五部委联席会议、综治委例会、综治委成员单位联系点以及述职、工作报告、情况通报等制度，强化平安广东创建责任主体和行政主管部门的职能作用。

用好综治政策。严格落实中央有关文件要求，在用好综治领导责任制各项政策上下功夫，对综治工作（平安建设）成效突出的单位和个人予以表彰，对发生重特大案（事）件，或出现突出问题、经反复整治仍得不到解决的地区，依法分别实行诚勉谈话、黄牌警告、挂牌督办、综治考评、处分建议、一票否决等，以鼓励先进、鞭策后进、增强实效。加强对重点地区、重点领域、重点问题、重点工作的督导检查。

做好考评工作。一是完善考评体系。按照客观、民本、重点、绩效的原则，进一步精减考评项目、优化考评指标、突出考评重点，不断完善创建平安广东暨综治工作考评体系，充分发挥考评引导工作方向、推动工作落实的指挥棒作用。二是认真组织考评。客观公正、认真细致地做好各项考评工作，力求通过考评达到查找存在问题、完善改进措施、推动工作进步的目的。三是用好考评结果。将各级党政领导抓综治工作（平安创建）的实绩纳入其政绩考核内容，与其晋级晋职、评先受奖等直接挂钩。

加强自身建设。抓好综治系统思想政治建设和党建工作，教育引导广大综治干部增强政治敏感性，做到有信仰、有担当、有作为。加强业务培训，不断提高职业素养和专业水平，提升社会治理能力。根据中央及省有关文件精神，尽快健全完善各级综治工作机构，充实人员力量，落实经费保障，履行好法定职能。关心爱护综治干部，改善基层综治干部工作、生活条件，努力把有经验、有水平的综治干部稳定在基层一线。

加强宣传引导。大力宣传党和政府创新社会治理体制、深化平安广东创建取得的显著成绩，深入宣传平安广东创建中涌现的先进典型。加强与主流媒体合作，办好综治组织主管主办的各类媒体，推进各级综治门户网站建设。创新完善新形势下宣传引导群众的方法，主动走入互联网、"自媒体"等领域，提高平安广东创建知晓率、参与率，营造平安共建、和谐共享的良好氛围，为全省社会平安、稳定大局作出应有的贡献！

（广东省政法委供稿）

B.6

BLUE BOOK

以人为本推进广东新型城镇化建设的几点思考

对已处于人口城镇化深化阶段的广东来说，以人为本推进新型城镇化是新时期广东加快转型、推动区域协调发展、实现"三个定位、两个率先"目标的重要抓手。须在尊重规律和现实的基础上，转变城市建设与发展理念，务实推进，才能实现由传统城镇化向以人为本新型城镇化的根本转变。

一 尊重规律和现实

作为生产力发展的客观结果，城镇化的演变有其内在的规律、阶段特征和发展周期，它是一个与经济社会发展相适应的历史演进过程。新型城镇化建设，须遵从经济社会发展和城镇化发展一般规律，即从广东经济社会发展对城镇化的内在要求出发，使之成为因势利导、水到渠成的过程，使之与农业现代化、工业化、信息化水平相适应，切忌再走行政命令下不顾客观实际的一哄而上、大干快上的粗放发展模式道路。过度城镇化和滞后城镇化都会割裂城镇化与经济发展以及人财物之间的内在联系。

（一）城镇化与经济发展生产率提升是关键

城镇化与经济发展，虽互相促进，互为因果，但两者之间并非简单的线性关系，两者相关性的强弱程度在不同国家、不同发展阶段存在显著差异。从欧美、韩国、新加坡和巴西、菲律宾等国家和地区的城镇化发展历程看，城镇化是影响生产率和经济增长的重要变量，但如果没有生产率的提升，城镇化未必和经济增长联系在一起。而影响城镇化与生产率提高和经济增长的主要因素是城镇化路径和公共政策——由此引发的各种要素从生产率低的部门向生产率高

061

的部门转移、人口密度规模效应的提升、城市分工和专业化发展以及相匹配，特别是开放、人口流动、土地利用、基础设施等方面的政策。

纵观广东过去30多年的经济发展历程，可以看出，经济的快速成长主要由工业化推动，但到了20世纪90年代中后期，经济增长开始由工业化单引擎推动转换为工业化、城镇化双引擎牵引，城镇化已经成为推动经济增长的重要驱动力。按常住人口计算，2013年，广东人均GDP为9487.90美元，城镇化水平为67.76%，尚低于发达国家人均GDP超8000美元时的城镇化水平（1978年发达国家城镇化平均水平为70.84%），也低于发展阶段与广东相似国家78%的平均城镇化水平。而且由于广东省内区域发展严重不平衡，制度潜力尚未得到释放，未来一个时期，仍是广东城镇化较快发展的黄金期，但城镇化发展对经济发展正相关效应的传导主要有赖于城镇化路径和公共政策的选择，依赖于改革创新与制度供给带来的生产率提升，而不仅仅是大拆大建，更不能将新型城镇化建设简单视为带来GDP增量的支点。

（二）把握城市生命周期，应对转型挑战

城市存在生命周期，既有生机勃勃的成长期，也存在萎缩期或衰落期，城市衰落和转型也是一种常态。从世界城镇化发展史看，有的城市在农业向工业转换过程中实现了上升期的增长，却在工业向服务业转换过程中衰落，如英国的曼彻斯特和利物浦、美国的底特律、俄罗斯的伊万诺沃、德国的哈勒和莱比锡等。据瑞典皇家工程院院士、同济大学副校长吴志强教授预测，中国将有一批城市在2025年前后进入衰落期[①]，这主要是由于推动和重塑城镇化的核心动力——经济条件发生了变化。如一个城市既可能因为它的"收入效应"而吸引人口流入，也可能因为它的"成本效应"而导致人口流出，或者因为交通运输条件的变化使那些原本具备地理空间优势的城市最终丧失原先的优势。在全球化大背景下，开放可以使后发新兴城市获得更广阔的国际市场而日益繁荣，也可以使传统的发达城市在激烈的国际角逐中衰落。

广东用30多年就走完了西方国家100多年才完成的城镇化道路，城镇化

---

① 中国新闻网：《专家预测中国部分城市2050年上下进入衰落期》2012年9月12日。

速度和 GDP 一样突飞猛进，快速、浓缩的城镇化模式，其问题和成功一样突出，前半段积累的突出问题，将在后半段集中释放，广东将面临艰巨的城市转型发展压力。

（三）推进新型城镇化，重视人口城镇化

新型城镇化是各要素系统化、结构化和链条化的全面升级和发展的系统性工程，是长期任务，不可能在几十年内完成，对此必须有清醒认识。跳出传统工业化思维，避免仅从经济、产业和单纯地追求 GDP 增量的角度将新型城镇化"单纯地"作为拉动经济发展的重要引擎、将加快推进新型城镇化的战略错误地理解为更大规模的城市基础设施和房地产建设，使新型城镇化完全成为传统模式基础上的新一轮大投资、大建设；改变过去单纯追求城镇化速度而不顾城镇化"深度"、只热衷于土地城镇化而不管人口城镇化、重人口城镇化轻入城人口市民化的做法。

二　问题导向，明确目标

新型城镇化以人为本，着重解决的是人的发展权益，即农民的市民化、人的现代化问题，而不是简单的土地空间上的扩张和人口数量上的增长，是"五化"（工业化、信息化、城镇化、市场化、国际化）和"五位"（政治、经济、社会、文化、生态）的内涵式和外延式并重的发展①，旨在增强经济发展的内生动力，为解决"三农"问题、缩小收入差距、推动区域协调发展提供有效途径，为转型发展、跳出"中等收入陷阱"提供解决的思路。

改革开放 35 年来，在工业化飞速发展的带动下，广东城镇化取得了举世瞩目的成就，城镇化率位居全国前列，但与新型城镇化要求仍有很大差距。以人为本的新型城镇化建设需重点解决三大突出问题：半城镇化人口、土地约束和城镇规划。

---

① 张显龙：《新型城镇化视角下中国城乡产业联动发展路径探析》，《改革与战略》2013 年第 6 期。

（一）半城镇化人口问题

原本为加强人口城乡流动管理而设计的户籍制度，因其背后隐含的教育、卫生、医疗、住房、养老、就业等福利因素，筑成了城镇化的高成本门槛（据中国社会科学院城市发展与环境研究所发布的《城市蓝皮书》，农民在市民化过程中要自行承担的人均个人生活成本为1.8万元/年、购房成本为10.1万元/人，被纳入廉租房、公租房体系的市民化人口除外），造成了农民市民化阻力，产生了新的社会群体——半城镇化人口，即工作、生活在城镇，但不能享受与城镇户籍人口相同的社会福利和政治待遇。2012年，广东10594万常住人口中，有城市户籍的只有7100多万人，也就是说有3400多万人属于半城镇化人口。半城镇化人口既是城镇发展的巨大推动力，也正成为影响社会持续稳定发展最大的不安定因素。

（二）土地约束问题

广东属多山省份，七山一水二分田，人多地少，加之改革开放以来土地的粗放开垦，农村集体用地流转上的困难，各地用地供求矛盾突出。目前，全省人均耕地面积只有0.46亩，不及全国平均水平的一半，也远低于联合国划定的0.8亩警戒线。截至2010年，全省建设用地面积为18485平方公里，开发强度为10.29%，而珠三角核心区国土开发强度为27.51%，其中广深佛莞开发强度已超过40%，约为香港的两倍，但单位建设用地生产总值产出仅为2.56亿元/平方公里，远低于发达国家和地区一般在10亿元/平方公里以上的水平。① 新型城镇化建设的推进必然要求相应的公共设施与公共服务、城镇基础设施、房屋建筑、交通等方面建设的快速增加，也必将消耗大量水泥、钢铁、煤炭等高能耗产品，导致土地、能源资源消费量的大幅度提升。而农村集体建设用地流转受多种因素的制约，耕地保护与补充难度加大，新型城镇化建设将面临宜居空间、能源资源、环境容量等相对劣势的自然条件及过去粗放的

---

① 广东省人民政府：2012年9月14日《广东省人民政府关于印发广东省主体功能区规划的通知》。

土地利用模式与集约的土地供给趋势矛盾的制约。

我国当下的土地制度是二元分割的土地权利体系，即城市土地和农村土地、国有土地和集体土地、建设用地和农业用地，其权利是不对等的。一方面，政府对土地用途的管制和对土地一级市场的垄断，使传统城镇化的过程成为农民离开土地和城市剥夺农村的过程，使"地的城镇化"与"人的城镇化"相分离。另一方面，由于农村土地确权缺失，土地流转难，进城农民与村集体的产权关系厘清困难，以致农民在农村的财产"脐带"难以割断，人与财产的分离使得人难以真正融入工作所在的城镇。如果不能从制度上解决土地约束，新型城镇化就不能有效解决"人的城镇化"问题。

（三）城镇规划问题

与传统城镇化相匹配的城镇规划基于工业化思维，见物不见人，缺乏灵魂，规划随意性大、缺乏前瞻性，不注意生态保护和历史人文资源保护，千城一面，缺乏区域特色，以致城市病成了各城市的通病，城市基础设施脆弱、安全性差。新型城镇化要求以保护环境为前提条件，以追求和谐为基本准则，以人性化作为核心的价值取向。

三　深化改革，因地制宜，分类实施

（一）先行先试，继续探索两项制度改革

结合新形势，充分利用率先实践积累的经验，重点推动两项改革：一是户籍制度改革。根据广东实际及综合承受能力，以具有合法固定住所、稳定职业或生活来源为基本落户条件，调整城市户口迁移政策。在已取得的经验基础上，全面实施外来工积分入户制度和基本公共服务均等化制度，为广东人口城镇化有序推进和质量提升提供制度保障。二是下大力气推进土地制度改革。加快农村土地的确权确地工作，明晰农民和集体之间的产权关系；在对土地权益人的权益保护和政府对土地用途（农地或建设用地）的管制之间作出平衡，即在平衡好私权与公权的基础上，推进土地承包经营权和农村集体建设用地流

转，把有效保障农民在城镇化进程中的权益作为推进广东特色城镇化进程中的一项基本任务，将征收农村土地作为城市建设用地的过程变成富裕农民的过程。规范国土空间开发秩序，提高国土布局效益，确保新型城镇化沿着集约、智能、绿色、低碳的路径发展。

（二）做好制度统筹设计，推动多规融合

新型城镇化，每前进一步，都面临多层次的利益格局调整，其所体现的新理念、新导向、新思路及其担负的历史使命，要求我们将其视为一项系统工程，着眼于整体性、协调性进行统筹思考和长远规划，做好与之相匹配的以现代市场经济制度为核心的制度设计。而且须从顶层开始，一层一层地向下进行设计，而不是简单地将各个部门、地区按照自己需要自行设计出来的系统拼凑成一个缺乏有机联系的体系。以大制度系统为统领，建立"总控联动"机制，以《广东省新型城镇化规划（2014－2020年）》为统领，推动多规融合，彻底打破现有各种规划之间相互冲突、相互矛盾、互为抵消的格局，加强对财政、税收、投资、产业、土地、环保、基本公共服务均等化、城乡建设和发展等相关政策的统筹和协调力度，为新型城镇化发展建设规划真正落地和具体实施提供有力保障。

（三）因地制宜，分类推进

对于城镇化率已是83.84%（2012年）、步入城镇化成熟阶段的珠三角地区，其未来新型城镇化的主要任务是通过"二次城镇化"，重塑城镇化的内在驱动力——通过提高城市人口密度和人口素质，促进城镇人口的结构性优化；促进专业化分工、知识溢出和技术进步，提高产业生产率；进一步提升公共服务水平，推动城镇社会各项事业全面进步，实现由传统工业化时代的生产性城市向后工业化时代的服务性城市转变，实现城市发展由追赶式增长向平稳增长、平衡城镇化阶段的顺利转换，进而密切与港澳合作，打造更具综合竞争力的世界级城市群。

对于正处于城镇化加速发展期的粤东、粤西、粤北地区（2012年，三地区的城镇化率分别为59.05%、39.72%、45.3%），其新型城镇化的主要任务

应是继续通过劳动力的区域和产业转移，农业向新型工业、商业的转换，"土地城镇化"和"人的城镇化"并重，提高地级市中心城区的人口、经济和区域服务功能的集中度和首位度来获得可持续的城镇化发展动力，进而实现区域生产率的提高和经济发展。由于粤东、粤西、粤北地区大都是生态发展区，肩负广东生态屏障和水源保护使命，在新型城镇化进程中，还须努力走出一条集约、智能、低碳、宜居的绿色城镇化道路。

（四）以产业转换带动人口结构优化，以人为尺度建设宜居城市

针对现阶段中心城市对人口吸引力强大、人口规模继续扩大、城市病日趋凸显等现实，建议从过去的以固定资产投资为主转向以社会资本投资为主，通过促进城市社会资本的形成与规模的扩大，提高"社会纽带密度"，以此提升广州、深圳等中心城市的发展质量和竞争力。一是通过城市重头产业转换带动人口结构优化。做大做强现代服务业和高端制造业，通过现代产业体系建设带动城市人口结构优化。二是以人的尺度进行城市设计和建设。以"宜居"为核心，优化城市内部与城际之间的交通（尤其是公共交通、绿色交通）、公共空间的建设，丰富有利于人际交流的商业与公共设施以及围绕青年人的创业与创意设施，完善社会服务基础设施，提高城镇的包容性，等等，在本地人与外来人、穷人与富人之间建立社会纽带，促进城市社会资本形成，提高中心城区的"社会纽带密度"，激发城市人口扩展的正向"超线性扩展"效应[1]，降低诸如疾病、犯罪、环境恶化等负面"超线性扩展"效应，把城市建设成宜业宜商宜游宜居的科学、合理、便捷、友善、健康、富有美感体验的客观空间环境和主观精神家园，以及具有高效率、高度创新能力和极强辐射能力的超级城市。

---

[1] 超线性扩展（superliner scaling）效应，根据周健工的《大数据视角：中国如何有效投资城镇化》（福布斯中文网，2013年7月4日），该概念是美国圣塔菲学院的韦斯特等学者经过对世界许多城市进行大数据分析后提出的，他们发现，城市人口的扩张会产生"超线性扩展"效应，即随着人口的增加，城市变化的速度并不同步——如果同步增加为1的话，则会出现以下的效应：私营（研发）就业1.34，新专利1.27，GDP 1.13～1.26，加油站0.77，道路（地表）0.83，电网长度0.87，会带来产出更高和基础设施的集约效应。但城市人口扩张也会产生负面的"超线性扩展"效应：艾滋病1.23，严重犯罪1.16。

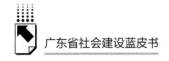

（五）深化财政金融改革，完善转移支付体系

按照收支对应、基层优先原则，建立各级政府事权与支出责任相适应的财税体制。根据公共服务产品的外部性或受益范围，合理界定各级政府事权，明确支出责任，细化各级政府分担资金的比例和标准。适度加强省级政府部门的事权和支出责任，教育、医疗、文化、部分社会保障、跨区域重大项目建设维护、区域性公共服务等作为省级事权，由省级财政相关部门承担支出责任。省通过安排转移支付将部分事权及支出责任委托地方承担，完善转移支付体系，增加对经济欠发达地区的转移支付，压减专项、扩大一般。中央、省出台增支政策形成的地方财力缺口，原则上通过一般性转移支付调节。对于跨区域且对其他地区影响较大的公共服务项目，省通过转移支付承担一部分地方事权及支出责任。争取中央加大对广东的财政转移支付力度，并承担外省农民工市民化的特殊性支出，降低农民工市民化过程中的个人承担成本。

（六）健全完善各种运行系统，提高城镇土地利用韧性度

随着人与自然环境矛盾的加剧，以及正处于社会矛盾高发期，我们面临的各种自然灾害和安全事件越来越多，提高城镇土地利用总体规划的韧性已成为区域竞争力的重要构成要件。新型城镇化建设，须注重健全完善基础设施、金融系统、信息系统、灾害时期的医疗系统、应急系统等运行系统以及供应链，提升区域土地利用总体规划的韧性度，提高城镇抗灾能力、自修复能力和再生能力，把广东变成包括社会体系在内的土地利用强韧化省份。

（广东省社会科学院供稿）

地 方 报 告

Local Reports

B.7

广州：社会建设助力创建幸福广州

2013 年，广州不断推进和加强民生建设与社会治理创新，社会体制改革成效显著，社会治理合力初步形成，在推行养老服务设施、创新社会治理机制、打造阳光政府与法治政府等基本民生建设、社会治理等若干重要社会建设与发展领域，形成了快速推进的发展态势。

一　2013 年广州社会建设新进展

（一）普惠共享型社保体系建设取得显著进展

近年来，广州市始终坚持把保障和改善民生作为社会建设和发展工作的重中之重，继续实施积极的民生财政政策。在经济形势严峻和财税收入增幅大幅回落之际，2013 年广州的惠民投入仍不吝财力。2013 年，广州市全市地方公共财政预算支出 1384.72 亿元，同比增长 8.9%，其中用于社会保障和就业、医疗卫生、教育等民生领域支出的增幅分别为 18.8%、16.5% 和 6.7%，显著高于预算支出的整体增幅。财政资金持续、大量向民生领域倾斜,推进了普惠共享型社保体系建设,城乡居民社会保障一体化体系日趋形成,各种民生保障待遇提高幅度高于同期消费价格指数,各项社会保障水平获得实质性提高。一是城乡居民社会养老保险和医疗保险实现从"制度全覆盖"到"参保对象全覆盖"的转变,社会保险覆盖面继续扩大。二是城乡居民最低生活保障一体化步伐加快,各项保障水平获得实质性提高。2013年广州市继续提高城乡居民最低生活保障标准,其中全市城镇月人均低保救助标准统一从2012年的530元提高到540元。而农村居民低保标准调整则实施小步快跑策略,各区农村居民低保标准平均提高到505元,部分地区如白云区、花都区、从化市、增城市农村低保标准则统一从420元提高到480元,增幅达到14.3%,促使城乡低保标准差距进一步缩小,预计未来1~2年内全市基本可以实现居民最低生活保障标准城乡并轨。

(二)公共服务建设取得显著成绩

多年来,广州持续实施民生财政,财政资金大量持续向民生领域倾斜,为公共服务体系的完善与福利水平的提高提供了坚实的物质基础。一是全力兑现十件民生实事,民生建设取得显著成绩。2013年,广州市向市民承诺的涉及民众切身利益的重点、热点问题的十件民生实事全部兑现,医疗卫生、养老保险、住房保障、食品安全、文化惠民等年度承诺事项均超额完成。二是养老机构建设大提速,养老服务实现跨越式发展。广州市人口老龄化严重,存在着日益增大的养老服务需求与滞后的养老服务设施之间的尖锐矛盾,2013年广州市在编制养老服务机构设施布局规划、完善养老服务体系建设政策的同时,加大资金投入力度,推动养老服务设施建设大提速。

(三)社会组织发展迅速

一是培育和发展社会组织,公益性组织发展迅速。培育和发展社会组织一直是广州市建构完善社会治理体制的关键。2013年广州市通过出台有关政策,加大投入,采取政府购买服务、社会组织孵化器、社会组织去行政化去垄断化改革、设立公益创投基金等举措,培育发展各类社会组织。二是慈善事业进一步规范，多方合作生产公共产品的格局初步形成。作为慈善产业的上游组织，基金会组织对慈善事业的发展具有引领作用。随着广州社会组织直接登记试点的开展，广州市的基金会组织也获得了迅速发展。统计显示，2004～2012年，驻广州的基金会（包括在省、市民政部门登记的基金会，不含在民政部登记的）累计发展到155家，年均仅为17家，而在2013年第一季度，在广州市登记成立（含省、市两级民政部门登记的基金会）的基金会就达到13家（基本为非公募基金会）。

（四）社会治理模式创新

一是以幸福社区创建为突破口，丰富基层社区治理内涵。2013年，广州市在社区基层治理方面，以幸福社区创建试点为突破口，以社会组织培育为基础，以居民自治为核心，以社区网格化管理服务为手段，进行了城市社区治理模式创新，并以"政经分离"为切入点的农村社区综合改革。2013年全市有1197个社区设立了社区服务站，占社区总数的78.6%。各区通过幸福社区创建工作，推动社区组织发展，设立居民议事厅等制度，大力推进居民自治。二是重大市政工程项目公众咨询监督委员会走向规范化，社会治理模式实现重大创新。在继续完善以政府、居民、驻区单位共同参与的幸福社区创建"GPS"（多元治理、多元参与、多元服务）模式，促进三元社区治理机制建设的同时，2013年广州市重大市政工程项目公众咨询监督委员会的创设走向制度化、常态化。

（五）"平安广州"建设扎实推进

一是社会矛盾调处机制不断创新与完善，矛盾预防化解能力不断提高。群体利益分化带来的群体之间的矛盾激烈是不争的事实，不断创新矛盾调处机制、提高矛盾化解能力是维护社会稳定的关键。2013年以来，广州市不断创新社会矛盾调处机制，从宏观的重大市政工程项目公众咨询监督委员会的创设，到微观的社区议事厅的普及与完善，无不体现了广州市从制度层面来完善社会矛盾调处机制的治理思路。在完善制度建设的同时，广州市还从社会矛盾高发的领域着手，推进重点领域的社会矛盾调处机制的建立。二是推进"平安创建"，社会治安形势持续稳定向好。2013 年广州市推进了 38 个 "平安创建" 项目，不断创新警务机制，全年对增城新塘、海珠瑞宝、白云中部、花都狮岭、番禺罗家五大重点地区开展持续整治。三是全面开展 "食得放心" 城市建设，食品药品安全形势趋好。2013 年广州市积极推进 "食得放心" 城市建设，开展全市食品安全风险监测，推进餐饮服务量化分级管理和视频监控系统建设，加强食品药品抽检，推动食品安全信息公开，加大食品药品违法犯罪打击力度，推进食品药品安全工作。

（六）法治政府建设渐趋规范化

一是创新政府信息公开制度，施政透明度进一步提高。2013 年，广州市在政府信息公开方面有多个全国 "率先" 之举：在全国率先发布城市行政权力清单，规范行政权力公开运行；在全国率先实现了三级政府预算与决算信息的全面公开；在全国首创市政府新闻发布会网络直播和市规划委员会议事现场直播制度。二是强化行政立法与行政监察，推进依法行政。2013 年广州市继续推进行政立法工作，全年完成地方性法规草案 5 项，审议通过政府规章 8 项和规范性文件 30 项。以商事登记制度和社会体制改革为突破口，进一步深化行政审批制度改革，全年广州市共清理行政处罚职权 3138 项和行政审批职权 391 项，而 "社会组织直接登记" 则被列为全省社会创新试点。三是推行廉政建设，惩贪治腐力度加大。2013 年广州市在推行权力公开、依法行政的同时，开展了清退会员卡、整治违规修建楼堂馆所、治理公款出国（境）旅游、治理 "小金库" 和违规使用专项资金、清理节庆论坛展会活动五个廉政专项行动，使出国（境）经费同比下降 24%，清理出违规使用专项资金 9768 万元，全市会议经费同比下降 52%，公务接待经费同比下降 30%，全市公务用车购置和运行经费同比下降 10%，廉政建设取得一定成效。

（七）社会建设思路进一步明晰

一是各级社工委的信息收集、政策研究职能不断完善。社会建设涉及各个方面，2013 年以来，广州市各级社工委结合工作实际，从扩大成员单位、广募民情志愿服务队员、培训街镇 "两代表一委员" 工作室兼职联络员等方面入手，全力打造区域社情民意收集研判系统。其中，原萝岗区将街镇"两代表一委员"工作室延伸到异地务工人员的 7 个聚集区域，扩大社会建设信息收集覆盖面。天河区、海珠区、白云区等还引入社会建设领域的名家学者组建社会创新发展咨询机构，参与社会建设创新。各区社工委通过内外智力结合，其社会建设的政策研究与制定水平不断提高。二是社会工作建设机制初步建成。通过扩大社工委成员单位，制订社会建设工作方案，广州市各级社工委全力打造部门相互协调、公私机构相互合作的社会建设工作机制。为全面推进各区社会服务管理创新，2013 年广州市部分行政区将社会建设综合考核列为镇（街）年度目标考核范围，推动各区抓紧编制完成区域《社会建设规划纲要》，为统筹区域社会建设资源，整体推进区域经济社会协调可持续发展提供基础保障。与此同时，2013 年以来，广州市部分行政区通过建立督办检查系统、多部门联动制度，以召开协调会、推进会、研讨会等形式，达到了信息互通、资源互用、难题共解、工作互助的良好效果，初步建成了广州市社会建设的工作机制。

二　2013 年广州社会建设面临的主要问题

（一）社区治理难度加大，社会和谐稳定面临挑战

随着广州市工业化、城镇化和国际化进程不断加速，大量的国内外人口涌入，广州城乡社区的人口与社会经济结构发生了急剧变化。来自世界各地的人口急剧增加，必然会带来思想文化、行为习性的剧烈碰撞，不可避免产生各种矛盾，也必然带来利益分化。在城市，社区居民与开发商、物业管理、驻区单位之间围绕物业管理维修、邻里关系、劳资纠纷等产生的各类矛盾不断增多；在农村则围绕征地拆迁、股权收益分配、出嫁女、农村事务等利益问题产生许多矛盾与冲突。在广州城乡社区还有数百万计的国内常住人口以及数十万国际常住人口，这些人长期居留广州，但是由于户籍等原因无法享受必要的公共福利，难以产生对广州的认同感，而思想习性、思维方式与行为习惯的差异容易导致本地居民、本国居民与外籍人员之间产生各种矛盾冲突。

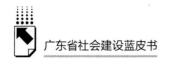

（二）公共服务需求与供给矛盾仍十分突出

这主要表现在基本公共服务供给总量仍然不足。尽管近年来，广州市通过实施民生财政，不断加大民生保障和公共产品供给力度，但随着广州经济社会的不断发展、人口的急速增长、城乡居民对公共服务产品尤其是优质公共服务产品需求的快速增长，仍然难以满足广大市民对公共产品与公共服务的需要，供给总量不足、质量不高，供需矛盾仍然较突出。

（三）部分社会组织公信力不足，社会组织的健康发展受到影响

在巨大的社会需求和良好的发展机遇面前，广州市相当部分社会组织在公信力建设方面的软肋却不断暴露出来。主要表现在：一是公共责任有所缺失，部分组织公益性欠缺。社会组织是以公共福利为目标而勇于承担公共责任的公益性组织。在某种意义上，社会组织从事公益事业，就是公益、慈善的化身，公益性应当成为社会组织的底线。然而，近年来在广州市推行政府购买社工服务的过程中，少部分商业组织或个人利用政府大规模购买社工服务之机，打着公益旗号，将政府购买社工服务作为"生意"经营，在项目招投标中利用各种关系和各种非正常手段承揽项目，在实施项目过程中利用现有财政体制对社工机构财务监督缺乏统一标准和流程之缺陷虚列支出、中饱私囊，在项目执行、评估过程中虚列指标、虚构材料、弄虚作假，各种乱象频生，已经对政府购买服务的公益性和非营利性带来了巨大的挑战。二是专业人才缺乏，社会组织专业性不足。由于薪酬、职业发展前景等激励机制不足，目前广州市大部分社会组织专业人才尤其是具有创新性的人才严重不足，只能依靠大量具有奉献精神的志愿者开展运作，数量较少的专职人员中也充斥大量的离退休人员或者不能胜任原有工作要求的关系户人员，致使社会组织难以开展有效的项目策划、资金筹措、项目运作等工作，客观上导致社会组织提供社会服务的非专业性或者业余性突出。三是内部治理机制与外部监管制度不完善，社会组织的美誉度不高。品牌形象是社会组织的无形资产，良好的公益品牌形象对于宣传公益理念、整合社会资源、提升服务效率、实现价值目标具有持久的推动效应。然而，由于缺乏良好的内部治理机制，信息透明度低，自律机制未形

成，外部监督机制不完善、监管乏力等，社会组织在提供公益服务的过程中出现违规运作、滥用资金、暗箱操作等问题，影响了社会各界对社会组织的整体评价和社会组织美誉度的提高。

三 2014 年广州社会建设工作重点及对策

2014 年是广州市贯彻落实党的十八届三中全会精神、全面深化改革的第一年，也是广州市深入推进新型城市化发展的重要一年。在社会建设和社会发展方面，2014 年广州市围绕建设"幸福广州"、推进新型城市化发展的目标任务，把改革创新全面贯穿于社会建设与社会发展的各个环节，以改善民生和创新社会治理为重点，着力完善社会治理结构，探索社会与经济、政治、文化、生态建设协调发展的新路子。

（一）加快基层社区治理的机制创新，维护社会稳定

一是推进既有法律法规的完善。目前关于城乡社区居民自治的法律，排斥非本地户籍人口的参与，扼杀了非本地户籍的外来常住人口参与社区事务的积极性。为此，在积极推动上位法修订的前提下，广州市应当利用社会体制改革先行先试的体制优势，制定地方性法规，赋予在广州城乡社区居住一定年限的非本地户籍常住人口参与社区事务的权利。与此同时，依据《物权法》等上位法的规定，重点解决城市住宅区业主委员会的地位问题，为改善物业管理提供法律依据。二是承认社区利益群体的合法性，推动利益群体社会组织的建立。由于资源的有限性，各个群体在争取资源时形成的各个利益群体是合理合法的，在社区事务处理上，任何社区事务涉及的群体的合法利益都应当得到尊重。在公共事务的处理中，组织化是利益沟通、博弈的最好方式，因此应当尊重社区各个利益群体依据社会组织法规建立其利益合法代表组织的权利。当前，应当根据实际情况，重点打造外来人口较多的城乡社区建立的各种群体保护组织，允许外籍人员与国内外来人口成立合法的、代表其利益的社会组织。三是在既有城乡社区自治的法律框架下，创新社区治理模式。由于广州地区城乡社区居民来源广泛、人口构成复杂，居委会、村委会已经难以承担调整社区

各个群体利益关系的重任。创新社区治理组织,显得尤其必要。因此,依据社区事务的公共议题范围,依据相关利益群体理论,打造建立容纳各个相关利益群体在内的共同参与、共同协商的社区治理机制,尤其重要。具体而言,根据社区公共事务的不同,建立不同议题的城乡社区公共事务咨询监督委员会,明确城乡社区公共事务咨询监督委员会的地位与咨询监督活动办法,推动各个涉及社区事务的相关群体以及有关公共利益代表共同协商、相互妥协、独立决策、相互监督。唯有如此,才能最大限度地维护相关利益群体的合法权益,最大限度地减缓各个利益群体的矛盾,共同生产、维护城乡社区发展所需要的各种公共产品,多方合力、共同协商合作的社区治理模式才能有效形成。

(二)全面提升服务型政府民生保障水平,推动公共产品供给

一是强化政府底线责任。明确政府维持民众基本生计的底线,切实保障好弱势群体的基本生活条件,保证每个社会成员的基本生存尊严。二是实施民生财政,努力提升社会福利水平。根据财力和社会经济发展状况,不断增加民生投入,逐步提高基本公共服务标准,努力让社会成员分享经济发展的成果。三是要充分发挥市场和社会的作用,多方共同参与公共产品的生产。公共产品的生产总是不足的,国家、社会、企业多方合作,才能生产各种公共产品。因此,政府应当继续通过购买服务的方式,推动社会组织参与公共产品的生产,同时促进社会组织的成长。企业应当提高社会责任意识,通过捐赠方式,与慈善组织一道,参与民生所需公共产品的生产,满足居民日益增长的各种公共服务需求,弥补各自的不足。政府也应当采取各种措施对社会各界参与公共产品的生产提供一定的支持。

(三)完善社会组织治理机制,促进社会公信力建设

一是强化公益理念,增强社会组织责任意识。政府有关部门应当充分利用社会组织孵化、登记、日常监管等环节,明确社会组织的公益性定位,强化社会组织的公益性意识,维护社会组织生存与发展的底线,激发社会组织及其从业人员的责任意识和奉献精神,更好地实现公益追求和公益目标。对在孵化阶段发现的建立动机不纯的社会组织应当予以教育,在社会组织建立后应当通过

经常性的行政监管、财务监管措施，及时发现、纠正将公益事业作为生意经营、中饱私囊的行为，并对不符合公益性的社会组织及时以年检的方式进行处理整顿，以维护社会组织的公益性底线，确保社会组织的主体地位和公益价值。二是强化专业理念，促进社会组织自律自治。应当采取措施，进一步健全完善社会组织的评估体系和监督体系，推动社会组织完善法人治理结构，建立健全内部管理制度，推进从业人员的专业化、职业化，健全项目资助资金使用、项目决策、项目监督等内部监督机制以及信息披露等社会监督机制，逐步建立决策、执行和监督分离的运行机制，并对组织决策、筹集善款、善款使用、善款拨付、财务管理、项目实施、项目验收、绩效评估等主要环节进行规范。三是深化品牌理念，推动社会组织科学发展。加强社会组织公信力建设，要营造奖惩分明、公平竞争、优胜劣汰的制度环境，扩大社会参与和社会监督，强化外部监管，推动社会组织建立良好的品牌形象，促进社会组织可持续发展。

（广州市社会工作委员会供稿）

B.8
BLUE BOOK

深圳：社会体制改革新特区

一 2013年深圳社会建设工作回顾

（一）民生保障水平不断提升，社会事业全面发展

民生领域投入力度进一步加大。2013年深圳市本级财政在九类重点民生领域投入达588.8亿元。市政府年初确定的111项民生实事高质量完成。教育事业实现快速发展。全年新增中小学公办学位2.04万个，新增普惠性幼儿园60所。公共交通环境进一步优化。深圳机场新航站楼启用，厦深铁路投入运营，广深沿江高速、博深高速、清平高速二期建成通车，文锦渡口岸新旅检大楼投入使用；彩田路北段建设项目、梅林关等二线交通改善项目和轨道交通三期7、9、11号线加快建设；优化公交线路100余条，建成新公交候车亭1600余座。就业形势保持稳定。新增就业人数超过8万，促进失业人员就业1.6万人，帮扶就业困难人员就业1.2万人，扶持自主创业人员482人，城镇居民登记失业率为2.53%，"零就业家庭"动态归零。社会保障体系更加完备。社会福利工作成效显著。出台养老设施专项规划，大力推进养老护理院、市社会福利中心和10家老年人日间照料中心的建设；免费提供基本殡葬服务6697人次，共计884万元。

（二）基本公共服务体系逐步完善，公共资源配置趋向均衡

按照保基本、强基础、特区一体化的要求，进一步推进基本公共服务体系建设，使改革发展成果更多、更公平地惠及全体市民。依照国务院《国家基本公共服务体系"十二五"规划》明确的基本公共服务标准，对近年来深圳基本公共服务保障水平和均等化程度情况进行全面梳理，目前，涉及深圳地方

事权的 9 大项、65 小项基本公共服务已全部实施，此外深圳还自行实施了 9 项基本公共服务。从基本公共服务标准上看，深圳市绝大多数基本公共服务项目已经提前达到国家 2015 年标准。在保障总体水平上，深圳已经位居全国前列。基本公共服务均等化稳步推进。2013 年，深圳市社工委会同市发改委、财政委等部门，研究制定了《深圳市推进基本公共服务均等化行动计划》（审议中），以项目库的形式，明确了基本公共服务的内容、标准、服务对象、支出责任及责任单位，有计划地降低基本公共服务不均等的程度。预计到 2015 年，深圳市基本公共服务项目数达到 80 项，初步形成较为基本的公共服务体系。基本公共服务区域发展逐步均衡。将推进基本公共服务区域均衡发展纳入《深圳经济特区一体化建设三年实施计划（2013 ~ 2015 年）》，着力加大对原特区外地区基础设施、环境保护、基本公共服务等投资力度，梳理出 100 多项重大民生建设项目并予以政策倾斜。

（三）社区治理体制改革稳步推进，现代社会治理格局初步建立

社区治理体制改革实现破题。开展基层社区服务管理体制专题调研，系统总结福田区"一站两委三平台"以及南山区"一平台两中心"等不同的社区治理模式，探索推进基层社会治理体制改革，构建现代城市社区治理体系。公共服务供给方式日益多元化。市编办制定了《关于清理政府部门职能事项的工作方案》，共梳理出 30 个部门 994 项职能事项，形成第一批《市级转变政府职能事项目录》；制定了向社会组织购买服务和奖励的政策文件；编制了具备承接政府职能转移和购买服务资质的市级社会组织目录。户籍管理制度改革有新进展。完成深圳人口发展战略课题研究，对全市户籍制度改革实施方案财政成本进行了详细核算；颁布实施《深圳市计生条例》，明确超处罚满 5 年可申请市外迁入，突破了"超生不予迁入"的制度限制。

（四）"两大工程"深入推进，社会管理效能进一步提升

深化"风景林工程"建设，鼓励基层"微创新"。2012 年初，深圳推出了社会建设"风景林工程"，将各区、各有关部门社会建设中适用于服务社区居民的好经验、好做法筛选出来，分类设定标准，以"工程化""项目化"

的方式推广到各社区。2013 年，"风景林工程"选取"基层党建工作区域化、社区服务中心建设、社区居民议事会、社区公益服务岗位开发、社区楼（栋）长制度"作为"第一批盆景"，在完善社区新功能方面发挥了突出作用。目前，全市符合条件的 629 个社区已 100% 建立社区综合党委（党总支），实现公推直选，选聘"兼职委员"1065 名；社区服务中心投入运行383 家，已覆盖 50% 以上的社区；全市共组建了社区居民议事会 744 个，基本实现全覆盖；在有需求的 464 个居委会 100% 开发了社区公益服务岗位，参与服务人数达 3130 人；共为 18 万余栋城中村自建房配备楼长 14.4 万人、商品房楼栋长 1.7 万人，基本实现了城中村出租屋楼宇"门禁 + 视频"系统安装全覆盖。

深入实施"织网工程"，开展信息惠民。社会建设"织网工程"，就是把各部门服务、管理的信息资源编织起来，实现信息资源的跨区域、跨层级、跨部门的互联互通、融合共享，并以此为基础，通过进一步开发民生服务和社会管理领域的各种应用，全面提升公共服务保障能力，提高城市精细化管理水平。2013 以来，"织网工程"团队通过在坪山新区和龙岗区南湾街道试点，创建了以"一库一队伍两网两系统"为架构的"织网工程"新模式（即公共信息资源库，网格信息员队伍，社会管理工作网、社区家园网，社区综合信息采集系统、决策分析支持系统）。并在统筹协调、信息化建设、网格划分、网格员队伍组建四方面取得阶段性成效。2013 年 11 月 5 日，全市召开社会建设"织网工程"工作会议，市委、市政府出台了《关于全面推进社会建设"织网工程"的实施方案（试行）》。11 月 12 ~ 13 日，全国政务信息共享建设工作研讨会暨信息惠民国家示范市建设工作研讨会在深召开，"织网工程"应用被作为重要内容在大会作了专题汇报展示，受到国家发改委等七部委高度肯定，深圳也因此顺利获评信息惠民国家示范市。

（五）社会组织改革发展取得新进展，社会活力有效激发

登记管理体制改革不断深化。继续推进社会组织登记管理体制等 9 项改革，直接登记的范围进一步扩大到 8 类社会组织。截至 2013 年 12 月底，全市共有社会组织 7583 家，专业社工 5900 多人。社区社会组织培育加快。研

究制定《深圳市社区社会组织管理与促进办法》，加快构建社会组织孵化器集群，重点培育街道、社区社会组织发展；探索建立社区慈善基金会，作为社区基层自治组织的有益补充。综合监管体系逐步建立。建立政府行政监管、社会公众监督、社会组织自律"三位一体"的综合监管体系。群团组织枢纽作用凸显。以"深圳市服务职工社会组织联合会""深圳市妇女社会组织基地"和"深圳市青年社会组织总部"等为主要平台，将群团组织打造成枢纽型社会组织。志愿者之城建设加强。印发《关于推动志愿服务社区化的意见》，在全市建成 93 个社区 U 站、31 家青春家园社区服务"专柜"、575 个志愿服务固定服务点。全市注册志愿者达 90.2 万人，志愿者占常住人口的比例达 8.5%。

（六）社会管理创新不断深化，公共秩序和谐稳定

"平安深圳"创建活动深入推进。构建社会治安立体防控体系，加大对故意杀人、"两抢一盗"、涉黑等严重刑事犯罪的打击力度，实现了社会治安持续好转。全年全市共接报 110 刑事治安总警情同比下降 9.38%，其中严重暴力、"两抢"警情分别下降 21.1%、40.8%。"廉洁城市"建设成效显著。查办征地拆迁、社会保障、医疗卫生、生态环境等社会建设领域职务犯罪 53 件 74 人；推进行贿犯罪档案查询机制建设，检察机关向社会提供行贿查询 56016 次，同比增长近 20 倍。食品药品安全管理加强。开展打击非法添加非食用物质和滥用食品添加剂、"地沟油"、"私宰肉"等违法活动；抽检食品及相关产品近 3 万次，合格率 95%；建立"一体两翼"药品安全社会管理新模式；建立药品安全企业信用档案，健全企业网上公示、"黑名单"和违法行为曝光制度；创建 260 个药品安全示范社区。交通安全秩序有效改善。组织《深圳经济特区道路交通安全管理条例》和《深圳经济特区道路交通安全违法行为处罚条例》执法检查，开展"禁摩限电""猎虎""闪电""天眼"统一行动，倡导绿色出行。全年全市交通事故起数和致死人数分别同比下降 21.0%、9.2%。公共安全保障机制不断健全。完成自然灾害、事故灾难、公共卫生、社会安全四类公共安全评估报告，编制《深圳市公共安全白皮书》；将消防行政许可和行政处罚纳入市电子监察系统，接受监察监督；运用物联网新技术将

全市危爆从业单位的储存、销售、使用、运输、处置等全程电子化管理。流动人口和出租屋管理得到加强。全市累计登记流动人口约 1333 万人、房屋编码 63.7 万栋 1046.7 万套间,排查通报各类问题隐患 28.98 万宗,办理合同备案 51.4 万份,代征租赁税 4.8 亿元,查处违法租赁案件 1467 宗。网络虚拟社会管理得到加强。推进网络舆情应对综合业务平台建设,不断提高政务信息发布质量,充分发挥政务微博监督作用,抓好深圳新闻网等各单位门户网站的正面宣传作用,抓好网络舆情应对工作。

(七)社会建设保障进一步加强,社会正能量更加凝聚

突出抓好社会协同、共建共享,发动社会各界参与社会建设。法治保障和政治协商工作加强。完成房屋租赁条例、救助保护条例等立法工作。行业协会、集体协商、控制吸烟、特种设备安全和居住证等方面的立法工作稳步推进。市政协多次召开社会建设、民生领域专题通报会,提出推进社会建设方面的提案近 300 件,组织 200 多名四级政协委员对全市"风景林工程"推进情况进行了专题视察。社会信用体系建设加强。制定印发了《深圳市社会信用体系建设发展规划(2013~2020 年)》《2013 年度社会信用体系建设重点工作责任一览表》,出台了《深圳市食品安全信用信息管理办法》,建立了食品安全"黑名单"制度,开展了"2013 年度诚信守法示范企业"创建活动。企业社会主体责任加强。开展企业社会责任标准研究,编制企业社会责任指标体系。组织第三方机构对巴士、地铁、水务、燃气等公众服务行业进行用户总体满意率调查,满意率为 96.08%。城市文明建设加强。认真组织城市文明提升行动,广泛开展"中国梦"主题宣传,组织 2000 多项关爱活动,建立 300 多个社区道德讲堂。公众参与积极性加强。开展"七彩年华未成年人道德教育活动季""深圳读书月""社区邻里节""扶贫济困日""@深圳在一起"线下网民活动等内容丰富的群众性活动。创造性策划组织了"南粤幸福活动周",全市共开展文体娱乐、关爱互助、法律服务、公益志愿、就业培训、和谐家庭等 32 个大项 3000 多场次的活动;组织开展全市"2013 年民生实事项目市民体验"活动,共遴选出 30 余项作为体验项目,部分"两代表一委员"和数百万市民积极参与,取得良好社会效果。

（八）各区社会建设力度空前，各项工作亮点纷呈

各区对社会建设工作的认识进一步提高，投入进一步加大，政策进一步倾斜，社会建设亮点纷呈。福田区开展了"社会管理法治行动""社会成员大融入行动"，组织社会各界对民生实事进行评议，创建人民调解"福田模式"，探索"一站两委三平台"的社区治理模式和基层社会建设的"莲花模式"。罗湖区创建了"大爱罗湖"公益平台，利用"罗伯特议事规则"评议社区事务，组织开展社区服务项目认领、"圆梦新罗湖先锋行动季"，探索党政社群社区共治试点工作。盐田区实施了"完善社会组织培育和规范发展机制"项目，成立社会组织服务园，设立全市首个区级社会组织专项资金，发布《社会建设与发展公报》，探索"善行银行"志愿服务运行新模式。南山区出台了《关于实施宜居南山社会管理与服务系统工程的意见》，修订完善《南山区社会建设标准体系》《和谐社会建设发展指数》，编撰并出版《中国社会建设大辞典》，探索"一平台两中心"模式。宝安区编印了《宝安区公共服务情况统计》，创建《社会建议书》，督导有关单位推进社会建设工作，成立"平安协会""楼管员之家"等社区社会组织。龙岗区制定了《鼓励、扩大社会资本投资公共服务总体实施规划》，建成全省首家区级信用信息平台——龙岗诚信网，推进企业社会工作和家庭社会工作，成立了全国首家县区级保安协会。光明新区印发了《社会建设发展综合评价考核指标体系》，以"五个一"工程为抓手推进"幸福社区"建设，组建"法治副校长"队伍。坪山新区卓越高效完成了社会建设"织网工程"的试点工作，在推进社会建设"风景林工程"中实现"六个率先"。龙华新区编制了《社会建设规划（2013～2020年）》，组织开展"社会建设年"活动，创办"活力龙华"社会大讲堂。大鹏新区着眼项目创新打造"新盆景"，深化4点半学校创新试点，开展东涌社区"社区营造"模式探索。

二　深圳市社会建设工作形势分析与存在的问题

一年来，深圳市社会建设工作虽然取得了一定成绩，但与党的十八大、十

八届三中全会的要求相比，与市民群众的期望相比，还存在一定的不足和一些薄弱环节。随着全面深化改革各项工作的深入推进，深圳社会建设工作面临着新的机遇和挑战。

（一）发展机遇

从国家宏观政策的取向来看，社会建设越来越成为各级党委、政府的工作重点。尤其是将社会建设纳入"五位一体"的中国特色社会主义总布局以来，从中央到地方，对社会建设工作的重视程度和投入力度空前。因此，应牢牢把握中央、省、市党委和政府深化改革的历史机遇，围绕社会领域的难点、热点问题，深入研究，探索建立一个与社会主义市场经济体制相适应的社会体制，优化社会发展的制度环境，促进社会和谐共融。

从深圳经济社会发展的阶段性特征来看，社会建设工作在新的历史时期必须摆在与经济建设同等重要的位置。过去30多年，深圳把经济建设放在优先发展的战略地位，进入新的历史时期，应更加注重发展与公平的关系，着力解决权利公平、机会公平、过程公平和结果公平的问题。

从深圳社会力量发育状况以及市民的素质与意识来看，深圳的社会建设具备良好的基础。一方面，深圳经济特区市场经济发育早、社会力量相对活跃，社会组织已在社会生活中扮演了重要角色。另一方面，深圳靠近香港、澳门，得风气之先，公众也对城市管理理念、管理模式有比较高的期望和要求，人民群众对公共服务需求大、对社会管理参与热情高。公民通过加入社会组织、开展志愿服务，能够有效地参与公共事业、承担社会责任，为社会建设共建共享创造良性循环的环境和土壤。

（二）问题与挑战

有限的资源承载力和基本公共服务均等化要求存在矛盾的问题。目前深圳实有人口高有1800多万，人口密度平均每平方公里超过9000人，人口结构严重倒挂，户籍人口与流动人口之比近1∶5；全市面积不到2000平方公里，近一半是不能开发的生态控制线土地，全市已没有现成可供成片开发的土地，73%以上的用水要从市外引入；国家明确涉及地方事权的65个基本公共服务项目中，深圳市仅有不到60%的项目覆盖了实有人口。今后随着深圳人口的不断增加，受资源因素制约，基本公共服务均等化的难度将会越来越大。

社会治理体系和治理能力滞后于经济发展的问题。社会治理主要还是靠政府的力量，靠单向的、自上而下的管控，靠行政命令、政策规定去推动，在综合运用市场手段、社会组织自愿自发手段、宣传教育手段、道德手段、经济手段上都需要进一步下功夫；社会治理水平还有较大提升空间，法律权威还要进一步强化，居委会自治能力普遍不强，社区工作站负担过重、职责不清，社区服务中心服务形式、项目比较单一；部门数据自成体系、单独建设、封闭运行，在实现数据共享、通过信息化手段来加强社会管理上还缺少主动意识。

社会活力不足和社会矛盾增加并存的问题。一方面，"强政府、弱社会"的问题依然存在，政府权力还是比较大，管的面还是比较宽；社会组织发展还处于初级阶段，不仅数量上需要加强，而且一些社会组织结构不够合理、人员素质不高、能力偏弱、公信力不足，无法充分发挥作用。此外，政府职能转移还要进一步加快，为社会组织发展释放空间。另一方面，群众"信访不信法"的现象比较突出，大量的矛盾纠纷涌向政府渠道，2013年市、区信访部门处理信访总量居高不下，这也从一个侧面体现了政府过于强势、无所不能，导致群众大事小事都找政府。

如何统筹协调、整体推进，形成对社会建设齐抓共管合力的问题。社会建设工作还没有建立起国家层面上的统一协调机制，目前全国仅有北京、上海、南京等地和广东省建立了社会建设的专门领导协调机构，且彼此之间职能还不完全一样；社会建设很多工作分散到各个部门，在具体工作推进时往往要靠部门的认识程度和积极性，一些部门认识上不够到位，工作推进缓慢；没有完全把社会各个群体充分发动起来，形成关注社会建设、参与社会建设的合力。

三 2014年深圳市社会建设工作重点及建议

按照中央、省的要求，结合深圳市实际，进一步明确深圳社会建设的总体目标，概括起来就是"两个坚持""一个把握"，形成"一个体制""四大体系"，即：坚持保障和改善民生，坚持维护社会公平正义，牢牢把握"三化一平台"，即市场化、法治化、国际化和前海平台改革主攻方向，加快形成党委领导、政府负责、社会协同、公众参与、法治保障的社会治理体制，争取到2020年形成"四大体系"，即着力推进基本公共服务均等化，形成覆盖全体实有人口、项目比较完备、与城市资源相适应的基本公共服务体系；理顺政府、市场、社会三者之间的关系，创新社会组织管理，形成政社分开、权责明确、依法自治的现代社会组织体系；推进基层管理体制改革，完善社区服务机制，形成区划设置合理、贴近居民需求、服务主体多元的社区服务管理体系；加强法治建设，确立法治在城市治理和社会管理中的基础性、规范性、保障性作用，形成科学完备、保障有力、尊崇法治的法治保障体系。在推进社会建设过程中，还应把握好"五个原则"，即以人民群众期盼为导向，明确改革计划和突破口；以促进社会公平正义为核心，努力营造公平的社会环境；以创新基层治理体制为重点，整合社区服务管理资源；以形成社会合力为目标，动员和吸引全社会参与；以务实作风为保障，增强改革的实际成效。

2014年，深圳应以贯彻落实党的十八届三中全会精神和广东省深化社会体制改革总体部署为契机，紧紧围绕"改革"这一主题，积极谋划社会领域体制机制改革，力求使社会建设工作再上新的台阶。一是更加注重创新社会治理体制。社会治理体系和治理能力现代化是国家治理体系和治理能力现代化的重要组成部分。进一步创新社会治理内容、方式、过程、机制，探索构建"主体多元、服务多样、制度先进、科学有效"的现代社会治理体系，围绕深圳市社会建设的目标要求，力争推出一批具有引领和示范作用的改革举措，全面提升社会治理能力和水平。二是更加注重顶层设计。将社会建设的中长期规划与阶段性任务相结合，制定并出台《深圳市社会建设"十三五"规划》《基本公共服务均等化行动计划》《社会建设法治保障规划纲要》《社会建设工作要点》等文件。充分发挥社会建设咨询委员会的专家智库作用，围绕社会建设中的战略性、长远性、前瞻性问题开展调研，不断总结社会建设规律，推动社会治理体系的完善。三是更加注重民生改善。以群众最为关心、关注的民生热点难点问题为突破口，狠抓民生实事项目的落地，统筹推进社会事业改革，促进基本公共服务均等化，加快建立和完善具有深圳特色的基本公共服务体系，努力让改革发展成果更多、更公平地惠及全体市民。四是更加注重社会协同。坚持党的领导核心地位，进一步调动体制内外的积极因素。在体制内，注重整合人大、政协以及工会、共青团、妇联等群众团体的资源，充分发挥社工委各成员单位的作用。在体制外，坚持大力培育和发展社会组织，充分激发多元社会主体的活力和创造力，传递志愿精神，发动更多的社会力量和社会资源参与社会建设。

（深圳市社会工作委员会供稿）

B.9

BLUE BOOK

珠海：社会建设给力科学发展示范市

一 2013年珠海社会建设工作基本情况

2013年，在省委、省政府和省社工委的指导下，珠海市各级党委、政府和市社会工作委员会各成员单位，紧紧围绕"生态文明新特区、科学发展示范市"的发展定位和"蓝色珠海、科学崛起"的发展战略，进一步加强社会建设的规划，推进公共服务体系建设，促进民生保障和改善，强化基层社会治理，深化社会组织体制改革，社会建设取得新成效。

（一）强化总体规划，提升社会建设决策科学化水平

一是进一步发挥"三大平台"的智囊和信息库作用。召开专家咨询委员会，围绕"创新城乡社区治理"主题深入研讨，印发《专家发言集》；召开5次民情观察员座谈会，印发12期《珠海民情信息》；组织社会创新研究基地挂点联络20多个社区，推动理论创新和实践探索。二是加强社会领域战略合作。与新加坡国立大学东亚研究所合作完成《珠海市城乡社会体制改革与创新》；利用全国深化社会体制改革研讨会契机，与国家创新与发展战略研究会磋商并达成了初步共识，在创新社会治理等方面进行战略合作。三是制定社会建设规范性文件。组织起草了《珠海市创建全国社会建设示范市实施意见》《珠海市社会建设考核评价指标体系》，于2014年出台并实施。

（二）加强公共服务建设，推动民生事业发展

一是民生财政支出有新增长，民生保障水平有新提高。全市2013年公共财政预算用于教育、社会保障和就业、医疗卫生、城乡社区、住房保障等九项民生支出153.1亿元，占支出总额的61.7%，办成了一批人民群众看得见、

摸得着的好事实事；促进更高质量就业，城镇新增就业人数 4.33 万，登记失业率控制在 2.28% 以内，企业最低工资标准提高到 1380 元，增长 20%，实施大病补充医疗保险，职工医保和城乡居民医保实际报销比例最高分别达到 94% 和 81%，报销额度最高分别可达 62 万元和 40 万元，新农保和城居保月人均养老金分别增长 66% 和 38%，待遇保障水平位居全省前列，城镇和农村居民最低生活保障标准提高了 20% 以上，为 1.1 万名残疾人发放基本生活津贴 1920 多万元，超额完成省下达的住房保障目标任务，新开工保障房 3219 套、基本建成保障房 5944 套，发放廉租房补贴 271.3 万元，大镜山保障房分配入住。① 二是社会事业发展有新进步。公办义务教育标准化学校实现全覆盖，学前教育三年行动计划圆满完成，新建 10 所镇中心幼儿园全面推进，市十一中等一批教育设施建成使用；启动公立医院改革，实施公立医院与社区卫生服务机构"联建协管"、医师多点执业等机制，稳步推进区域医疗"一卡通"。三是流动人口服务管理有新突破。建立起覆盖异地务工人员及其子女的统一门诊统筹制度，在全国率先建立补充医疗保险制度，在广东省率先实施异地务工人员大病医疗保险和生育保险，实现所有流动就业人员医疗保险关系转移接续，异地务工人员纳入生育保障范围，1800 人通过积分入户，义务教育阶段免费教育补贴覆盖面扩大到具有珠海学籍的全部非户籍学生。五是社区服务有新举措。加快推进"政民通"项目，以智能手机等移动终端为载体，通过居民实名登记机制，整合各类服务资源，集政务服务、公共服务、征集民意于一体，为居民提供政务、交通、文化、娱乐、教育、医护及生活互助等多种便捷服务。

（三）完善基层社区治理，夯实社会基层基础

在城市社区，完善党组织领导、居委会组织居民民主自治、公共服务站承接政府行政职能的社区管理工作模式，出台了《珠海市城市社区行政事务准入管理办法》，建立社区行政事务准入机制，为社区居委会减负、松绑、归

① 珠海市长何宁卡：《2014 年珠海市政府工作报告——2014 年 1 月 22 日在珠海市第八届人民代表大会第四次会议上》。

位，落实党的十八大提出的"政社分开"。在农村社区，完善村居党组织领导下的村民自治机制、社区服务体系、"三资"（农村集体资金、资产、资源）和村政村务监督管理机制。"斗门区农村综合改革"荣获第二届"广东社会治理创新奖"。

（四）培育社会组织，推进社会协同共治

一是着力推动异地务工人员融入珠海。各有关单位形成合力积极解决异地务工人员融入珠海的社会问题，鼓励外地驻珠办事处、商会和行业协会以及民办非企业单位开展异地务工人员服务管理工作，开创新型农村合作医疗异地定点医疗、就地报销等先河。二是实施政府职能转移。举办"珠海市2013年政府职能转移购买服务签约仪式暨洽谈会"，现场签约金额超过450万元。三是加快社会组织培育发展。2013年10月，珠海市社会组织培育发展中心正式挂牌，标志着中心开始正式启用，目前已有35家社会组织进驻中心。全市社会组织不断发展壮大，截至2013年底，全市在册社会组织1422家，每万人（户籍人口）拥有社会组织13.4家。四是促进以工青妇为主体的枢纽型社会组织发展。全面推动"亲青家园"建设工程，全市计划建设10所"亲青家园"——枢纽型异地务工青年综合服务中心，该中心在工作过程中广受好评。五是加强社会组织监管，促进社会组织规范发展。市民政局（社会组织管理局）成立社会组织监察大队，加强社会组织监管工作。六是通过"社工＋义工"联动模式，推动专业社会工作进社区、进工厂、进农村。大力发展志愿服务组织，打造志愿服务品牌，目前珠海市志愿者人数约14万，占全市常住人口约18%。七是大力开展评优活动。评选出"十佳社区""十佳社会组织""十佳社区工作者""十佳社工"和"百佳志愿者"并进行表彰，引导和激励全社会共同关注、共同参与社会建设，形成共建共享的生动局面，受到社会广泛关注和好评。2013年，珠海市社会组织培育获评由国家行政学院、人民网联合举办的第二届全国"社会管理创新优秀案例"。

（五）推进平安珠海建设，保障人民安居乐业

一是开展打击各类违法犯罪活动。依法严厉打击各类刑事犯罪活动，维护

人民群众生命财产安全。同时开展打击制贩毒品、制贩假冒伪劣食品药品、电信诈骗、盗抢销机动车、涉枪、涉黄赌毒等违法犯罪专项行动。二是大力开展重点地区、重点案件、重点问题三项治理。巩固拱北口岸地区综合治理成果，加强对南屏、新青科技工业园区等重点地区的治安整治。提升破案能力，加大对命案等重点案件的侦破力度。高度重视未成年人犯罪问题，加强对校园及周边社会治安综合治理。三是扎实推进"三项建设"优化珠海森林环境工程。加强平安镇街、校园、家庭、村居等重要"平安细胞"工程创建活动。完善人防物防技防等立体化社会治安防控体系。加强互联网管理机制建设，健全网上网下打防联动机制。新推 40 个"全民创安"重点项目，社会治安保持平稳。同时，进一步强化社会矛盾纠纷排查调处和信访维稳工作，社会大局保持稳定。

（六）强化立法保障，确保社会建设工作有章可循

积极从法治层面探索社会事业改革和社会治理创新的新途径、新举措、新机制，促进社会建设的法制化。截至 2013 年底，全市涉及社会建设领域的立法占立法总数约三成，制定了 24 部地方性法规、25 件政府规章。2013 年 11 月，市人大通过的《珠海经济特区社会建设条例》是珠海首部综合性的社会建设方面的地方性法规，进一步以地方立法的形式确定了今后一段时期珠海社会建设的方向、原则和基本任务，涵盖了公共教育、就业促进、社会保障、住房保障、医疗卫生、公共文化体育、公共交通和人口发展等方面，该条例已于 2014 年 1 月 1 日起实施。在全国深化社会体制改革研讨会暨"加强社会建设 创新社会治理"（广东）年会上，省社工委与珠海市签署了共建全省社会建设法制化示范市协议书。

二 2013 年珠海社会建设存在的主要问题与困难

一是出于历史、体制、经济发展等原因，珠海市的公共服务发展水平存在显著的区域不平衡性；公共服务制度部门化、碎片化现象严重，缺乏整体统筹与规划，亟须健全公共服务运行和监督机制。

二是社会组织的培育和监管机制需进一步加强，枢纽型社会组织建设、服务异地务工人员社会组织建设需进一步探索；社会组织对政府的依赖性较大，

缺乏专业人才、经营管理人员，难以承接较为复杂的事务和公益、福利服务。

三是社会建设的投入力度需进一步加大，对重点项目（比如"社会创新项目"）和社工、志愿者队伍的扶持力度有待加强；社会协同、公众参与的机制需进一步完善，社区网格化管理、社会化服务需推广、深化。

三　2014 年珠海社会建设工作设想

2014 年珠海市社会建设工作的总体思路是：深入贯彻党的十八大、十八届三中全会、省委十一届三次全会、市委七届四次全会精神，围绕市委、市政府中心工作，积极发挥统筹协调作用，更好保障和改善民生，促进社会公平正义，深化社会体制改革，努力争创全国社会建设示范市和全省社会建设法制化示范市。着重抓好以下八方面工作。

（一）加大统筹协调推进力度

一是承办全市社会工作会议。二是出台并实施《珠海市创建全国社会建设示范市规划纲要》《珠海市社会建设中长期重点行动纲要》《珠海市社会建设考核评价指标体系》。三是强化珠海市"社会创新专家咨询委员会、民情观察员、社会创新研究基地"三大平台建设。四是加强与新加坡国立大学东亚研究所和国家创新与发展战略研究会的合作。

（二）着力建构社会建设法规规章框架

一是以立法引领推动体制改革，加快推进广东省社会工作委员会与珠海市委、市政府共建全省社会建设法制化示范市工作，围绕更好保障和改善民生、促进社会公平正义的基本要求，制定《珠海市社会领域法制建设规划纲要（2013～2018 年）》。二是清理、整合和完善现行的法规规章，优先将与社会建设体系有关的特别是符合民生需要、体现社会关注的立法项目纳入立法计划，将社会建设实践中的好做法及时上升为地方性法规或政府规章，2013 年出台《珠海经济特区养犬管理条例》《珠海经济特区见义勇为人员奖励和保障条例》等 7 件地方性法规和《珠海市户口迁移管理规定（修订）》等 7 件政府规章。

（三）健全公共服务建设体系

一是建立统一协调的公共服务制度体系。重点推动公共服务制度体系的整合，研究制定珠海公共服务建设具有法律约束力的指导意见，建立统一协调的公共服务运行机制。二是推动建立稳定的公共服务投入机制。推动调整公共支出范围，把生产投资型财政转变为公共服务型财政，将财政支出的重点转向公共安全、公共卫生、公共教育、社会保障。

（四）完善城乡基层治理和服务体系

实施行政事务社区准入制度，推动落实社区居委会"去行政化"。以网格化管理、社会化服务为方向，健全城乡基层综合服务管理平台。在镇（街），整合现有资源，打造集政务服务、信访维稳、综治平安建设和公共法律服务等功能于一体的综合服务平台，为居民提供"一站式"综合性公共服务；在村（社区），设立公共服务站，将现有村（居）承接的政府行政事务统一放到公共服务站。完善社区党组织、社区居委会、社区公共服务站"三位一体"的社区治理与服务体系。构建镇（街）、社区家庭服务平台。在"律师公益服务进村（居）"工作的基础上，整合各类法律服务资源，延伸基层法律服务网络，构建公共法律服务体系，加强和拓展民生领域法律服务。完善法律援助制度，扩大法律援助覆盖面，强化落实法律援助便民措施。健全流动人口服务管理机制，加快户管员、计生指导员等临聘人员整合力度，推广和应用流动人口自助申报系统和村居安防及流动人口居所服务管理系统，探索和健全非珠海户籍人口服务管理的法规制度。

（五）激发社会组织活力

一是深化社会组织登记管理体制改革。继续推进直接登记工作，开展分类登记办法改革，取消社会团体、基金会分支（代表）机构的登记审批。二是推动设立市级培育扶持社会组织专项资金。建立稳定的财政投入机制，培育扶持社会组织发展，让更多的社会组织获得财政资金的支持。三是加快构建枢纽型社会组织。强化社会组织服务功能，建立服务实体化、组织门店化、责任网格化、服务品牌化、连锁业态营销化的运营机制。

（六）构建平安和谐珠海

一是加快创建全国安全发展示范市，完善"一体系三平台"隐患排查治理体系，强化"一岗双责"和重点地区、行业、企业的安全监管责任，深入开展消防安全隐患整治，持续提升安全生产水平。二是加强社会治安综合治理，扎实推进"项目创安"工程建设，完善立体化社会治安防控体系，依法严密防范和惩治违法犯罪活动；创新群众工作方法，深入解决信访维稳问题；推进"六五"普法，加强人民调解、法律援助和社区矫正工作。三是整合食品药品检验检测机构，加强食品药品安全监管，抓好市民"菜篮子"工程，提高农产品安全生产水平，创建国家食品药品安全示范市。

（七）加强社会领域信息化建设

一是打造"智慧城市"。以信息技术推动社会服务管理升级，大力提升社会建设信息化水平，建立全面覆盖、动态追踪、联通共享、功能齐全的社会管理综合信息服务系统。二是重点推广应用"政民通"。通过信息平台，让社区、居民、物业和公共服务机构共同参与社区建设，实现共建共治共享的基层社会治理格局。

（八）加强社会建设保障

一是加强组织保障。把社会建设纳入各级党政领导班子政绩考核体系，加强全市特别是各经济功能区社会建设工作机构、队伍和机制建设。二是加强人才保障。加大教育培训力度，培育社会建设管理队伍和壮大社会工作人才队伍，拓宽社会工作人才服务领域，培育发展民办社会工作服务机构和人才培养基地。三是加强经费保障。优化财政支出结构，增加社会建设支出；推动设立市级社会建设专项资金，加大对重点地区、重点项目的扶持力度。

（珠海市社会工作委员会供稿）

汕头：增创特区新优势

2013年，汕头市在省委、省政府的领导下，团结一心，奋力拼搏，克服复杂严峻的国内外经济形势，特别是历史罕见的"8·17"重大洪涝灾害和"天兔"强台风等诸多困难，众志成城，奋发有为，一手抓经济社会发展，一手抓救灾复产，新一轮加快发展、跨越发展的基础正在不断夯实，全市经济社会发展保持稳中有升的良好态势。

一 2013年汕头社会建设主要亮点

（一）社会体制改革不断深化

一是全力推进社会体制改革项目建设。全市共有20个项目入选全省《2013～2014年广东深化社会体制改革工作任务表》，其中市级项目5个，区（县）级项目15个。重点为枢纽型组织体系构建，召开组建市级首批枢纽型社会组织专题会议，起草制定《汕头市社工委关于构建枢纽型组织体系的实施办法》，推动市社会组织总会、市职工服务社会组织联合会、市总工会职工服务中心、市职工义工协会、市妇女社会组织促进会等枢纽型社会组织成立，组建金平区慈善总会、龙湖区职工服务类社会组织联合会等区（县）枢纽型社会组织。二是升格完善社会创新观察项目建设。通过省、市两级社会创新观察项目建设，以点带面，调动各地各单位创新社会工作的积极性，培育一批有本土特色的创新典型。三是逐步推进事业单位分类改革。印发《汕头市机关事业单位工勤技能服务社会化管理办法（试行）》和《汕头市事业单位聘员管理办法（试行）》。启动事业单位法人治理结构工作，以市鮀滨职业技术学校、市第三人民医院和7个区（县）为试点单位，筹建理事会，制定理事会章程，妥善解决各利益相关方关系，发挥较好的示范带动作用。全面优化法人登记业务审批流程，将原受理、审查、核准三个环节简化为"一审一核"制、"审核合一"制，并在全省率先实施《汕头市事业单位印章管理规定》，出台《汕头市事业单位法人年度报告公开试点工作实施方案》，分三批推开 200 家市直事业单位的试点工作，占市直事业单位的 54%。

（二）社会组织培育管理积极创新

截至 2013 年底，汕头市社会组织总量达到 3792 个（社团 3006 个，民办非企业单位 783 个，非公募基金会 3 个），其中在各级民政部门登记注册1774 个，备案 2018 个，每万人拥有社会组织超过 7 个，初步形成了门类较齐全、层次不同、覆盖较广的格局。一是搭建社会组织监管体系。贯彻"宽进严管"原则，以年检为手段，强化常态化监管，在全省率先出台《关于进一步加强社会组织监管的工作意见》，建立了由市直 18 个部门参与的社会组织监管联席会议制度，形成社会组织监管的综合协调和联动机制，市级社会组织通过网上年检申报的单位达到 50 多家；首次把联合类社团和民办非企业单位纳入等级评估范围，制定相关评估办法和评分细则，实现全市社会组织等级评估种类全覆盖，全市共有 42 家社会组织获得 3A 以上等级评估，其中 5A 级 16 个，4A 级 20 个，3A 级 6 个。在全省率先出台非公募基金会管理规定，率先启动非公募基金会登记，先后完成了 3 个非公募基金会的登记。二是巩固培育社会组织发展实效。积极推进市区、镇、社区三级社会组织孵化基地建设，市级 2250 平方米的孵化基地建设项目完成各项申报手续，进入具体施工阶段；推进社会组织改革创新示范点建设，从福利彩票公益金安排 20 万元专项资金，用于提高市装饰行业协会、化妆品行业协会、塑胶行业商会、潮菜研究会、潮汕历史文化研究中心、存心慈善会、蓝天义工协会、市社会组织总会、肖晖荣艺术馆、学康自闭症儿童康复中心等 10 个示范点的建设水平，打造社会组织品牌。三是发挥社会组织服务社会建设的积极作用。召开全市行业协会商会推广推介座谈会，为促进行业协会商会培育发展营造良好政治氛围。成立市社会组织总会，搭建社会组织服务平台，探索发挥枢纽型社团的引领、带动和辐射作用。

（三）社区建设稳步推进

创新政府公共服务提供方式，建设 224 个（其中社区 159 个、村 65 个）社区公共服务站，为居民群众和非户籍常住人口提供"一站式"服务，并选择 3 个街道开展家庭服务中心建设试点，探索建设政府购买服务、社会组织承接运营的社区综合服务平台；积极参与第二批"全国和谐社区建设示范单位"申报工作，并大力推进 10 个社区和 12 个村实施"双强双促"计划；不断深化"南粤幸福活动周"活动，增强居民社区认同感、归属感；推进村（居）务公开民主管理工作落实，对 2 个镇及 4 个村（居）相关责任人启动问责程序，落实责任追究，并在已有 391 个村（社区）创建达标的基础上，申报金平区金砂街道金新社区等 166 个村（社区）为 2013 年度"广东省村（居）务公开民主管理示范村（社区）"；建立市村务公开民主管理工作领导小组领导和成员单位定点联系区（县）村（居）务公开工作制度；积极主动做好换届选举的重难点村（居）排查整治、"两委"干部涉案情况摸查、民主评议等各项工作，制定《建立村、社区"两委"换届选举工作十项制度》等规范性文件，及时召开换届选举情况交流会，推动换届选举工作全面开展。

（四）社会民生事业加快发展

全市财政用于民生支出共 132 亿元，占公共财政预算支出的 70.5%，高于全省平均水平；城镇居民人均可支配收入 22207 元，农村居民人均纯收入 10097 元，分别增长 10.9%、11.8%；居民消费价格指数上涨 2.5%，物价保持平稳；新增城镇就业 6.16 万人，城镇登记失业率为 2.4%，农村劳动力培训 2.53 万人，转移就业 5.48 万人，就业形势保持稳定；全市参加职工医疗保险 48.85 万人、企业职工养老保险 99.01 万人，参加城乡居民医疗保险 152.42 万人、养老保险 185.48 万人，完成社保卡发卡 437.5 万张，基本实现社保卡全覆盖；创建教育强市工作顺利推进，新增 10 个镇（街）通过省督前检查，龙湖区通过省教育强区督导验收和全国义务教育发展基本均衡区督导评估；教育质量继续提升，高考重点线以上高分层学生占全省的 1/10，中职教育毕业生就业率达 98%，2.4 万名山区、边远农村义务教育教师享受岗位津贴。① 卫生、教育硬件设施不断完善，启动 3 家区级人民医院、5 家镇卫生院、4 家社区卫生服务中心改扩建，新增床位 163 张；新、改、扩建校舍 594 所，解决学位约 1.5 万个。文化体育事业加快发展，市博物馆新馆、侨批文物馆、南滨全民健身广场免费开放，东征军革命史迹陈列馆、崎碌炮台、文光塔成为汕头市首批国家级重点文物保护单位；购置公交车 108 辆，公交车拥有量在全省排名第 7 位，新开通区际公交路线 24 条，中心城区公交出行分担率近 20%。全面完成上一轮扶贫"双到"任务，脱贫率达 100%；出台老年人权益保障条例，制定民办养老机构优惠措施，资助民办养老服务机构发展，探索农村互助养老新模式，城市居家和日间照料覆盖率分别达到 68.6% 和 75.2%，实施 70 岁以上老人免费、60 岁以上老人半票的公交优惠政策；推进法律服务资源向基层倾斜，建立健全基层村居法律援助网络，68% 的村居实现"一村居一法律顾问"。实施水价改革，简化中心城区用水分类，实现工商业用水同网同价；解决残疾人弱势群体基本民生问题，直接受惠残疾人超过 3 万人。深入推进殡葬基本公共服务，殡葬普惠面超过 240 万人，居全省前列。②

（五）社会治理创新取得实效

一是注重制度设计，深入推进平安创建。把平安创建作为"一把手"工程来抓，与经济社会发展总目标同部署、同检查、同落实、同考核、同奖惩，成立市、区县、镇街、村居四级领导小组，市委主要领导与小组成员单位"一把手"签订"综治和平安创建责任书"，并制定实施《创建平安汕头十大工程分工方案》，开展第一批"平安细胞"工程创建。二是注重发挥法治保障作用，扎实推进公正司法。突出强化人民调解"第一道防线"作用，深入开展矛盾纠纷"大排查、大调处"活动，积极推进人民调解"网格化"管理模式，加快推进医疗卫生、交通安全、工业园区、大型企业、住宅物业、专业市场、行业协会等行业性、专业性调解组织扩面建设，加快推进市、区县两级劳动争议、医患纠纷、道路交通事故等三方面人民调解组织覆盖建设，全市共建成各类行业

---

① 《汕头市 2013 年预算执行情况和 2014 年预算草案的报告》。
② 《2014 年汕头市政府工作报告》。

性、专业性调解组织 63 家。全年全市各级人民调解组织共调处化解各类矛盾纠纷 15400 宗，调解成功 15290 宗，调解成功率达 99.3%。三是注重发挥法律服务协稳作用。组织律师、基层法律服务工作者参与涉法涉诉信访工作，全年全市律师进驻村、社区 726 个，成立"汕头市信访举报工作法律咨询顾问团"，率先在全省设立工业园区法律服务工作站，全市 69 个街道（镇）设立法律援助工作站，所有村居建立法援联络岗，搭建起市、区县、街镇、村居四级网络平台，全年全市承办法援案件 1138 件，接受来电来访咨询 8360 人次。

（六）社会建设立法特色鲜明

汕头市充分发挥特区立法权优势，切实加强社会领域重点立法，发挥立法对改革发展的引领和推动作用。审议通过了《汕头经济特区预防腐败条例》《汕头经济特区行政复议条例》《汕头经济特区道路交通安全条例》《汕头经济特区出租汽车客运条例》《汕头经济特区老年人权益保障条例》5 个法规，审议了募捐条例、村务公开条例、小公园开埠区保护条例 3 个法规草案，为进一步加强和创新社会治理工作提供了法制保障。民政立法工作更加注重立法质量和法规的实施，规范政策性文件已出台 24 个（其中，政府文件 15 个，部门文件 9 个），出台《汕头市民办养老服务机构扶持资助办法》，对非营利性的民办养老服务机构给予护理老人每人每月 100 元的运营补助和每张床位 8000 元的新增床位补助，补贴标准位于全省前列；出台《关于进一步加强社会组织监管的工作意见》，构建经常性、制度化的社会组织监管工作机制；印发《汕头市具备承接政府职能转移和购买服务资质的社会组织目录管理办法（试行）》，推进汕头市社会组织承接政府职能转移和购买服务工作；出台《关于建立我市中心城区城乡居民最低生活保障标准自然增长机制的意见》，建立联动机制和城乡低保自然增长机制，各区县均已全部提高城乡低保和补贴水平。

（七）社会共识培育逐步强化

汕头市以服务社区为落脚点，以合作共建为手段，充分调动社会建设资源和群众参与热情，营造浓烈的社会工作氛围，有效激发社会参与活力，促进社会融合，提高群众社会认同感。一是成功筹办 2013 年汕头市"南粤幸福活动周"，突出群众性、基层性，突出潮汕和侨乡文化特色，突出节约性和惠民性，融入了政府、社会、公众"共商共建共治共享"的幸福建设新理念，以"和谐、文化、健康、幸福"为主题，打造"幸福大礼包""幸福我来秀""幸福手拉手""幸福我健身"和"幸福大家谈"五大活动板块。全市共举办55项市级专场活动、157项区（县）基层群众性活动，集中发布22项惠民政策和便民举措，活动参与人数近10万。二是着力打造"幸福进社区"活动，深入走访基层群众自治组织和慈善公益类社会组织，支持鼓励基层社区组织整合社区内人才和资源开展活动，引导社区群众建立自我组织、自我服务、自我管理的长效机制，激发基层社会活力。三是与汕头大学合作共建公益课程实践基地。首批包括市存心慈善养老院、市蓝天义工协会、市外来工子弟学校和百合园社区等10个公益课程实践基地，把培养适应型人才和推进社会服务结合起来。四是通过广泛发动相关人员参加社会工作者职业水平考试，争取设立国家社会工作职业水平考试粤东考点。举办2013年度全市社会工作者职业水平考试培训讲座，开辟专题电视栏目、报纸及网站专栏等。五是加大社会建设调查研究力度，筹备成立汕头市社会建设研究会，发展壮大汕头市民情志愿服务队，有效收集反馈社情民意，推动汕头社会建设领域的理论和实践创新，为市委、市政府在社会建设领域决策提供更为翔实的参考依据。开展居民心理健康社会调查工作，根据当代中国社会阶层结构的基本形态，将居民分为10个阶层，随机调查全市12000个样本，分析并撰写《汕头市各阶层社会心理调查》情况报告。

二　2013年汕头社会建设面临的主要问题与挑战

一是社会共建理念普遍缺失，部分群众对社会建设观念模糊，部分干部对社会建设认识不到位，时代创新意识和服务理念滞后，开展社会工作的知识不广、经验不足、办法不多，使社会工作在开展过程中特别是在基层工作中面临巨大阻力。二是政府财力薄弱，民生事业欠账较多，社会治安压力依然很大，影响社会和谐稳定的因素还很多。这些都需要汕头市以经济特区的改革魄力与勇气，锐意进取，谋求创新，正面迎击经济社会双转型关键期中存在的城乡区域发展不平衡、社会结构复杂、社会矛盾日益突出等现实挑战。

三　2014 年汕头社会建设工作谋划

2014 年，是汕头市全面深化改革的开局之年，也是增创特区优势、加快振兴发展的关键一年。全市社会建设要以全面深化改革为动力，推动经济社会持续协调发展。

（一）加快深化社会体制改革进程

加强社会体制改革项目建设，按照全省《2013～2014 年深化社会体制改革工作任务表》，全面梳理各地各有关单位承担的各项改革工作推进情况，及时提出下一步改革措施，确保改革落到实处，并做好推进汇总工作，确保全面完成各项改革任务。加大社会创新项目建设力度，面向党政机关、社会组织、企事业单位、基层镇街、村居，开展市"十大社会创新项目"评选活动，树立汕头社会创新品牌，丰富社会创新项目内容，以点带面，以项目带动工作，激发各地各单位、各行各业参与社会建设的积极性、主动性和创造性，切实解决社会建设领域的重点难点问题，形成创新社会治理体制的巨大合力。开展社会建设综合考核，根据省委、省政府统一部署，按照《广东省社会建设综合考核办法》和考核指标体系相关要求，制定出台相应的社会建设综合考核办法，全力抓好考核实施工作，并以此为促进各地各部门社会建设工作的有效抓手，确保汕头市各项社会建设工作考核达标。

（二）加快推进教育事业发展

推动义务教育均衡发展，提升义务教育标准化学校覆盖率，做好非户籍常住人口子女接受义务教育工作。推进普通高中内涵发展，加快中等职业教育发展，改造薄弱高中学校，全市高中阶段教育毛入学率保持在 90% 以上。加快发展学前教育，建立 0～3 岁儿童早期教育服务体系，提高学前教育普惠性，确保 85% 以上农村乡镇建成普惠性规范化中心幼儿园。重视特殊教育，推进融合教育试点工作。加强教师队伍建设，严格落实义务教育学校绩效工资制度，确保中小学教师工资福利待遇"两相当"。

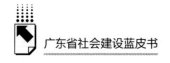

（三）切实改善医疗卫生服务

优化医疗资源布局，提高基层医疗卫生服务能力，加快推进3家区级人民医院、4家社区卫生服务中心改扩建。加大基层卫生人才培养力度，公开招考一批医学院毕业生充实到基层医疗机构。扎实推进镇村卫生服务一体化管理，促进基本公共卫生服务重心下沉。巩固完善基本药物制度和基层运行新机制，深入推进公立医院改革，促进基本医疗和公共卫生服务均等化。

（四）加快推进美丽汕头建设

开展"美丽乡村、幸福村居"创建工作，2014年创建8个"美丽乡村、幸福村居"示范镇，力促10%村（社区）达到"五化"示范村标准，重点开展生态建设、环境整治、民生改善、乡风文明和社会治理五大工程，切实改善农村地区人居环境、生产环境和生态环境。巩固"绿满家园"和"千村环境卫生整治"行动成果，加强建筑立面、户外广告管理，加大城市交通堵、乱情况的整治力度，在全市农村和涉农社区开展以硬化、亮化、绿化、净化、美化为重点的农村环境综合整治。建立生态红线保护制度，研究制定市生态文明建设总体规划纲要，确定区（县）管制红线，对自然生态空间进行统一确权登记，合理规划开发海岸线、海湾、滩涂、海岛，积极探索建立生态补偿制度和市场化节能减排机制，支持南澳探索建立海域、陆域资源生态系统保护机制和补偿机制。

（汕头市社会工作委员会供稿）

佛山：推动社会体制增量改革

2013 年是贯彻落实党的十八大精神的开局之年，是实施"十二五"规划的关键之年，也是深化社会体制改革、推进社会建设、创新社会治理的重大机遇年。在这一年里，佛山市深入贯彻落实党的十八大、十八届三中全会及全省社会工作会议精神，紧紧围绕建设"民富市强、幸福佛山"的总目标，勇于进取，真抓实干，推动社会体制增量改革，打造协同善治的社会治理模式，促进了经济社会协同发展。

一 2013 年佛山社会建设基本情况

（一）经济发展反哺民生

着力关注民生、保障民生、改善民生，加大民生领域公共财政投入力度，2013 年，全市财政民生支出 313.94 亿元，占公共财政预算支出的 64.24%，有力保障了各项民生事业发展，高质量完成了一批民生实事。一是筑牢民生底线。提高城乡低保标准至每人每月 470 元，全年共发放救济金和临时物价补贴1500 多万元。出台《佛山市关于加强就业专项资金使用管理的实施意见》，扩大就业扶持政策受惠人群，提高补贴标准，"零就业家庭"保持动态归零。提高养老、工伤、医疗保险待遇，其中，退休职工人均养老金调至每月 2135 元，失业保险金升至每月 1048 元，居民住院报销比例增至 72% 以上，大病保险最高支付限额调至 20 万元。免除本市户籍人口的殡葬费用。开工建设公租房项目 19 个 4647 套，完成 4350 套开工任务的 106.8%。基本完成 850 户迳口华侨农场危房改造项目。二是深化推进基本公共服务均等化。制定《关于进一步促进义务教育均衡优质发展的实施意见》，实施全市义务教育"百校结对"行动计划，实现资源共享和学校联动抱团发展。出台《佛山市普惠性幼儿园认定与管理办法》，逐步建立政府与家庭合理分担办园成本机制。建立城乡一体化社会养老保险。试行大医院与基层联网运营一体化管理。高标准帮扶高明区革命老区，帮扶范围从基础设施建设拓展至社保、医疗、教育领域，基本实现贫困户全面脱贫目标。符合条件的异地务工人员可申请保障性住房，享受免费计生服务和家长成长学堂等优惠政策。三是借力提高公共服务水平。智慧"菜篮子"工程、智能交通系统、智能卫生建设等全面铺开，民生事业的信息化水平稳步提升。禅城区以"企业投资运营、街道购买服务"模式开通"安颐通"平安钟呼援服务系统，为独居、空巢老人提供 24 小时的紧急救援服务和非紧急的社区生活服务，逐步构建"居家养老、社区服务和机构供养"三位一体的长者服务工作格局。

（二）行政体制改革再造优势

紧紧围绕政府职能转变，深化行政审批制度改革，用政府权力的"减法"换取市场活力的"加法"，创造更加公平、公正、高效的发展环境，最大程度释放改革红利。一是深化行政管理体制改革。制定《佛山市 2013 年深化行政管理体制改革工作方案》，明确 40 项重点领域关键环节改革重点任务。逐项查验 2012 年公布的 536 项行政管理体制改革事项的完成情况，已落实 424 项，完成率 79.1%。加快推进佛山市网上办事大厅建设，提升行政审批流程效率，市区 157 个部门的 5349 项服务事项进入，全市可网上申报审批事项达到 95.9%。禅城区"市民之窗"自助服务终端和南海区手机版网上办事终端等配套设施同步建设，网上办事大厅服务网络逐步延伸到村（居）和工业园区。推进"四大联合审批"，再造行政审批业务流程，全面启动企业登记联合审批改革，实施企业登记"证照分离""告知承诺""联合审批"等措施。二是推动事业单位改革。出台《进一步深化和完善事业单位改革的实施意见》，以市第一人民医院、市交通运输工程质量监督站、市公共资源交易中心 3 家单位为事业单位信用建设试点单位，确定市第二人民医院、市第一中学、市财经学校、南海区妇幼保健院、高明区中医院、三水区妇幼保健院 6 家事业单位作为佛山市法人治理结构建设试点单位。三是推进政府职能转移和购买服务工作。

印发《佛山市人民政府向社会转移职能工作方案》，明确向社会转移的内容和方式，推动 2012 年市政府行政审批制度改革公布的第一、二批明确社会组织有条件承接的转移职能目录在 2013 年完成转移工作。组织编制具备承接政府职能转移和购买服务资质社会组织目录，确定全市 50 多家社会组织具备承接政府职能转移和购买服务资质，为政府职能转移和购买服务创造条件。区、镇（街）在原有政府购买服务工作的基础上，进一步加大了工作力度。

（三）多元善治格局日臻完善

不断创造宽松的政策环境和条件，加强和改进对社会组织的服务和指导，提高社会力量参与社会建设的积极性和主动性，推动形成协同善治格局。一是壮大社会力量。设立市级社会组织专项扶持资金，2013 年，38 家市级社会组织共获得专项扶持资金 540 万元。加强社会组织监管，完善境外社会组织在佛山活动和佛山社会组织涉外活动监管多部门协作机制。截至 2013 年底，全市注册登记备案社会组织 4217 家，同比增长 19%，稳居全省第三、地级市之首。佛山科学技术学院开设社工专业，妇联系统积极推动妇女干部报考社工资格考试，禅城区设立社工教育培训和实践基地，顺德区开展"村（居）委员社工化"行动等，加快了社工人才本土化培养进程。目前，全市通过职业水平测试的有 1742 人，其中 2013 年全市社会工作者职业水平考试合格的有 795 人，是 2011 年的 4.23 倍。二是鼓励社会力量参与社会建设。出台《关于加快发展家庭服务业促进就业的实施意见》，从行业规划、服务网络建设、财税政策、信息平台等方面支持家庭服务业发展，凝聚家庭服务企业 300 家，从业人员 1.5 万人。南海区探索"1+3+1"结构，即一个平台（关爱桂城创益中心）+三个体系（资源保障体系、队伍建设体系、制度支撑体系）+一个结合（社会管理创新与志愿服务结合），推动志愿服务常态化、机制化。顺德区积极创设符合自身的社会企业标准、慈善运作模式等，推动社会力量参与公共服务。

（四）城乡社区建设成效明显

积极推动社区的硬件设施建设，搭建社区村（居）民交往、交流的公共平台，建设社区公共空间，增强村（居）民的社区意识。一是抓牢基层党建工作。2013 年全市 735 个村（社区）党组织全部完成了换届选举工作，村（居）党组织的领导核心地位得到巩固。二是夯实城乡基础设施建设。目前，城市社区办公用房平均面积达 422 平方米，农村社区办公用房平均面积达 811 平方米，办公用房配套建设标准高、设计规范，内设功能齐全。全市农村电网、电视电话、信息网络通达率均达 100%，村（居）基层文化服务点覆盖率达 100%，735 个村（居）中 721 个建立社区服务中心，为村（居）民就近提供"一站式"基本公共服务。三是提升城乡社区服务水平。以家庭综合服务中心为载体的便民利民服务平台逐步建立，禅城区同安社区"四点半课堂"、南海区桂园社区"长者饭堂"、顺德区容桂街道"工疗站"等品牌相继打响。"街坊会""邻里中心""互助社""福利会"等社区社会组织蓬勃发展，51 万名社区服务志愿者活跃在基层一线，"社会组织 + 社工 + 义工"的社区服务体系初步构建。四是加强村（居）民主自治。普遍落实了村（居）民会议、村（居）民代表会议及社区党员代表议事制度。积极打造业主委员会、南海社会政策观测站、三水村民及村民小组议事会等社区决策议事平台。设立祖庙街道培德、白燕、南浦、塔坡等社区"义务护街队"，协助开展卫生管理、治安巡查等。深入开展创建省村（居）务公开民主管理示范单位活动，累计达标村（居）数量有 641 个，占全市村（居）总数的 86.3%，三水、南海分别成为国家和省村务公开民主管理示范区。五是探索产业社区建设。南海狮山、三水乐平等地按照"产城人"融合思路设立社区服务中心或便民服务中心，探索开展产业社区服务进产业园区建设。

（五）社会规范体系日趋健全

以提高依法行政、公正司法水平为目标，全面树立法治理念，积极开展平安创建工作，加快社会诚信体系建设，社会保持和谐稳定。一是推进平安创建活动。出台平安创建工作方案，推动平安村（居）、家庭、校园、医院、市场、企业等"平安细胞"建设，深入实施专业化精确打击战略，推广流动人口和出租屋专业化管理模式，110 刑事警情同比下降 24.1%，群众安全感和满意度不断上升。二是加强"两建"工作。完成农贸市场升级改造 167 个，全市农贸市场明码标价覆盖率达 100%，建成认定市级"菜篮子"基地 16 个。

成功举办第二届广东省安全食用农产品博览会。在全省"两建"考核中,佛山位居非试点市第一名。三是加强依法行政。印发《2013年度佛山市人民政府依法行政绩效考评工作方案》,启动依法行政考评工作。梳理全市执法部门的执法职权及依据,在全省率先开展规范行政处罚自由裁量权工作,先后3批对全市33个执法职能部门3507项自由裁量细化标准进行合法性审查。四是注重源头治理。优化整合"网上信访大厅",加强政务网站建设,推广"微访谈"模式。完善《佛山市在建和尚未开工建设的重大工程建设项目社会稳定风险评估排查统计专项台账》,对涉及民生的重大政策、措施和实施重大工程项目进行风险评估。加强行业性、专业性人民调解组织建设,推进诉调对接工作制度化。五是推动创文工作。以文明创建活动提升市民参与度。积极开展"微文明由我创""微文明·微志愿"等活动,通过"以考促创,以创促建",在年度"国检"中取得优良成绩。

二 2013年佛山社会建设存在的主要问题

(一)社会建设统筹协调机制尚不健全

社会建设点多、线长、面广,涉及部门多,社会建设职能分布在各职能部门和相关团体组织中,如何给社工委机构增强赋能,更好地发挥其统筹协调作用有待进一步研究。

(二)社会力量仍然滞后于社会发展需要

佛山市社会组织、社工人才的数量仍然偏少,平均每万人拥有的社会组织、社工人才数量依然偏低。社会组织结构也不合理,行业协会、社区社会组织数量较少,大部分社会组织规模较小、服务社会能力较弱。同时,社会组织发展对政府购买服务依赖性强,生存压力较大。

(三)社会力量参与社会建设亟须规范

政府购买服务还处于起步阶段,相关的工作机制还不健全,社会力量提供

社会服务的标准尚未建立，破坏了社会组织良性发展的环境，另外，社会组织综合监管、评估等工作机制尚未建立或者不完善，影响了社会组织的社会公信力。

三 2014年佛山社会建设工作重点及对策

（一）着眼民生改善，健全公共服务建设

健全财政对民生的正常增长和经费保障机制，加快社会建设事业发展，实现发展成果更多更公平惠及广大市民。一是做好民生托底工作。全面落实广东省《关于提高我省底线民生保障水平的实施方案》，努力提高城乡低保（含城镇"三无人员"，即无劳动能力、无经济来源、无法定赡养人和抚养人的特殊困难人员）、农村五保、医疗救助、基础养老金、残疾人保障、孤儿保障六大类社会保障水平，加快建立与全市经济社会发展水平相适应的底线民生保障体系，力争全市底线民生保障水平达到全省前列。巩固革命老区扶贫成果，继续加大教育、交通、饮水、卫生等项目扶持力度，提升老区发展水平。二是抓好民生工程项目建设。推动平价商店建设项目、免费孕前优生健康检查项目、农贸市场升级改造项目等"十二五"时期民生建设重点项目早铺开、早完工，继续提升智能教育、智能"图书馆群"等民生项目的信息化水平。办好2014年省政府民生工程和市政府民生实事。三是探索公共服务供给制度改革。及时优化制度环境，公平开放市场准入，配套出台财政补贴、贷款贴息、税收优惠等措施，积极鼓励社会力量进入教育、医疗、文化等领域，弥补政府公共服务投入不足、监管不到位等问题。加快实施《佛山市政府向社会组织购买服务实施办法》，推动政府购买卫生、住房保障、社会保障、公共就业等基本公共服务事项的力度，满足群众多元化、高质量的服务需求。

（二）创新社会治理体制，维护社会稳定

按照源头治理、系统治理原则，改进社会治理方式，着力预防、减少、化解、消除各类社会风险和矛盾，增强人民群众的安全感，确保社会安定有序、人民安居乐业。一是构建突发事件有效应对机制。促进区域间和部门间政务微

博合作，创新政府部门线上线下联动机制。建立流程化、先发式应急系统，广泛收集和科学整理反映危机事件的信息和信号，并进行甄别分类和归纳分析，对可能发生的危机事件及其危害程度进行预估，做好预案和相关工作，最大程度将舆情风险化解在萌芽阶段。建立事中处理机制，规范危机应对流程，明晰工作目标、工作内容、工作责任，确保危机舆情预警、处理、监督高效有序。构建事后反馈机制，对公共事件的性质、影响、责任、经验教训等进行评估，及时回应社会舆论。二是创新有效预防和化解社会矛盾体制。落实社会稳定风险评估的问责制度，加强非国资系统重大决策社会稳定风险评估机制的落地工作。完善"佛山市信访大厅"建设，探索利用微博、微信等平台接受群众上访，引导群众走法治理性的维权之路。健全"一村（居）一律师""诉前联调"等工作模式，提高专业类、行业类社会组织化解矛盾的积极性和有效性。三是深入推进平安佛山建设。全面落实《佛山市平安创建工作三年行动计划》，坚持"打防结合"，深入开展专项整治行动。四是健全公共安全体系。继续推进"肉品统一配送模式""阳光厨房""食品安全生产关键控制点和食品监管风险防控体系"等十大食品安全工程建设，重点完善"一票通"、生猪屠宰监管、餐饮电子台账等电子溯源平台，建立健全食品原产地可追溯制度和质量标识制度，保障食品安全。推进安全生产事权制度改革，建立健全企业安全生产风险抵押金和高危行业安全风险社会保险制度，推进安全生产标准化建设，切实减少各类安全生产事故。加大网络虚拟社会的管理力度，加大网络违法犯罪行为打击力度，积极倡导网络文明，确保网络安全。

（三）推进德治法治建设，促进社会公平正义

以贯彻落实《广东省建设法治化国际化营商环境五年行动计划》为抓手，建设公平正义的法治环境，健全社会诚信机制，为佛山的发展找到新的竞争优势。一是建设法治政府。加强政务公开，完善12345行政投诉热线建设和电子监察系统建设，发挥市人大、市政协、司法和舆论等监督作用，打造阳光型政府。加强基层执法力量配备，提高行政执法水平。完善行政执法程序，规范行政执法自由裁量权，加强对行政执法的监督。落实行政机关负责人出庭应诉制度，提高行政部门领导人依法行政意识。加强行政复议规范化建设，稳步推进

行政复议委员会试点工作,选好并充分发挥非常任委员作用。二是建设透明高效政务环境。对前两批已经公布的行政审批制度改革目录落实情况进行"回头看"。不断优化行政审批制度,加快形成"网上大厅办事为主、自助终端办事为辅、实体大厅办事为补"的政务服务新模式。继续做好事业单位分类改革工作,推进并实现政事分开、事社分开。加强行政效能监察,推进绩效管理改革。三是健全司法权力运行机制。深入开展"审判长负责制"试点工作,重点完善主审法官、合议庭办案责任制,着力推进审判权与行政管理权合理区分,保障司法的独立性。继续推进司法公开,借助网站、新闻发言人、微博、微信等平台,公开法律文书、案件审理过程等,让更多群众接近司法、参与司法、了解司法,提高司法公信力。四是以推进文明创建为抓手,提升城市品位。紧扣"创文"测评体系查找薄弱环节和重点问题全力攻坚,力争创建全国文明城市。五是大力推进社会诚信建设。抓紧建立覆盖全社会的征信体系,建立企事业单位、社会组织和个人公共信息数据库,搭建政府内部数据交换共享平台和公众查询平台,建立健全部门和行业内部守信激励和失信惩戒机制,加强对公民的诚信守法教育,营造重信誉、守信用、讲信义的良好社会环境。

(四)深化社会组织体制改革,激发社会活力

着力厘清政府和社会的关系,加快推进政社分开,为社会力量发展让渡空间。积极搭建平台,广泛调动社会力量参与社会建设和社会治理,发挥社会力量在社会建设中的主体作用。一是加大社会组织扶持力度。提高社会组织资金扶持额度。继续完善市、区、镇三级社会组织孵化基地运营机制,重点拓宽孵化基地的服务内容,提高服务水平。高明区要加快社会组织孵化基地建设并投入使用。贯彻落实《关于加快培育行业协会商会发展促进产业升级的实施意见》,加大对全市十大支柱制造业、新兴产业、七大流通服务业及事关民生第三产业的相关行业协会的培育扶持力度,发挥它们推动产业转型升级的作用。二是健全社会组织运作机制。及时修订社会组织等级评估实施细则,进一步规范评估流程。完善社会组织参与扶持资金竞争项目评审机制,增强扶持资金的使用效果。健全社会组织监管体系,强化社会组织业务指导(主管)部门的监管职责,抓好社会组织换届、法人代表离任、重大救灾捐赠活动等情况的专

项审计工作。加快出台《佛山市社会组织综合监管工作意见》并抓好落实，加强对境外社会组织在佛山活动及佛山社会组织的涉外活动的监管工作，确保快速反应、有效执行。建立健全社会组织承接政府购买服务的项目评估机制。三是加快社会组织能力建设。抓好社会组织制度建设，着力加强制度执行的监督检查工作，并根据外部环境和工作情况变化，督促及时修订组织管理制度。引导社会组织深入研究社会环境和民众需求，挖掘自身优势，遵循行业规律，整合社会资源，增强社会组织的筹募、宣传、捐赠落实、项目策划和服务等能力，打造社会组织特有的公益品牌。四是提升社会参与积极性。制定符合本地经济发展水平的《社会工作人才专业技术职位设置及薪酬待遇方案》，吸引和留住更多专业社工人才，提高社会工作的专业化水平。逐步完善志愿服务在入户积分、产品折扣等方面的"优待回馈"机制，加快志愿服务综合管理信息平台建设进度，健全市区民情志愿服务队工作机制，进一步催化志愿服务精神。

（五）加强城乡社区建设，夯实城市升级基础

将城乡社区作为社会建设、社会治理创新的"主战场"，按时按质完成2014年《佛山市"城乡社区建设提升年"工作方案》各项目标任务。一是健全基层党建格局。全力做好全市第六届村委会、第五届居委会换届选举工作，选好配强村、社区"两委"班子，实现村（居）党组织书记、村（居）委会主任"一肩挑"和村（居）"两委"班子成员交叉任职比例双超80%。二是探索基层管理体制改革。逐步厘清基层政府及职能部门与村（居）委会关系，探索实行行政管理事项社区准入制，按照"权随责走、人随事调、费随事转"原则，规范政府部门下派村（居）任务程序。三是提高基层自治水平。逐步扩大社区直选比例，健全社区党组织领导下的"两委"联席会议制度，推行"四议两公开"工作法，建立"社区理事会""社区决策咨询委员会""社区居民代表大会"等制度，提高居民参与积极性。健全城市社区居民监督评议机制，强化社区居民对社区居务、社区居委会资产管理、社区干部履行职责等民主监督。四是完善社区公共服务内容。出台《关于做好社区办公用房和室内服务设施建设和管理的具体实施意见》，加大社区"六个一"工程推进力度，加强社区服务基础设施建设。五是探索社区治理新模式。借鉴深圳社区管理"织网"模式，积极推动社区网

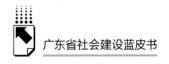

格化管理，实现社区管理精细化。探索建立社区居委会、物业管理公司和小区业主委员会"三方联席会议"的社区治理新机制，营造和睦的社区氛围。

（六）完善流动人员服务管理，逐步实现共建共享

积极实施市委、市政府提出的"产城人融合"战略，加强流动人员服务管理，促进异地务工人员融入佛山。一是推动基本公共服务向异地务工人员延伸。完善流动人员积分制管理，改善流动人员就业、社保、教育等条件，重点将异地务工人员可申请租住的保障性住房由产业园区扩大到全市范围，将可申请租住廉租房的范围由符合经济条件的异地务工人员家庭扩大到符合经济条件的异地务工人员个人，完善异地务工人员子女积分入学的流程及操作手续，解决流动人口的切身利益。二是加大对异地务工人员服务组织的扶持力度。建立职能部门、群团组织与异地务工人员服务中心的服务对接机制，实现信息互通、资源对接，促使各有关单位通过项目共建、购买服务等方式支持服务中心发展，提升服务中心可持续发展能力。推动异地商会、镇（街）总商会等成立异地务工人员服务组织，强化异地务工人员自我服务、自我管理能力建设，加快异地务工人员社会融入过程。三是加强流动人员的社会管理能力。逐步拓展外来工参政议政渠道，在外来人员集中的社区安排适当比例的居（村）民代表名额专门选举外来人员，扩大外来人员对社区管理服务的参与面，保障其民主权益。四是推动产业社区建设。加大在政策、资金、场地等方面对产业社区的支持和投入力度，加快推进交通、环境、休闲、居住等基础设施建设，构建"产业—社区—社会"的生活圈，推动解决长期以来异地务工人员在文化、娱乐、生活、消费等领域资源匮乏的问题，使产业社区真正成为异地务工人员的"家"。

（佛山市社会工作委员会供稿）

B.12
顺德：增量创新和存量改革
"双轮驱动"

佛山市顺德区作为全省综合改革试验区，自 2011 年以来，启动以行政审批制度改革为龙头、社会体制综合改革为重点、基层治理改革为基础的三大改革，围绕"城市升级引领转型发展、共建共享幸福顺德"的战略目标，以保障和改善民生为重点，注重增量创新和存量改革"双轮驱动"社会建设。经过两年的改革实践，社会治理主体日趋多元，公众参与平台和机制日趋丰富，公共服务体系日臻完善，社会朝气和活力显著增强，社会秩序更加稳定有序，构建起党领导下富有活力的协同共治格局。

一 2013 年顺德社会建设工作成效与亮点

（一）增量创新亮点纷呈

一是区、镇、村三级社会服务体系日趋完善。区层面着重强化对社会改革和公共服务的规划引领、标准制定、政策支持以及重点项目和设施的推进建设，起到引领统筹作用。10 个镇街建立起各具特色的枢纽型社会服务中心，引入社会组织为群众提供养老助残、妇女家庭、青少年等服务。各村（社区）依托 250 多个各类公益服务组织，服务内容覆盖到家庭、养老、青少年以及社区矫正、戒毒康复、异地务工人员服务等领域。其中社工机构从无到有，发展到 16 家，社工人才队伍逐步壮大，持证社工达 386 名，依托 96 个社工服务站下沉到社区开展社工服务。以"社工＋助理社工＋品牌义工"为模式形成顺德区阶梯社工人才培养机制，并对全区近 900 名村（居）委会人员进行社工化提升培训，使村（社区）人员联动各类社会组织化解矛盾、回应需求。区、

镇、村三级社会服务体系定位明晰、错位发展、互相支持,让基层群众享受到更多更好的公共服务。

二是社会组织培育扶持与规范管理并重。全方位扶持社会组织发展,出台扶持社会组织发展政策及四类社会组织直接登记细则,区级每年安排1300万元扶持资金,成立9家社会组织促进中心和孵化基地,发挥群团组织培育、引导和支持相关领域社会组织的枢纽作用。加大政府购买服务力度,每年购买服务金额超过5000万元,建设全区社会服务实体及网络交易平台,为社会组织强化自我造血功能搭建平台。目前,全区社会组织已达1052家。

三是群团组织枢纽功能和服务能力显著增强。2012年群团组织改革方案推行以来,各群团组织不断强化自身枢纽功能,培育、引导、扶持各自领域的社会组织,联动社会组织服务所联系群体的能力大大提升。区总工会成立职工服务类社会组织联合会,凝聚各类社会组织181个,强化基层工会对工人的联系和服务,推动职工服务中心在镇街、工业园区、规模企业的延伸覆盖,3家基层工会获2013年"全国模范职工之家"称号。团区委将青年工作植根于企业、学校和村居,打造镇街和社区"青年坊",深受学生和家长欢迎,顺德青年坊、容桂青少年成长促进会、伦教飞扬音乐协会入选《团中央青年社会组织案例选编》。区工商联推动各镇街成立总商会承接政府职能,86个各类商协会联系会员企业13000多家,在行业自律、反映诉求、维护权益、促进抱团发展等方面发挥重要作用,荣获2013年全省唯一"全国工商联系统先进集体"称号。

四是社会参与更加系统有效。出台决策咨询工作指引,提升公共决策咨询工作的制度化水平。2013年推动区委、区政府及各大部门开展7场问计问策会、34场专项政策咨询会,共有1200多条委员意见或建议被采纳,有效提升政府决策水平和社会参与度。随着决策咨询工作的系统化推进,社会组织、市民积极参与公共管理和服务,政府施政更加透明公开,政社互信明显改善。

五是社会创新不断深化成熟。开展第二届镇(街)社会创新项目评选,投入500万元资金扶持社区营造和社区养老中心、职工服务中心等15个优秀项目。成立镇(街)社会创新联盟,加强对两年评选出来的31个创新项目的运营指导。

（二）改革创新机制渗透民生领域

一是社会事业稳步提升。以社会建设"十项行动"为目标，在教育、养老、医疗、就业、社会保障等领域保障和改善民生。全区七成以上财力用于民生事业，全力提升公共服务和民生保障水平。教育方面，成立义务教育学校联盟共同体，实现学校以强带弱，促进优质教育资源均衡分布。出台异地务工人员子女入学政策，促进教育公平正义。出台"蓝领工程师"培育、"扶持创业带动就业"计划，推进落实创业小额贷款政策，新增就业 2.4 万人，城镇失业再就业 1 万人。推动基层医疗卫生改革，投入 2 亿多元推行基层卫生服务站和社区全科医生建设。扶持养老事业发展，对于兴建养老机构实体和床位给予补贴。建立医保重大疾病补充保险制度，提高老年生活津贴。组建 1000 人的治安"大巡防"队伍，加强网格化管理，全区各类警情和暴力案件平均下降三成。出台《关于进一步推动异地务工人员更好地融入顺德的工作意见》，扩大异地务工人员的社会参与，推动新旧顺德人融合。

二是增量创新提升存量改革。近年来培育孵化的社会组织，以灵活的机制、创新型的方式参与民生服务领域，有效提升公共服务的水平。社会组织参与扶贫开发，从传统单一依靠政府向政、社联动转型，有力促进不同社会阶层共融发展。如北滘镇联合社会组织启动帮扶计划，由企业家及其家庭与特殊困难家庭结对帮扶，为企业家搭建点对点的公益参与平台，吸引众多企业高管参与，受惠对象已达 720 多户。政府购买社工机构扶贫服务，在区内和对口帮扶的英德地区开展"认种一分地，共建丰收田"扶贫项目，不仅提高了土地租金，解决了就业，增加了贫困户收入，而且城市租户投入不多的钱就能吃上无公害蔬菜，假期体验农家生活，体现互利多赢。

三是社会力量积极参与民生领域建设。社会各界积极投身参与民生领域社会建设，主动进入公益服务领域的社会资源和资金不断增多。如碧桂园、富华机械等企业捐资 1.2 亿元参与新人民医院建设；龙江、乐从等镇的青年企业家协会策划筹建青年大厦，打造青年创业和文化阵地。区工商联积极引导民营企业家履行社会责任，通过春茗团拜、慈善募捐等形式，2013 年共筹款 3000 多万元，从传统的扶贫助学、敬老慰问，提升到对文化事业和公共服务设施建设公益服务项目捐助、设立基金等，实现传统慈善到现代慈善的跨越。目前，全区各类企业和个人冠名慈善基金达 55 个，筹集 4000 多万元推动民生事业发展，社会自我管理、自我服务的能力和活力得到提升。

（三）基层治理日趋规范

一是优化基层治理结构。以"一室一站一会一基金"模式作为基本平台，理顺基层组织关系，完善党领导下的社区治理格局。以 247 个党代表工作室为基层党务核心平台，建立起"两代表一委员"联系社区、倾听民意制度，使党代表工作室成为密切党群联系的重要载体。建立 201 个行政服务站，作为政府延伸到村（社区）的管理服务平台，承担 80 多项行政审批事项。以议事监事会作为社区事务咨询和监督机构，让村级党组织联动社区各类组织和社区精英共谋社区大事，监督社区事务。设立党群共建社区发展基金，为村（社区）级党组织统筹协调社区建设、开展群众工作提供资金支持。设立社区培训学院，提升基层组织骨干分子的综合素质，提升其服务理念和专业技能。

二是搭建基层四大规范管理平台。各镇街建设农村集体资产交易平台，推动集体资产阳光交易，激活农村生产要素，集体收入和农民分红明显提升，规范透明交易有效预防集体土地流转等纠纷。建设农村股权流转平台，实行农村股权信息化管理，一年来依法完成 17947 宗股权流转，转变固化股份后出现的"死人有得分，生人没得分"的不合理现象。完善和提升财务监控平台，出台《关于加强农村财务网上监控平台建设的意见》，加强大额现金管理和预决算管理，委托第三方建立账套超过 1400 套。建设村（社区）务公开平台，通过农村党风廉政信息公开系统，每月定期公布村务财务情况。同时，创新村务公开形式，如勒流南水村开发全国首个村务公开手机客户端，让村民实时了解村务财务动态、反映意见和建议。

三是突破性解决历史遗留问题。探索以货币收购、物业置换等方式，逐步兑现征地留用地、宅基地指标问题。通过收购零星分散的征地留用地指标，落实历史遗留的征地留用地 4360 亩。通过挂牌、拍卖等形式将农村集体留用地推向市场，增加集体经济收益 20 亿元。试点建设农民公寓，目前，已建成及正在建设的农民公寓建筑总面积超过 57 万平方米，用较少的土地可解决 4304

户村民的宅基地问题，提高了土地利用率，维护了农村社区和谐稳定。

四是扎实开展社区营造。借鉴台湾地区社区建设的有益经验，结合顺德实际，选取杏坛逢简、北滘君兰、伦教仕版为试点，探索农村、城市、城乡结合部三类社区建设路径。与党领导下的基层治理机制相互补充，立足社区需求和问题，充分利用和发挥社区资源优势，进行系列的动员、教育和培训，成立社区组织、社会企业和经济合作社，团结和支持村民融入村（居）的发展和管理，培育村民对社区的责任、参与和归属，实现民有民治民享。成立全省第一个业主代表协会，将业委会运作上升到行业管理层面，使业委会能够真正维护业主合法权益，协调与物业公司和居委会关系，共同解决社区问题，促进社区互助共融。

通过一系列改革措施，基层群众深切感受到政府解决历史遗留问题和改善民生的决心，基层群众对政府的信任度大幅提升，全区涉农到省上访人次同比下降86%，农村社会大局日趋稳定，有力保障了顺德区经济社会各项事业顺利推进。2012年、2013年连续两年顺德区成为"全国市辖区综合实力百强"之首。

二　2013年顺德社会建设经验

（一）工作重点上，增量创新和存量改革"双轮驱动"

社会建设的整体推进，需要增量创新和存量改革的"双轮驱动"，同时推进。从顺德的社会建设经验来看，增量创新对存量改革有很大的促进和提升作用。顺德区2010年推进的决策咨询试点，区、镇两级政府实现全覆盖，并逐步向医院和学校扩展。医院和学校分别通过设立医董会和校务咨询委员会，引入社会公众参与管理，完善内部管理机制，与医疗及教育主管部门的简政放权改革相补充，密切了与社会的联系，连接了更多社会资源支持学校和医院发展。培育孵化的社会组织，在创新和提升公共服务中发挥越来越大的作用，社会组织以创新的方式参与扶贫、非营利性幼儿园的运作等，增量创新有力提升存量改革效果。

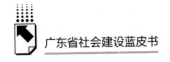

（二）工作方法上，要点面结合

顺德经过近几年的探索实践，建立了很多硬件的平台和载体，开拓了很多社会参与途径，如社会组织、法定机构、决策咨询机构、参与式预算等。但社会建设进展到一定阶段，必须加强工作联动，将许多的工作点连成线、串成面，才能实现从点的创新向面的提升，整体提升社会体制改革的成效。例如，顺德在短短几年时间，社工机构从无到有，发展到现在的16家，服务内容覆盖婚姻家庭、养老、青少年以及社区矫正、戒毒康复、异地务工人员服务等领域，往往需要联动民政、公安、医疗及教育等多部门及基层村（社区）的各种资源，建立完善的部门联动机制及顺畅的个案转介机制，才能确保社会服务从点的创新向面的提升转变。

（三）工作成效上，要注重顶层设计和上下联动相结合

区社工委作为区委、区政府统筹推动社会改革的机构，要强化宏观决策、统筹协调、指导监督和示范引领的作用，完善各类会议制度和工作机制，及时协助各镇街、各部门解决在工作中遇到的问题和困难。进一步加强改革的顶层设计，通过制定和完善各类政策，推动镇街社会创新项目评比、公益创新大赛等，推试点、抓项目，指导各镇街、各部门更好推进改革发展。有了顶层设计，还得有落实、有执行，提高改革执行力，避免改革可能出现各自为政和"碎片化"，重点解决部门联动、上下联动不足的问题。

三　2014年顺德社会建设工作重点

（一）进一步完善各项社会参与机制

一是重点解决社会参与和社会创新力度不足的问题。通过制定政府重大行政决策规程和重大决策事项目录，将决策咨询作为重大决策的制度化环节，整合区镇两级决策咨询资源，更好地提升决策咨询成效。继续深化法定机构试点，扩大参与式预算范围，健全民情志愿服务队工作，加强社会建设宣传，完

善各类社会参与平台，使广大市民进一步认识改革、认同改革、参与改革，更好凝聚改革发展的正能量。二是重点解决群众普遍关心的热点和难点问题。在公共服务政策和民生项目中引入公众评议机制，以评议促改进，通过政社良性互动促进民生政策、民生实事更好惠及广大市民。三是重点解决企业和社会力量参与社会建设的问题。当前确实存在缺乏改革的社会认同度、参与度的问题，但深层次的根源在于企业家和社会热心人士已不再满足于简单的捐款做慈善，而更倾向于参与项目营运。未来，要提高项目策划水平、社会参与度和透明度，更好地吸引社会资源参与社会建设。推进慈善组织的专业化、透明化、社会化、实体化改革试点，推动企业与社会组织的跨界合作，促进社会共融。

（二）进一步深化社会民生领域改革

更加善用改革思维谋划教育、医疗、养老等民生工作，注重发挥增量创新对存量改革的促进和提升作用，大力解决民生热点问题。继续加大就业培训和创业扶持力度，借鉴德国双元制的经验，探索研究职业教育和职工技能培训机制，提升学生、职工的职业技能，促进产业升级。加快推进现代学校制度建设，完善社会参与的学校治理结构，继续加强公益性、普惠性幼儿园建设，进一步提升公办学校教育质量，促进教育均衡优质发展。持续深化医改工作，健全社区卫生服务站运行机制，完善和创新医保基金支付管理制度，进一步缓解群众"看病难、看病贵"问题。积极调动社会力量参与养老事业，落实民办养老机构扶持政策，逐步解决养老床位缺口大的问题，大力发展社区养老及居家养老服务，更好应对"银发社会"来临。

（三）进一步优化社会工作体系建设

在社会建设中，政府必须主动发挥统揽全局的作用，研究制约改革推进的关键问题，做好政策指导、规划引领和标准制定等重点工作，营造良好的制度环境。一是及时推进社会服务规划建设。针对当前社会服务缺乏中长期发展规划、工作引领不足的问题，以镇街为主体，根据社会需求制订服务规划，高效配置资源，推动社会服务覆盖所有村（社区）。群团组织更好发挥枢纽作用，将自身服务与镇街社会服务规划更好融合，联动推进。二是建立健全社会工作资源联动机制。加强社会工作的"条块联动",将各职能部门、群团组织、村(社区)与社会组织的人才、资源和服务管理有效对接起来,促进多方跨界合作。进一步完善区、镇、村三级社会服务体系,推动镇街社会服务综合体强化枢纽功能的同时,发挥各自优势,打造"一镇一品"的服务品牌。同时,探索建立不同社会组织、各镇街之间的个案转介及服务联动机制。三是完善政府购买服务制度。近年来,政府购买社会服务力度不断增强,但社会服务仍按照工程招标的方式实施,未考虑社会服务具有连续性、长期性等问题,服务质量评估也缺乏公认标准等。2014 年,要及时制定政府向社会购买服务目录,完善相应的招投标制度,出台社会服务标准,建立以提升服务成效为目标的社会服务评估体系,探索服务达标合同自动展期制度。

(四)进一步突出社会组织和社会人才建设

大力度推进政府职能转移,向社会让渡空间,迫切需要更多运作规范的社会组织和具备专业能力的社会工作人才来填补。一是建立"宽进严管"的社会组织监管机制。一方面要积极借鉴商事登记制度"宽进严管"的思路,继续简化登记手续,优化年审工作,降低准入门槛。另一方面要出台社会组织标准化建设方案,完善内部监管机制;搭建社会组织促进中心和社会服务联会等枢纽型服务平台,强化行业培训指导监督;加强社会组织信息公开,引导社会监督;登记机关、业务指导单位和执法机关加强工作配合,完善执法监管体系,使社会组织发展实现"质""量"齐飞。二是着力培养多层次的社会工作人才队伍。强化社工协会等枢纽平台作用,开展各类专业培训,提高社工人才专业能力。扎实推进"汇贤 50"社工人才计划,加强本地管理及实务人才培训、社区干部"社工化"培训,打造一支多层次的社工人才队伍。

(五)进一步加强社区建设

社区是现代城市治理的基本单位,是人们共同生活、生产的场所,社区建设是微观层面的社会建设。社区建设搞好了,社会建设就能事半功倍。一是强化社区服务。积极发挥党代表工作室听民意、聚民智、解民困的作用,联动相关职能部门及时回应社区群众需求,解决社区问题。借助专业社工力量,大力开展社工服务进学校、进医院、进企业、进养老机构。试点社工服务参与社区矫正、安置帮教工作，帮助特殊人群回归社区。二是营造社区利益共同体。继续推动在杏坛逢简、马东，伦教仕版，北滘君兰开展社区营造试点，发展社区经济，扩大社区参与，繁荣社区文化，美化社区环境，再塑群众自我管理、自我服务、自我发展的生活共同体。发挥业主代表协会的积极作用，指导全区业主委员会规范运作，维护小区业主权益，构建与自治组织、物管公司协调发展的利益共同体。三是推进法治村居建设。进一步完善村居民主自治各项制度，借鉴勒流南水村运用智能手机平台提升村务公开水平的做法，健全各项村居信息公开制度，并扩大法律服务进村居试点，强化社区普法和基层矛盾调解，更加善用法治方式化解基层矛盾。

（佛山市顺德区社会工作委员会供稿）

韶关：财政约束下的治理创新突围

2013 年，在省委、省政府的正确领导下，韶关市认真贯彻落实中央和省关于社会建设的决策部署，结合韶关市实际，坚持以问题为导向，着力保障和改善民生，创新社会治理机制，推进社会领域改革，取得了良好的成效。

一 2013 年韶关社会建设主要工作成效

（一）社会民生事业明显改善

2013 年，韶关市进一步加大民生投入，完善公共服务机制，促进就业、教育、卫生、文化、体育等民生事业的全面发展。一是加强公共就业服务体系建设。搭建全市基层公共服务平台，实行公共就业服务信息联网，为广大务工人员提供"一站式"公共就业服务；组织大中型企业举办各类专场招聘活动，解决劳动力就业问题；抓好农村劳动力技能培训，促进农村劳动力转移就业，全年全市共培训农村劳动力 2.3 万多人，超额完成了省下达的培训任务，农村劳动力技能培训转移就业工作连续 5 年进入全省优秀行列。二是提高基本公共服务均等化水平。完善教育治理体系，大力推进城乡义务教育均衡发展。改革教育投资机制，在坚持政府投资为主的前提下，鼓励社会力量兴办教育；合理配置教育资源，完善支教、助学等教育帮扶制度，推动优质教育资源向农村和薄弱城区倾斜，促进城乡教育公平；制定《关于进城务工人员随迁子女接受义务教育后在韶参加初中升学考试工作方案》，保障了外来务工人员随迁子女平等接受教育的权利。截至 2013 年底，全市有义务教育规范化学校 301 所，覆盖率达 96.5%；累计落实资助资金超 1 亿元，受惠学生达 13.3 万人。推进城乡基层医疗卫生综合改革，优化医疗资源配置，完成了38家乡镇医院改造，全市乡镇卫生院建设达标率超过92%，基本建成了市、县、镇、村四级公共卫生服务网络。截至2013年底，全市每千人口医疗机构床位数达4.3张，每万人口医师数达16人，公共卫生服务环境进一步改善，服务质量大大提高。大力加强基础文化设施建设，兴建了一批图书馆、文化站，完成20户以上通电自然村的"广播电视村村通工程"，建成1209个"农家书屋"，基本形成了覆盖城乡的公共文化设施建设格局。加强体育娱乐设施建设，全市兴建了22个乡镇全民健身广场，增设了一批体育器材，让更多的群众享受到公共体育服务。三是积极推进社会保障体系建设。大力推进城乡基本养老保险体系建设，实行应保尽保。2013年，全市企业职工基本养老保险参保人数达61.87万，比上年末增长5.47%，全市基本实现城乡社会养老保险制度全覆盖。创新社会救助制度，扎实开展低保、五保工作，大力实施医疗救助，建立了救助标准与物价上涨挂钩的联动机制，为特困群众提供有效救助。截至2013年，全市有9.4万人享受低保待遇；全年医疗救助共5560人次，支出救助金847万元。

（二）行政体制改革稳步推进

按照市委、市政府的要求，制定了《韶关市2013年深化体制改革工作要点》，分类分项推进各项体制改革。一是深化行政审批制度改革。按照建设"小政府、大社会"的总体目标，继续压减规范行政审批事项。继2012年取消第一批行政审批事项113项、转移31项、下放61项、委托2项后，2013年韶关市又出台第二批行政审批制度改革项目，共取消行政审批事项26项、转移4项、下放23项、委托2项。二是积极推进网上办事大厅建设。创新优化行政审批服务方式，提高行政审批效率，实现与省网上办事大厅的对接联通，市直部门85%的行政审批事项、80%的服务事项实现网上办理，县（市、区）直部门70%的行政审批事项、60%的服务事项实现网上办理。三是完善政府购买服务制度。制定《关于推进政府向社会组织购买公共服务的实施办法》，明确购买服务的主体、范围、对象以及方法步骤，确定了韶关市第一批政府购买公共服务项目及目录，并专门安排了经费预算。四是统筹推进事业单位改革。对事业单位的工作任务和运行状况进行全面梳理，重新制订机构编制方案，着手解决职能界定不清、政事不分、事企不分等问题，进一步推进职能转变和正确归位。本轮改革共撤销事业单位 51 个，整合事业单位 111 个，精简率为 45.43%，其中城管、公路、农业、林业、科技等系统的事业单位精简率超过 50%。

（三）社会组织不断发展壮大

一是推进社会组织孵化基地筹建工作。为促进社会组织的健康发展，市社工委会同市民政局筹建社会组织孵化基地，计划 2014 年底建成。目前，孵化基地选址工作基本完成，现正制定运作规范。二是加强社会组织的培育和管理。市委、市政府把"培育社会组织项目"列入"百项工程兴韶关"工程，出台了相关文件政策，降低社会组织的准入门槛，降低登记注册资金、减少登记会员人数、缩短登记审批时限、扩大异地商会登记范围，促进了社会组织的发展。截至 2014 年第一季度，全市登记注册的社会组织已达 1360 家。开展全市社会组织等级评估工作，注重引导社会组织完善内部治理结构，提高规范管理水平。2013 年上半年，完成第一批行业协会（商会）评估工作，评出 5A 级行业协会（商会）1 家，4A 级 4 家，3A 级 1 家；下半年，开展第二批行业协会（商会）评估工作，共有 7 家行业协会递交了参评申请书。三是积极培育发展枢纽型社会组织。制定了《关于构建枢纽型组织体系的实施办法》，明确以工会、共青团、妇联为依托，搭建枢纽型组织体系基本架构，培育发展一批在政治上能发挥桥梁纽带作用、业务上能发挥引领聚合作用、日常管理和服务上能发挥平台作用的枢纽型社会组织。如团市委搭建的"亲青家园"和"市青年社会联合会"，成为广泛凝聚青年、增强服务社会的重要生力军；市妇联创建的 9 个省级以上巾帼示范基地及一批维权服务站，成为广大妇女就业、维权和家庭调解的坚强后盾。四是加强社工人才队伍建设。制定了韶关市《关于加强社会工作人才队伍建设的实施办法》，加强社工人才的培训，提高了韶关市专业社工的业务水平。2013 年，全市有 2115 人报名参加了国家社工资格考试，比 2012 年增加了 1500 多人，通过考试 510 人；2014 年，韶关市有 2127 人报名参加本年度的国家社工资格考试，社工队伍不断充实壮大。

（四）社会治理创新亮点纷呈

一是做好社会创新观察项目。在全市创建了 3 个社会管理创新观察项目，以点带面推进社会管理创新。2013 年，仁化县的"民忧档案"项目、翁源县的"流动人口计划生育协会建设"和"全面培育发展农村专业经济协会"项目先后通过省社工委评审，升级为"省社会创新试点项目"，确定为"省社会创新实验基地"。二是推进全市社会体制改革项目。根据《广东省 2013～2014年深化社会体制改革工作要点》要求，确定 47 个改革项目，其中县（市、区）20 个，市直 27 个。一年来，各地、各部门按照工作任务部署，采取措施，稳步开展推进社会改革项目工作，取得一定成效。如市民政局和市卫生局全面启动医疗救助"一站式"即时结算服务，极大方便了困难群众；市司法局采取政府购买服务方式，组建了"医疗纠纷人民调解委员会"，并建立医疗、法律咨询专家库，为调处复杂医疗纠纷提供人才保障；市妇联大力推进枢纽型社会组织建设，在全市 1202 个村、207 个社区创建了"妇女之家"，成立了韶关市妇女维权与信息服务站，在全省首个实现 12338 妇女维权服务热线语音平台全覆盖。三是探索建立新型社区管理机制。探索建立社区党组织、社区居民委员会、驻区单位联席会议制度，定期研究资源共享、社区共建事项。目前，韶关市城市基层社区初步形成了以党支部为核心，居委会、业委会、物管会相结合的多元治理格局。2013 年，韶关市分别在武江区、曲江区建立了一家社工试点机构，积累经验，以点带面，为居民提供更广泛的公益性服务。

（五）平安韶关建设扎实推进

一是积极探索社会治安源头治理机制。加强治安布控，管好特殊人群，管好各种犯罪易发场所，从源头上防范各类犯罪活动。在全市举办"治理和预防未成年人犯罪展览"，根据青少年的特点，将图文设计成动漫，收到了良好效果。二是推进社会稳定风险评估机制建设。认真分析研究群众信访案件，找准引发群众集体上访的主要领域和重要因素，建立重大项目立项和重要决策制定前的社会稳定风险评估机制。三是认真落实韶关市《关于加强网络虚拟社会管理的实施办法》，建立网络舆情研判导控服务平台，加强正确舆论引导，完善网络信

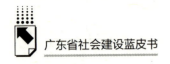

用体系，妥善处理网络突发事件。四是加强异地务工人员的管理服务。充分发挥各地驻韶商会联系服务异地务工人员的作用，促进异地务工人员更好地融入韶关。五是大力加强"平安细胞"建设。扎实开展"平安镇街""平安村居""平安社区""平安校园"等建设活动，有效地维护韶关市社会的和谐稳定。

（六）成功举办第二届"南粤幸福活动周"

按照省社工委的要求，成立了韶关市"南粤幸福活动周"组委会，制定了《2013年韶关市"南粤幸福活动周"工作方案》。启动仪式于2013年9月28日揭幕，各地各单位结合实际在国庆期间以"和谐、文化、健康、幸福"为主题，开展内容丰富、形式多样，符合群众精神生活需求的文化体育活动，引导群众在社会建设中自我表现、自我服务和自我教育，形成美好社会共同建设、幸福生活共同创造、发展成果共同分享的生动局面，不断提升社会的和谐度和群众的幸福感。

二 2013年韶关社会建设存在的主要问题

（一）基本公共服务体系建设任务繁重

韶关市经济社会总体发展水平较低，经济总量小，自身财力不强，且城乡、区域发展不平衡问题较突出，公共服务能力薄弱，公共服务供求矛盾不断增加，基本公共服务的规模和质量难以满足人民群众日益增长的物质文化需求。

（二）政府职能转变还需加快步伐

目前，韶关市政府正从管理型政府向服务型政府转变，但转变的过程比较缓慢，有些应由社会承担的服务项目没有转移或转移的力度和广度不够。

（三）社会组织培育有待加强

一些单位和部门对社会组织的地位和作用认识不足，社会组织管理机构的人员配备、经费保障与日益增加的职责和任务不相匹配。另外，目前规范社会组织的部分法规、条例相对滞后，已不适应经济社会日益快速发展的要求，在一定程度上阻碍了社会组织工作的创新发展。

（四）基层社区管理体制需要进一步完善

社区居委会自我管理、自我教育、自我服务的功能发挥不充分，工作力量整合不到位。社区层面设置的各类站、室、中心等服务和活动载体，有不少资源没有充分整合利用，社区各类人员由不同部门管理，难以发挥良好的整体效果。另外，缺乏完善的社区人才管理机制，社区工作人员职业定位不明确，收入待遇偏低，导致社区工作队伍不稳定及工作人员工作积极性不高。

三　2014 年韶关社会建设工作对策

2014 年，韶关市将以党的十八届三中全会和省委十一届三次会议精神为指导，按照中央和省关于社会建设的决策部署，认真做好如下工作。

一是推动民生事业与经济建设协调发展。加强和改善民生工作，积极推动教育、医疗、卫生、文化、体育等民生事业发展。鼓励社会力量参与提供公共服务，实现公共服务主体多元化。

二是加强社会组织的培育和监管。充分发挥民政部门和工会、妇联、共青团等群团组织作用，进一步规范社会组织管理，加快发展壮大社会组织。积极推动社会组织孵化基地建设，推进政府购买服务和社会组织承接服务取得实质性进展。

三是加快推进社会体制改革项目。按照省社工委《关于进一步做好深化社会体制改革项目的通知》要求，进一步加强对各县（市、区）和市直各单位改革项目的督促指导，确保改革项目扎实推进，取得实效。

四是积极探索城乡新型社区建设新路子。围绕构建"和谐社区"，抓好试点，逐步建立覆盖社区全体成员、服务主体多元、服务功能比较完善、有一定服务质量和管理水平的社区服务体系，形成"多元共治"的社区工作格局。

（韶关市社会工作委员会供稿）

B.14

河源：打造"幸福之谷"

2013 年，河源市围绕推动科学发展、促进社会和谐，大力实施"善治河源"战略，加快打造"幸福之谷"，全市社会建设成效明显。

一 2013 年河源社会建设基本情况

（一）民生福祉不断增进

民生十件实事各项工作完成预期目标，其中，农村新增劳动力转移完成全年计划的 125%，超额完成任务。新增建成保障房、棚户区改造住房 2940 套（户），全市城乡低保提标工作已完成，城乡低保补差分别提高至人月均 242 元和 109 元。2013 年，全市投入民生资金 122.38 亿元，保障和改善民生支出占全市公共财政预算支出比重达 72.2%，增长 16.3%。新增就业岗位 4.8 万个，劳动力培训转移就业 4.8 万人，城镇登记失业率控制在 2.45%。城乡养老保险实现了人群全覆盖，全市参加新农合 287.24 万人，基本实现应保尽保。扶贫"双到"工作扎实推进，全市投入帮扶资金 5.44 多亿元，完成农房改造 2.2 万户，"两不具备"村庄搬迁安置农户 2861 户，较好地解决了群众关切的一批民生问题。

（二）社会活力有效激发

推进社会组织体制改革，加快社会组织"去行政化""去垄断化"改革，落实社会组织直接登记制度，全市社会组织健康快速发展。截至 2013 年 12 月底，全市共有社会组织 946 个（其中社会团体 456 个，民办非企业单位 489 个，基金会 1 个），比 2012 年增加 146 个，社会组织服务社会能力不断增强，有40个社会组织获得980万元省专项资金扶持。政府向社会组织购买服务工作扎实推进。出台《河源市政府向社会组织购买服务的实施意见》，公布第一批2013年市级政府向社会组织购买服务目录，社会组织服务领域不断扩大，服务内容不断丰富，服务队伍不断壮大。源城区明镜社工服务中心成为全市首个承接政府购买服务的专业社工机构，河源市诚信协会承接原由市工商局负责开展的"重合同、守信用企业"评比活动，市网吧协会承接市文广新局"绿色网吧"评选等职能。基层民主自治不断推进，"两新"党组织建设不断规范，工青妇等积极探索构建枢纽型社会组织体系，人民团体作用进一步发挥。基层政权组织改革扎实推进，基层组织行政服务体系不断完善。

（三）社会保持平安稳定

围绕"平安河源"，深入推进"平安细胞"工程，大力推进立体化社会治安防控体系建设，开展"信访积案化解年"活动，构建"大维稳""大侦查""大防控"格局，社会治安综合治理和信访维稳工作进一步得到加强。2013年全市共破获刑事案件3127宗，破案率52.1%，全年到市级上访1622件次，比2012年（2094件次）下降22.5%，基层平稳自治。源城区上城街道及其6个社区开展社区管理服务体制创新试点，创建"六好"平安和谐社区、宜居社区、幸福社区36个，249个村居深入开展村（居）务公开民主管理示范创建活动，5个镇、10个村建立镇、村（社区）级综合服务中心，基层组织行政服务体系不断完善。

（四）社会公平得到彰显

一是公平配置公共资源。深化行政审批制度改革，简政放权，调整压减行政审批事项392项，压减率达41.2%。成立市公共资源交易中心。开通省网上办事大厅河源分厅，进厅办理便民服务636项。完成12345政府服务热线平台整合升级。二是推进基本公共服务均等化。教育强市工作成效显著，2013年市财政拨付1.2亿元创建15个教育强镇，新建、改造义务教育标准化学校50所，高中阶段入学率达到89.11%。公共文化服务加快推进，安排"四馆两中心"资金共9000万元。完成110家行政村文化室、公共电子阅览室建设，新建农家书屋 442 家，广播电视村村通工程全面完成。推进医药卫生体制改革，全市新农合参保率达到 99%，公办 101 个基层医疗机构全部实施了国家基本药物制度，并实行零差率销售，基层医疗卫生服务体系日益完善。三是社会正能量得到弘扬。围绕"创文明城市、建幸福家园"主题，河源市先后开展"我为创文建言献策""河源好人"推荐评选、百城万店无假货行动、"诚信企业"评比等活动。树立道德楷模，评选出三批共 35 位"河源好人"，其中有 2 人被评为"广东好人"，1 人被评为诚实守信"中国好人"，全市有 51 个单位开办"道德讲堂"，社会积极向上文明新风得到进一步弘扬。

（五）法治社会深入推进

一是推进依法行政工作。开展依法行政考评工作，加强规范性文件管理，强化行政执法监督工作，健全行政执法责任制配套制度。二是坚持依法解决基层矛盾。为强化法律在化解基层矛盾中的权威地位，针对劳资、土地、环保等领域中比较突出的问题，河源市成立"环境污染""劳动争议""土地房屋征收"三个专业性行业性调委会，极大减少矛盾纠纷、化解社会矛盾、降低诉讼成本、提升调解率。三是加强基层法律服务体系建设。探索构建普惠均等、覆盖城乡的基层公共法律服务体系，建成覆盖全市的法律服务、法律援助 12348 专线服务系统；全市司法行政系统创新法律援助模式，设立省内首个以法律援助为主题的微信公众服务平台，落实公职、法援律师参与领导接访日接访和突发性、群体性上访事件处置制度。

二 2013 年河源社会建设主要经验与特色

（一）加强建制统筹，做好制度顶层设计

市社工委当好社会建设制度的设计者、协调者，起草了河源市《关于加强社会建设的实施意见》《创建社会创新项目的指导意见》；协调成员单位制定出台了有关人口服务和管理、社区居委会规范化建设、加强和改进村民委员会建设等配套文件，以及向党委、政府提出《关于发展壮大社会组织的建

议》《关于建立诚信奖惩体系的建议》《关于动员社会力量做好扶贫双到工作的建议》等。为发挥统筹协调作用，市社工委制定了委员会议、主任会议、专职副主任会议和督办等工作制度。市社会创新咨询委员会认真做好决策参谋，积极为社会工作提供决策咨询、督促指导、建言献策、项目督查等服务。市民情志愿服务队积极做好民情社意的收集、分析和监测，为党委、政府决策社会工作提出建议45条，增设文博支队，市、县、区民情志愿服务队扩展到9个支队，民情志愿服务者200多人，顺利完成省统一部署的三次民情调查任务，编发《民情信息》8期45条，并承接全市医改成效民情调查任务。

（二）以项目为抓手，做好创新项目建设

通过省、市社会创新项目的实施，打造了一批社会管理创新亮点和示范点，形成了社会建设领域"赛马"局面。省级观察项目成效突出。整合社会资源推动河源民间文博事业发展项目在引领行业发展、规范民间文物收藏和管理方面作出积极探索，河源民间文博事业发展项目于2013年11月顺利通过省第三批观察项目复评，河源市成为第二个广东省社会创新实验基地。市级观察项目稳步推进。由市县社工委牵头，县区、市直有关部门或社会组织为主体实施两批30个市社会创新观察项目，2013年12月，第一批项目中有10个升格为"河源市示范项目"，获市财政资金扶持。社会治理创新明显加强。通过项目示范带动，市、县社工委在积极探索中大胆创新，勇于探索，总结一批社会治理创新经验。源城区推进"幸福社区"创建工作，建成幸福社区示范点3个，社区民生不断改善，居民幸福感提升；东源县开展"民情恳谈"活动1998多场次，参与活动的党员群众达8.2万多人次，进一步畅通了沟通渠道；龙川县佗城镇枫深村探索"1+4"（党建、企业、社会组织、社工、志愿者）管理模式，为基层自治树立了典范；和平县探索"农村留守儿童"关爱机制，建立爱心驿站，开创"珠三角地区志愿者与山区志愿者联盟服务"的新模式；紫金县创新诉前联调工作机制，龙窝镇创新信访维稳机制；连平县忠信镇司前村利用优秀传统文化辅助村民自治。基层社会管理的创新，进一步推进了社会协同自治，密切了党群关系，有效促进了社会和谐。

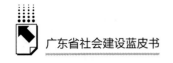
（三）加强工作指导，促进社会协同

加强对有关社会组织创建社会创新项目的指导，加强与协会商业类、科技类、公益慈善类、城乡社区服务类社会组织的沟通与联系，在全市范围开设"社会组织建设"和"社会创新管理"研讨班，社会组织参与社会建设的积极性明显增强，尤其是参与市级社会创新项目的20多个社会组织表现出极强的社会管理主动性和高涨的创新热情。同时，在大力培育和发展社会组织过程中，鼓励和引导广大社会组织参与关爱留守儿童和独居老人、抗灾救灾、志愿服务等公益事业，社会组织服务能力不断增强，服务领域不断扩大，服务内容不断丰富，服务队伍不断壮大。

（四）开展共享活动，加强幸福共建

第二届"南粤幸福活动周·河源"以"和谐、文化、健康、幸福"为主题，以保障和改善民生为重点，以社会组织为承办主体，充分体现草根性和群众性。市、县区两级相关部门及社工委整合活动资源，在中秋、国庆前后开展了幸福我来秀、幸福我健身、幸福手拉手、幸福大集市、幸福大家谈等系列活动，广大群众充分体验和分享了改革发展的幸福成果，开创了"民间在前台唱戏，政府在后台服务"的互动和谐新局面。

（五）紧抓亮点特色，打造"幸福之谷"

一是创建幸福社区。以"让社区更美好、让居民更幸福"为主题，围绕"三无四有"（身体无恙、精神无恼、衣食无忧，时时有服务、天天有保障、月月有歌声、年年有提升）目标，优化社区环境，创新社区服务，增强社区自治，大力推进幸福社区建设。2013年，创建幸福社区试点5个，新增社区服务40项，发展社区社会组织50个，累计投资约1.5亿元，3个社区开创全市政府向专业社工机构购买社区服务先河。探索了"1＋1＋N"创建模式，即实施好一个党建工程（建设党员群众服务中心、党员群众活动中心，完善群众事务党员代办站、党员志愿者服务站、党代表工作站和文化活动室、党员电教室、卫生计生服务室），每个社区向一个专业社工机构购买社区服务，社工机构根据各个社区需求开展 N 种专业服务，五点看护学堂、关爱独居老年人、"我搭台你来秀"大舞台、百家宴、夏日缤纷"暑"你精彩夏令营等已成为社区服务品牌项目，逐步实现党建引领、政府放权、社工服务、社会协同、社区自治和幸福共享，社区居民总体满意度达 85% 以上。二是建设农村产品电子商务平台。河源市电子商务协会发挥行业协会的引领作用，利用互联网资源，打破传统流通模式，破解交通不便、农产品保鲜难等瓶颈，整合河源农产品丰富资源，在政府部门和老百姓不出一分钱的前提下，完全由行业协会筹集 200 多万元建设农村产品电子商务平台，该平台具备农产品网上展示、在线订购、实时交易等功能，目前已有 30 家企业和 51 个专业镇的特色农产品进入电子商务平台交易，同时注重构建食品溯源体系、诚信体系、纠纷法律咨询体系，建设实体商城，实现网上网下资源共享。该平台开通首月，实现网购交易 286 宗，交易金额 130 多万元。接下来，该平台还将提供法律咨询、技术改造咨询、动植物医院、知识产权服务、人才服务等相关服务，同时推广客家美食和旅游文化。三是创新运作推动文化事业发展。河源市文博协会以行业自律为主旨，探索行业协会发挥作用的"1＋1＋1"（1 家民间博物馆＋1 个立体宣传交流平台＋1 批产学研基地）运作模式，坚持开发与利用并重，共建与弘扬并举，产业发展与科学研究并行，通过行业自律、自治，规范文物市场，推动文化事业繁荣。通过运作模式的创新，协会的引领和服务能力明显提升，承担的省社会创新观察项目——整合社会资源推动河源民间文博事业发展、"省试点项目"和"广东省社会创新实验基地"；该协会被确定为河源市首批具备承接政府职能转移和购买服务资质的社会组织之一，入围 2013 年广东省培育发展社会组织专项竞争性资金扶持名单。

三　2013 年河源社会建设工作面临的困难与挑战

河源既是社会建设的滞后区也是改革开放的实验区。近年来，河源市社会建设水平逐步提高，但对照《广东省社会建设综合考核指标体系》，还处在全省落后地位。省社会建设综合考核小组于 2013 年下半年对全省地级以上市 2012 年社会建设进步情况和基础水平进行了"试考核"。河源市在全省排名中，进步指数列第 12 位，基础指数列第 19 位，综合指数列第 20 位。城镇居民人均纯收入、农村居民人均纯收入、住房保障工作目标责任完成率、每万人口医师数、环境卫生绿化指数、符合政策生育率、每万人口拥有公共文化设施面积、体育工作达标率、城市每万人口公交车拥有量、城镇人口所占比重、每万人口拥有城乡社区服务设施数、人民调解指数、志愿者工作指数 13 项考核指标排名靠后，在倒数 5 位内。下一步，河源市将结合实际，根据《广东省社会建设综合考核办法》，制定市级社会建设考核指标体系，将省社会建设考核指标体系中的 37 个指标纳入全市"三赛"考核范围。

四 2014 年河源社会建设工作重点

（一）进一步促进增强民生福祉

围绕民生，集中力量为群众办好十件实事，让发展成果更多更公平地惠及全市人民。加强民生基础保障，推进社会保险、社会救助、敬老养老、困难群体和妇女儿童等保障服务体系建设。加快完善城乡居民养老保险、基本医疗保障等社会保险制度，不断扩大各项社会保险覆盖面，完善社会保险关系转移接续政策。加快建立城乡居民社会养老保险待遇正常调整机制，居民社会养老保险和职工基本养老保险的衔接机制，推动基础养老金省级统筹。

（二）落实社会体制改革各项任务

2014 年，河源将抓好并落实有关社会体制改革要点，对各项改革任务逐一制订计划、落实责任，明确推进的时间表、路线图；坚持问题导向，找准工作的着力点和突破口；对工作遇到的热点难点问题，认真分析成因背景，找准症结所在，提前研判，做好应对准备，确保达到改革的预期效果，真正让改革成果惠及百姓。

（三）扎实推进社会创新项目建设

一是巩固项目成果，深入推进升格项目的创建。巩固省、市升格项目成果，做好项目创建成果的总结、整理、展示和推广工作。二是启动实施新一批项目。2014年启动16个市级社会创新项目，注重社会观察创新项目实用性、示范性、长期性，依托项目积极探索符合本地区实际的社会管理新经验，通过项目推动行业协会、社会组织自律自助，充分调动社会力量参与社会建设的积极性。三是继续推进县区"四个一"工程。通过实施社会创新项目和县区"四个一"工程，打造社会创新亮点。四是推进"特色之家"、"一村（社区）一法律顾问"工作。建设好"特色之家"，启动"妇女之家""侨联之家""复退军人之家""出租汽车司机之家"等建设，以"特色之家"的形式加强对特定群体的服务管理，畅通特定群体诉求表达、反馈和处理平台，创新多元化利益协调机制。开展"一村（社区）一法律顾问"试点工作，化解基层矛盾纠纷。

（四）进一步激发社会活力

引导推动社会组织规范发展，做好构建社会组织综合监管体制工作，督促市民政局加快推进社会组织孵化基地建设，加强各成员单位协调指导，及时帮助解决社会组织工作中存在的困难和问题。加强对境外非政府组织的监管，不断完善机制、落实责任，各司其职、合作分工，形成强大的监管合力。推进政府购买服务，以社会创新项目形式，鼓励和引导社会组织发展壮大，调动社会组织服务社会的积极性。加快成立市社会工作服务中心，筹备社会建设基金，为社会组织的发展提供专业化服务。

（五）协同联动凝聚社会建设合力

一是落实委员制工作机制。加大统筹协调力度，认真落实委员会议工作制度。有效整合资源，落实社会工作督办制度，确保社会建设的各项工作落到实处。二是落实专家指导和社情民意建议机制。发挥市社会创新咨询委员会的作用，让咨询委真正成为党委、政府决策社会建设的智囊团和推动社会工作的督导组。加强民情志愿服务队建设，完善服务队内部管理制度，提升队员的综合素质，加大对民情社意的收集、分析和监测，为河源市党委、政府决策社会建设提供更加有益的参考。三是加强人才队伍建设。加大对社会工作专业人才的引进和培养，畅通社会工作人才流动渠道，打造良好的进人、用人、育人、留人的社会工作人才环境。大力普及创新社会治理知识，加强社会工作服务人才职业能力教育和培训发展，推动社会工作人才职业化发展。

（六）扎实推进亮点工程打造

2013年，部分成员单位在社会创新项目创建工作中亮点纷呈，比如河源市人社局的和谐劳资关系创新、市科技局的农产品电子商务平台建设、团市委的共青团枢纽型社会组织培育。扩大这些创新亮点的影响，形成示范带动效应，如将市人社局和谐劳资关系创新项目经验从试点企业和建筑领域扩展到更广范围。

（七）促进全民共享幸福成果

组织好"南粤幸福活动周·河源"，2014年河源市社工委拟联合有关职能部门，为社会组织提供互相交流的平台，集中展示全市社会组织的成果和良好风貌，引进珠三角社会组织加盟河源市公益事业。确保活动有地方特色、有丰富内容、有成果分享，切实提升群众幸福感。同时，以开展扶贫"双到"工作为契机，在扶贫驻点村开展系列志愿公益服务。

（八）推进对社会管理的学习宣传

一是设立一个宣传窗口、建立一个公益网站。加强社会建设工作的宣传报道力度，提高社会各界对社会管理创新的了解和认同。在媒体开设"社会观察"专栏，通过媒体平台、网络平台宣传社会建设工作中好的经验，创新探索亮点。二是加强培训学习。邀请专家以"河源讲坛"的形式开设专题讲座；举办形式多样的专题培训班，形成社会广泛参与、人才各显其能的生动局面。三是深入开展群众教育主题实践活动。通过教育实践活动加强作风建设，切实解决一批社会建设领域人民群众密切关注的突出问题，形成党建工作与社会建设工作同步推进的良好局面。

（河源市社会工作委员会供稿）

梅州：建设生态宜居城市

2013 年，全市创新思路、创造条件，大力弘扬客家优秀传统文化，积极探索山区社会建设新路子，努力建设民生社会、平安社会、公平社会、活力社会和法治社会。全市 2 个省级社会创新观察项目顺利晋级并被确定为省社会创新实验基地，其中，平远县民情志愿服务队建设经验还在全国深化社会体制改革研讨会暨"加强社会建设、创新社会治理"（广东）年会上印发交流；成功创建粤东西北地区第一个广东省教育强市；创建平安广东工作考评得分全省第一，群众安全感和政法工作群众满意度连续两年位居全省第一，再次荣获"中国最具幸福感城市"和"中国十佳优质生活城市"。

一 2013 年梅州社会建设的主要成效

（一）重点民生持续改善

2013 年，全市公共财政预算支出 203.72 亿元，用于民生领域的支出有155.33 亿元，同比增长 16.5%，占公共财政预算支出的 76.2%；城镇居民人均可支配收入 20737 元，增长 10.9%；农民人均纯收入 10148 元，增长 12.3%。全力办好十件 32 项惠民实事。成功创建粤东西北地区首个教育强市，实施嘉应名师培养工程，一批知名专家学者和优秀博士、硕士研究生受聘到梅州市任教，学生饮用奶推广计划顺利实施，7000 多名特殊困难学生免费喝上学生奶。嘉应歌剧院工程顺利推进，建成一批县级图书馆、博物馆、文化馆和镇村文化站（室）、电子阅览室，全面完成未通有线网络的农村地区广播电视"户户通"工程。城乡居民大病保险制度全面实施，建立 3 家平价医院，挂牌 25 家平价药店，对国家和省目标人群全面实施免费孕前优生健康检查。全市月人均低保补差水平、农村五保供养达到省定标准，免费为 430 户贫困家庭残疾人实施居家无障碍环境改造、为 330 户贫困家庭残疾人提供居家康复服务，3 家城市居家养老服务示范中心投入运营，改造一批乡镇敬老院，新增养老床位 2945 张。基本完成县级行政服务中心和市县网上办事大厅建设，网上申办事项占总事项的 80.02%。

（二）平安创建稳步开展

紧紧围绕"一园两特带动一精"发展战略，牢固树立"没有安全稳定的时间，就没有科学发展的空间"的发展理念，积极构建大维稳格局，促进社会稳定和谐，推动梅州加快振兴发展。一是健全维稳工作机制。落实信访维稳工作"一岗双责"制度，建立重大决策社会稳定风险评估机制，严格落实领导包案制度，创新以政法部门为主导、其他各职能部门共同参与的信访综治维稳等六大维稳机制，进一步把维稳工作纳入法制化轨道。二是强化源头防范。学习借鉴"枫桥经验"，大力弘扬尊道厚德、诚实守信的客家文化优良传统，抓好社会矛盾排查化解工作，妥善处理拆迁改造、土地征用等矛盾纠纷。信访形势整体向好，2013 年全市受理信访事项同比下降 13.4%，到省集体上访批次、人次同比分别下降 48.8% 和 49.5%。三是大力推进平安建设。积极推进"平安梅州十大工程"建设，大力推进立体化防控体系、"平安细胞"、社会动员体系"三大工程"建设，不断夯实平安建设根基，积极化"小安"为"大安"，最大限度地激发了社会各方力量参与平安建设的积极性。

（三）社会治理亮点纷呈

一是大力抓好社会创新项目。紧紧把握市"平远县民情志愿服务队建设"和市食品行业协会"综合人才培训平台建设"这两个项目分别被确定为省第一、三批社会创新观察项目的有利契机，加强对项目实施在政策、发展方向与办法等方面的指导、支持，鼓励项目实施单位大胆创新、先行先试，取得了良好成效。目前，平远县民情志愿服务队共有队员 332 人，服务队自 2012 年年底成立以来，通过收集汇总梳理民情信息、编发《平远民情内参》，积极为县委、县政府及上级有关部门决策提供了参考依据和民意数据支持，促进了 18 项民生事件的有效解决。市食品行业协会综合人才培训平台面向企业、院校、社会汇聚了 90 多位专家，自2012年7月项目实施以来累计为企业（社会）培训600多人次，受训受益人员已从梅州本地扩展到河源等地，并积极为珠江啤酒等国企在梅州投资项目培训员工，收到了良好的经济社会效益。2013年7月和11月，上述两个项目分别顺利通过省评审，升格为省第一、三批"省社会创新试点项目"。二是探索推进社会体制改革。认真贯彻落实《2013年广东深化社会体制改革工作要点》精神，市、县两级结合实际、因地制宜，共申报、承担了15项23个深化社会体制改革项目，其中，市级3个、县级20个；专门建立了联席会议制度，协调指导各地创造具有梅州特色的社会建设经验。这些项目的实施，较好地促进了山区民生事业、社会组织、基层社会管理、社会工作和志愿服务等体制的改革，并在一些领域取得了较为显著的成效，比如，市级及平远县承担的"建立民意收集处理系统"项目，蕉岭县"充分发挥群团组织和骨干社会组织的作用，构建枢纽型组织体系"和兴宁市"建立健全特殊人群管控帮教机制，完善刑释人员就业安置和社区矫正机制"等项目，在社会治理创新方面从不同领域、不同层面进行了有益的探索，有力助推了梅州的振兴发展。三是创新基层社会治理。结合创建广东文化旅游特色区工作，在全市扎实开展社会工作示范镇、示范社区、示范村"三个一"工程创建活动，通过典型引路、点面推进，打造一批富有文化底蕴的客家特色名镇名村和示范社区。同时，认真总结、提升梅县区农村社区和梅江区城市社区建设经验，完善城乡社区服务体系，探索社区"党建、自治、服务"三位一体的管理模式。梅县区通过把美丽乡村建设与新型城镇化、文化旅游、群众脱贫致富、党建工作、社会工作等相结合，重点推动该区雁洋镇的雁上、南福、塘心、大坪、阴那、长教，松口镇的横东、横西、大黄，丙村镇的群丰十村，联动建设美丽乡村，取得了良好的示范效果。四是创新政务公开方式。依托人民网建立"梅州发布"制度，开展"微访谈"，市政府领导和市政府组成部门主要负责同志上线与网民沟通，共有1394.2万人次上网浏览、互动，推动一批民生热点问题的解决。"梅州发布"获评人民网2013年度"十大最具影响力政务微博"。建成12345政府服务热线平台，市政府网站在中国地市级政府网站互联网影响力综合排名第五。①

---

① 梅州市市长谭君铁：《2014年梅州市政府工作报告——2014年2月19日在梅州市第六届人民代表大会上》。

（四）社会组织大力发展

一是推动社会组织有序发展。制定出台了《关于进一步培育发展和规范管理社会组织的方案》，不断深化社会组织体制改革，降低登记门槛、简化登记程序、缩短登记时限，扎实推进"两新"组织党建工作，大力推进社会组织自律和信用体系"两建"建设，有力促进了全市社会组织的健康、有序发展。2013 年，全市新增社会组织 154 家，至年底共有社会组织 1385 家，年增长 12.5%；在全省社会组织自律体系建设试点工作考核中，梅州市排名第二。二是加快建设枢纽型组织体系。充分发挥市总工会、团市委、市妇联等群团组织的枢纽作用，团结联系了 85 家社会组织，引领它们积极参与社会建设工作；建立了工青妇 3 个市级社会组织孵化基地，至 2013 年底已孵化出壳社会组织 13 家、正在孵化 17 家、发展孵化 33 家。同时，积极搭建社会组织服务平台，加强与相关社会组织的联系和合作，以市食品行业协会为班底，成立了梅州市首家具有枢纽功能的民非社会组织——梅州市嘉应社会组织服务中心，积极探索山区枢纽型组织体系建设新路。

（五）社工人才队伍发展壮大

专门召开全市社会工作专业人才队伍建设会议，研究探讨全市社会工作专业人才队伍建设综合性实施政策和发展规划。积极开展志愿服务，通过新闻媒体、网站等大力弘扬志愿精神，激发公众参与志愿服务热情，至 2013 年年底全市注册志愿者超过 12 万人。积极发动市直单位和各县（市、区）组织干部职工、社会人员参加社会工作者职业水平考试，全年共有 30 人通过了考试，全市持证社工人数有了较快增长。同时，以市救助站、市福利院和梅江区颐养院 3 家单位为试点，举办岭南社工周、社工宣传日、社工活动体验日、社工知识交流讨论日、社工＋义工联动日等活动，加强了社工、义工之间的交流，扩大了社会的影响，有力促进了社工人才队伍建设。

二　2013 年梅州社会建设工作面临的主要问题

由于经济欠发达，受财政收入总量小等条件限制，社会建设工作基础较差、起步较晚，对比省委、省政府的要求和山区群众加快振兴发展的强烈意愿还有一定的差距，社会事业总体发展水平仍然较低，城乡之间和社会群体之间的民生状况差异较大，社会建设相关指标同全省平均水平仍有较大的差距，在具体工作中也存在一些困难和问题，这些均有待今后加以努力改进。

三 2014 年梅州社会建设的设想和规划

2014 年，梅州市突出以"三就一保一平安"为重点，集中力量办好"保障底线民生、提高社会保障水平、促进教育均衡发展、提高基层医疗卫生服务水平、提升人居环境、开展助困扶残、关爱救助精神疾病患者、实施交通便民工程、丰富群众文化体育生活、实施绿满梅州工程"等十件实事。

（一）突出抓好"三就一保"重点民生，努力增进人民福祉

积极落实就业优惠政策、抓好就业新增长点、服务重点群体就业、保障企业用工需求"三就一保"相关政策。引导和鼓励企业招用就业困难人员，充分运用社保补贴、岗位补贴、培训补贴等优惠政策，帮助就业困难人员自谋职业、自主创业；解决进城务工人员随迁子女在我市的教育问题，缩小城乡学校办学条件的差距；完善城乡一体化的居民养老保险、居民医疗保险制度。2013 年建立了城乡居民大病保险，打造了"基本医疗保险＋大病保险"的"双保险"制度，使民众在享有基本保障的基础上得到再次报销，全市的社保制度体系覆盖了市所有单位和广大城乡居民，城乡一体化的保障体系基本建立。

（二）深入创建"平安梅州"，努力营造和谐稳定的社会环境

进一步完善综治信访维稳平台、应急指挥平台，推进法治梅州建设，拓宽群众诉求表达渠道，落实涉法涉诉信访依法终结制度。严格落实"一岗双责"制度，强化安全生产监督管理，遏制较大安全事故发生。加强互联网管理，善用各类媒体，打击网络传谣，净化网络环境。

（三）突出客家优秀文化引领，积极推进社会治理创新

一是总结提炼优秀传统文化精髓，规范引领社会治理工作。充分挖掘客家文化在社会治理中的积极因素，编写《梅州客家家训》，发挥道德感化作用，引领推动山区农村的社会治理工作。二是发挥示范带动作用，扎实推进社会治理创新。结合美丽乡村建设，加强穗梅对口帮扶合作，借智借力，继续推进社会工作示范镇、示范社区、示范村创建活动，打造一批具有客家特色的名镇名村和示范社区。实施社会创新项目，努力建设"省社会创新实验基地"。进一步总结经验，在继续推进市、县两级23个省深化社会体制改革项目的基础上，突出以蕉岭县探索推行镇级"一办一中心"（由镇党政办公室负责党务政务、社会治理服务中心统揽涉农社会民生管理服务事项）改革举措为重点，先行先试，创新农村社会治理工作。三是加快政府职能转变，提升服务群众水平。完善实体办事大厅、网上办事大厅和12345政府服务热线三大平台建设，完善提升"梅州发布"微访谈活动，拓宽政府和社会的沟通渠道。

（四）激发社会组织活力，推动社会组织协同善治

加快构建枢纽型组织体系，以促进工青妇等枢纽型组织发展为核心，重点培育、优先发展行业协会商会类、科技类、公益慈善类、城乡社区服务类社会组织。继续推动社会组织去行政化、去垄断化，激活社会组织活力，加大政府向社会组织转移职能力度，推进社会组织等级评估，强化行业自律管理，加快制定出台政府向社会转移职能事项目录和政府向社会组织购买服务事项目录，让社会组织参与、承担更多的公共服务，加快形成政社分开、权责明确、依法自治的现代社会组织体制。

（梅州市社会工作委员会供稿）

惠州：建设幸福惠民之城

2013 年，全市紧紧围绕加快进入珠三角第二梯队、建设幸福惠民之州的核心任务，加快推进"民共建、民共富、民共享、民共乐、民共治"，全力打造惠州社会建设工作新模式。2013 年，惠州市第四次获评"中国十佳最具幸福感城市"，再次获评"全国社会管理综合治理优秀市"。

一 2013 年惠州社会建设工作主要亮点

（一）社会民生事业蓬勃发展

突出共建共享，坚持人本立市，提升惠民水平，实施"惠民倍增计划"，争创基本公共服务均等化示范市。从 2013 年起，市级新增财力的 75%、县级新增财力的 60% 以上投入民生。一是公共文体教育更加完善。全市 18 个文化馆、博物馆、纪念馆、图书馆及 73 个综合文化站等"三馆一站"100% 实现免费开放，公益电影放映、送戏下乡、送书下乡等文化惠民活动深入开展。推行文化消费卡，保障弱势群众基本文化权益。"惠东渔歌"被列入国家非物质文化遗产，惠州获"中国最具特色文化竞争力十佳城市"第一名。全市共有7530 名社会体育指导员遍布城乡公园广场进行义务健身辅导，每万人拥有社会体育指导员人数达到 16 人，在全省位居前列。实施"城乡教育联动发展计划"和"县管校用"的巡教制度，帮助 1253 名贫困学生上大学。公办学校向外来工子女开放，异地务工人员随迁子女参加中考，与本市户籍学生同等录取条件，同等缴费标准。二是医疗卫生水平大幅提升。实现基本医疗保险城乡统筹、市级统筹和"全民医保"，医保待遇保持在全省前列。城乡居民医保财政补助标准从每人每年 210 元提高至 300 元，政策内住院费用报销比例平均达到

80%，最高支付限额提高到 30 万元。城镇职工医疗保险政策内住院费用报销比例为 95%。三是就业、生活等保障不断增强。城镇各项就业优惠政策延伸到农村，1042 个行政村村村设有劳动力转移服务站，形成市、县、镇（街）、村（居）四级就业服务网络，每成功转移 1 名农村劳动力就业，市、县（区）两级给当地村委会 100 元补助。城镇登记失业率控制在 2.35% 以内。全市 56 万农村劳动力转移就业，基本上实现了"应转尽转"，近八成在本市就业。提高"三支一扶"大学生补贴标准，每人每月增发 400 元生活补贴。进一步巩固城乡居民社会养老保险全覆盖成果，参保人数达到 103 万。城乡低保实现一体化，低保标准由每人 385 元/月提高到 430 元/月。2011 年以来累计建成保障性住房 18992 套、在建 2652 套。由补助保障房提供者转为直接补助保障对象，把"补砖头"变为"补人头"，低收入家庭的保障线从人均年收入 5000 元调整到 6930 元，中等偏下收入家庭的保障线从人均年收入 1 万元调整到 17979 元，在城镇稳定就业的异地务工人员也被纳入保障范围。实施财政统一补贴农房保费措施，全市农房保险覆盖率达到 100%。

（二）社会治理创新卓有成效

一是发展不同群体的"特色之家"。建立"党政统筹协调、社会组织管理、志愿团队服务、特殊群体受惠、社会网络支持"的机制，保障"特色之家"规范化管理、常态化运作。2012 年，惠州"特色之家"入选"广东省2012 年社会管理十大创新"项目，2013 年被确定为"省社会创新试点项目"，列为"省社会创新实验基地"，入选中国社会管理研究院 2014 年社会体制改革蓝皮书。二是推行村（居）委聘任"法制副主任"制度。2012 年，村（居）委"法制副主任"工作制度在全市推广。目前，全市 1249 个村（居）全部配备了"法制副主任"。919 名"法制副主任"是从全市律师、政法机关、行政事业单位、教学机构、社会群团中具有法律专业知识的 1800 多名法治宣传志愿者中挑选而来。三是大力加强社区建设。全面推进城乡社区建设，下拨市财政补助资金 4140 万元，对 49 个城市社区、65 个乡镇社区开展"六个一"标准化建设，建立农村公共服务站 104 个。2013 年，市委、市政府决定整合社区资源，建设运营 20 个社区综合服务中心示范点，并列入 2013 年

"十件民生实事"项目。四是鼓励和推动基层社会治理创新。设立市社会治理创新专项资金，面向全市征选社会管理创新十大项目，采用资金补贴的方式给予支持。加强农村基层组织建设、民主政治建设，首创的"四民主工作法"被评为"全国基层党建创新最佳案例"，并被写进广东省委关于加强党的建设、做好群众工作等多个重要决定，在全省推广。五是加快推进社会体制改革。坚持"减""放""转"并用，大力清理审批事项，大幅度向县（区）放权，加大向社会组织转移职能和购买服务力度，建立公共服务由"社会组织自行设计项目，政府以项目购买来提供"的供给模式，进一步理顺政府与社会的关系。扎实推进投资项目审批制度改革，在全省率先启动公共资源交易改革，建成了"横向覆盖部门、纵向延伸县（区）"的一体化网上办事大厅，市直及7个县（区）90%的行政审批和80%的公共服务事项实现网上办理，人民群众对政府公共服务的满意度进一步提升。六是培育发展和规范管理社会组织。大力培育扶持社会组织，鼓励乡镇级社会组织发展，简化登记手续。截至2013年底，全市共有社会组织2368个，每万人拥有社会组织数达到5.07个。目前全市承接政府职能及购买服务的社会组织有38个，资金总量为2300多万元。全面启动社会组织等级评估，成立了第三方机构——惠州市社会组织评估咨询中心，发布了针对不同社会组织的评分细则，有力促进了各类社会组织建设水平不断提高。七是平安惠州建设扎实推进。深入开展法治城市建设，荣获全省首批"法治城市创建先进单位"。

（三）组织队伍建设不断加强

一是加强统筹协调，优化运作模式。贯彻落实省、市"1＋7"文件精神，积极发挥市社工委对社会建设工作的"统筹、协调、推进、监督"职能。成立了市社会创新咨询委员会、社会建设研究中心两个社会工作服务机构，组建市民情志愿服务队，加强社会建设理论支撑。进一步完善委员制运作机制，在市社工委框架下设立社会建设考评与督办小组、民生事业小组、群众工作小组、社会组织小组、社区建设小组、社工人才队伍建设小组、社情民意监测分析小组7个专项工作小组，并明确了专项工作小组的组成单位、工作职责和运行机制。二是加强培训，深入调研。2013年，社会工作相关部门加大培训力度，在中山大学举办了一期领导干部社会工作培训班。组织社工服务机构一线社工分三期共35人赴香港实习培训，提升其实务能力。组织市、县（区）两级社工委前往中山、佛山、广州等地学习考察社会建设工作。开展"经济总量进入珠三角第二梯队，社会建设与经济建设协同推进"调研、"特色之家"建设需求调研、社区"三工"工作模式调研，形成了一批有深度、高质量的专题调研报告。加强民情信息收集和分析处理工作，编印12期《民情信息简报》。三是成功举办"南粤幸福活动周"省级启动仪式。以"和谐、文化、健康、幸福"为主题，设置"幸福大礼包""幸福手拉手""幸福我来秀""幸福我健身""幸福大家谈"五大活动板块。本着突出惠州特色，整合各种资源，坚持"花小钱，办好事"等原则，紧密结合党的群众路线教育实践活动，广泛动员，全民参与，开展一系列内容丰富的基层群众活动。进一步发掘地方特色文化，将客家山歌、惠东渔歌等老百姓喜闻乐见的民俗文化在广场上展演，使民间传统文化重新焕发生机与活力。整合全市各种资源，重点倾斜，全力保障，确保了启动仪式圆满成功，各项活动顺利有序开展。四是大力加强社会工作人才队伍建设。将社会工作知识列入党政领导干部培训课程，着重对相关部门、乡镇（街道）、公益服务类事业单位负责人及工作人员，基层党组织干部，村（居）民委员会成员，下派基层锻炼的干部和大学生，以及直接从事社会服务与管理一线工作的人员进行社会工作知识教育培训。

二　2013年惠州社会建设面临的主要问题与挑战

（一）社会矛盾压力加大

当前，历史遗留问题和改革发展中出现的问题相互交织，引发的社会矛盾持续增多。2013年，全市信访总量比2012年有所上升，从群众信访反映的诉求来看，问题主要集中在民生及经济领域，约占信访总量的72.7%。随着改革不断深入，许多涉及问题楼盘、山林土地纠纷、国企改制、劳资纠纷以及征地拆迁等问题引发的群体性上访可能持续增多。这些问题如果得不到及时化解，小事可能会变为大事，演变成严重的社会事件。

（二）公共服务仍显不足

惠州市作为全省唯一基本公共服务均等化综合改革试点市，经过一年多的实践探索，取得了显著成效，构建了网络，建立了机制，积累了经验。但对比先进发达地区，对比进入珠三角第二梯队的目标要求，仍不能完全满足人民群众日益增长的基本公共服务需求。特别是随着城市化进程加快，城镇人口总量增加，城乡居民对公共服务产生需求的量与质不断提升，而惠州市教育、文化、医疗和公共交通等基本公共服务供给仍显滞后，公共服务资源相对不足，难以较好地满足发展需求。

（三）基层治理亟待深化

社会治理重心在基层、难点在基层、成效也体现在基层。经过近年来的创新实践，基层治理取得了一定成效，建设了一系列工作平台和治理载体，但在覆盖范围上仍存在"薄弱区"，在机制上仍需要不断完善。比如，基层化解矛盾纠纷的机制还不够健全，出了问题调处化解不及时，结果"小事变大事、大事成事故"；一些基层群众法治意识淡薄，在村居换届选举中，拉票、贿选等不正当竞争现象时有发生。如何加强基层民主法治建设，提升基层法治意识，使基层群众发生矛盾时由"我打你"向"我告你"转变，是强化基层治理的关键。再如，社区是基层治理的前沿阵地，但当前比较普遍地存在"管事缺权、干事缺人、办事缺钱"的现象。

（四）人才总量严重不足

目前，全市万人平均拥有社会组织数为 5.07 个，仍低于全省 6 个的平均水平；尤其是政府和社会急需的行业协会类、公益服务类社会组织仅占 7.6%，难以有效承接政府转移职能。社工人才严重不足，高素质的社工人才比较缺乏，全市通过全国社工考试的专业社工总数仅 421 人。同时，由于缺少专门培训机构和师资力量，至今尚未对各级各类社工人员开展系统培训，导致社会工作整体能力不高。

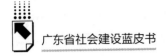
（五）制度建设相对滞后

参照省社会建设"1+7"系列文件，出台了《关于加强社会建设的实施意见》及7份配套文件，但总体来说，社会建设制度体系与社会发展形势还不太适应，需要进一步细化完善、不断创新。比如，在社会组织培育发展方面，对社会工作者的工资薪酬、考核评估、培训教育等还缺少制度保障；对社会组织等级评估、承接政府职能转移能力评价，还缺乏相应的制度体系；等等。

（六）后续发展面临多重挑战

一是惠州市社会建设与第二梯队成员相比，还存在一定差距。佛山、东莞在经济指标上远远高于惠州，在社会建设上也有很多先进经验做法，值得学习借鉴。二是社会建设滞后于经济建设，社会矛盾多发，存有不少隐忧。地区之间、城乡之间的发展差距以及部分社会成员之间的收入分配差距问题十分突出，历史遗留问题与改革发展中的问题交织在一起引发的社会矛盾持续增多，大量社会矛盾和问题持续积累；随着社会转型以及不同利益群体和阶层的出现，多元化利益诉求直接导致价值冲突与理念纷争，这些问题如果得不到及时化解，小事可能会变为大事，演化成为严重的社会事件。三是基层服务管理滞后，"小政府强政府、大社会好社会"的格局远未形成。

三 2014年惠州社会建设工作重点与政策

（一）抓"十大行动"落实

前期，市社工委紧紧围绕贯彻落实党的十八届三中全会和市委十届四次全会精神，与广东省社科院联合成立了课题组，起草制定了《惠州市2014~2017年加强社会建设创新社会治理，尽快进入珠三角第二梯队"十大行动"计划》。出台和实施"十大行动"计划，是贯彻落实党的十八届三中全会精神、推进惠州市社会建设改革创新的重大举措和重要抓手。实施好"十大行动"，必将全面提高惠州市社会建设水平。社工委等有关部门要认真吸收各部门提出的意见建议，认真修改完善，进一步细化各项措施，切实抓好落实，确保抓出成效。

（二）抓社会组织培育

一是把社会组织培育起来，确保政府转移的职能"有人接"。进一步创新完善扶持社会组织发展的政策措施，加大投入力度，加快发展行业协会商会类、科技类、公益慈善类和城乡社区服务类等社会组织；提升工青妇等群团组织服务社会的能力，发挥桥梁纽带作用，尽快出台枢纽型社会组织认定标准，加快枢纽型组织的建设。力争到 2017 年，全市社会组织总量达到 4000 个以上。二是政府要舍得"放权"，确保政府职能真正"转得出"。要有"革自己的命"的勇气和胸怀，按照"放权、简政、服务"的要求，继续推进行政体制改革，更多地往下放权，把适合由社会组织承接的事务真正释放出来、转移出去，也让政府本身从具体微观事务中解放出来，履行好公共服务、市场监管、社会管理、环境保护等职责，努力实现政府治理和社会自我调节、居民自治良性互动。三是要加强社会组织的规范管理，确保政府转移的职能"接得住""接得好"。坚持一手积极引导发展、一手严格依法管理，建立社会组织综合监管机制，完善社会组织分类管理办法，初步建立法律监督、政府监督、社会监督、自我监督相结合的社会组织综合监管体系；完善社会组织等级评价机制，力争到 2017 年，全市 80% 以上的社会组织达到 3A 以上等级。

（三）抓社会矛盾化解

要运用好、发展好"枫桥经验"，做到依靠群众、发动群众，坚决不把矛盾上交，就地解决问题。抓好新形势下矛盾预防和化解，关键是机制上创新、方法上创新。一是加强信访维稳机制建设。二是健全完善"特色之家"运作机制。三是健全完善诉求表达机制。

（四）抓平安惠州创建

习近平总书记强调，平安是人民幸福安康的基本要求，是改革发展的基本前提。惠民之州,首先是平安之州。开展平安惠州创建活动以来,全市维护社会稳定工作成效显著,实现了"一强二升三降"目标,各项工作开局良好。平安创建工作点多、线长、面广、任务重,既要打好攻坚战,也要打好持久战。一是着力构建立体化、网格化的治安防控体系。重点完善街面巡逻防控网、社区村庄防控网、单位行业场所防控网、区域警务协作网、技术视频防控网、虚拟社会防控网"六张网"建设,推进"平安细胞"工程,实现"全民创安"。二是着力构建多元治理的安全网络。加快食品药品机构改革,加强重点领域专项整治,破解社会治安、食品药品安全、安全生产等影响群众安全感的突出问题,实现"协同创安"。三是着力构建应急技术平台建设。加大信息技术运用,提高应急管理能力,建立统一领导、协调联动、高效顺畅的应急管理指挥处置系统,实现"科技创安",努力争创全国社会管理综合治理"三连冠"。到 2017 年,平安惠州创建体系全面建成,可持续稳定工作局面基本形成,群众的安全感进一步提升。

(五)抓法治惠州创建

坚持依法治理,强化法治保障,运用法治思维和法治方式化解社会矛盾。一是突出基层民主法治建设。健全完善"四民主工作法",依法、依规推进"村改居"工作,重点加强城乡结合部、流动人口聚居地等关键区域的社区居委会组建工作;探索实施城乡社区网格化服务管理,到 2017 年,建成 100 个社区综合服务中心,切实提高社区综合服务能力。二是着力打造法治工作品牌。继续完善"法制副主任"运行机制,保障工作经费,提高律师等专业人员担任"法制副主任"的比例。三是全力营造法治化营商环境。坚持把法治建设贯穿于经济社会发展的全过程,依法决策、依法行政、依法监督,树立法律权威,维护司法公正,不断提升干部群众法治思维和法治水平,让人民群众在每一个具体案件中都感受到公平正义,让投资者要办什么事情,不要找市长,而是找市场。

(六)抓督促检查

要坚决贯彻落实省的决策部署,结合实施本市社会建设"十大行动"计划，制定更为严格的"内控指标"，明确到每一年任务，细分到每个责任单位，以督促检查推动工作落实。同时依托市社工委，邀请社会创新咨询专家、第三方评估机构、新闻媒体、"两代表一委员"经常性地开展检查督办，特别是加强对重大民生政策督促落实，全力确保社会建设取得实实在在的成效。

（惠州市社会工作委员会供稿）

B.17

BLUE BOOK

汕尾：科学跨越发展建设幸福汕尾

2013 年，全市以科学跨越发展、建设幸福汕尾为核心，稳步推进社会体制改革。

一 2013 年汕尾社会建设基本情况

（一）民生建设不断加强，解决一批重点热点问题

一是城乡居民收入连年增长。2013 年全市实现地区生产总值 671.75 亿元，比 2012 年增长 12.2%。全市人均地区生产总值达到 22560 元（按年平均汇率折合 3643 美元），增长 11.7%。全年农村居民人均纯收入 9563 元，比 2012 年增长 11.6%；全年市区居民人均可支配收入 20804 元，增长 12.9%。民生实事持续投入。全市各级财政安排用于十件民生实事的资金为 45713 万元。保障性住房建设铺开。截至 2013 年底，全市新开工建设公租房 1036 套，开工率为 104.86%，基本建成 799 套，基本建成率为 132.07%，完成投资 8525 万元，完成率为 106.56%。宜居宜业幸福城乡建设顺利。全市共创建市级试点宜居城镇 10 个、宜居村庄 21 个、宜居社区 12 个。就业局势良好稳定。2013 年，全市城镇登记失业人员期末实有人数 11961 人，城镇从业人员期末总数 479099 人，城镇登记失业率为 2.44%，比 2012 年底降低 0.18 个百分点，控制在省下达 3.0% 的任务以内，总体就业局势稳定。截至 2013 年底，全市基本社会保险覆盖率取基本养老保险覆盖率和基本医疗保险覆盖率的平均值为 92.86%。低保标准和补差大幅提高。2013 年，全市城镇低保标准从 2012 年的 221 元提高到 321 元；农村低保标准从 2012 年的 181 元提高到 212 元。城镇补差水平从 2012 年每人每月 123 元提高至 242 元；农村补差水平从 2012 年

每人每月 83 元提高至 109 元。截至 2013 年 12 月，全市共有 43596 户 103188 名生活困难群众纳入低保保障范围，占全市户籍人口的 3.3%，累计发放低保金 20475 万元。低保金全部实行社会化发放。城乡困难对象医疗救助力度加大。2013 年，全市筹集医疗救助资金 2842.2 万元，其中资助城镇低保对象、城镇"三无"人员 38991 人次，资助金额 544 万元；资助城镇参保人数 24827 人，资助参保资金 99 万元；资助农村低保对象 102469 人次，资助金额 1090 万元；资助农村参保人数 74727 人，资助参保资金 299 万元。扶贫救助效果明显。汕尾市被省认定的贫困村有 164 个，贫困户 10328 户，贫困人口约 5.6 万人。全市 164 个贫困村已实施帮扶项目 600 多项，到位扶贫资金 1.1 亿元。

二是教育公平不断推进。截至 2013 年底，全市学前教育毛入园率 50%，小学学龄儿童入学率 99.89%，初中毕业升学率 94.4%，高中阶段教育毛入学率 86.69%，高等教育毛入学率 23%，异地务工人员随迁子女入读公办义务教育学校人数占随迁子女总人数的 76%。2013 年全市教育总投入 37.02 亿元，其中基本建设投入 4.25 亿元。文体事业稳步推进。根据省的要求，全市到 2015 年底须完成 47 个乡镇的农民体育健身工程建设。目前，全市共计已完成 27 个乡镇的建设任务，其中，2013 年全市完成 13 个（城区 1 个、海丰 4 个、陆丰 5 个、陆河 3 个），2014 年将推进 10 个乡镇的建设工作。2013 年全市社会体育指导员共计 3835 人，每万人拥有社会体育指导员人数达 12.4 人。城乡基层医疗卫生服务进步明显。汕尾市人民医院门诊综合大楼进入整体竣工验收及设备设施配套建设阶段，市第三人民医院（原市精神病医院）一期工程、逸挥基金医院肿瘤防治中心项目也正式开工建设。村卫生站覆盖率达到 98%，居民常见病和多发病基本可以在卫生站得到诊治。全市 120 急救系统全面启动，建立分级诊疗和双向转诊制度，初步形成了方便快捷的应急救治和转诊网络。目前全市共有基层医疗卫生机构 57 家，其中乡镇卫生院 47 家、社区服务中心 10 家。

三是食品药品监督加强。以"强监管、保安全、促发展"为主线，严厉打击餐饮食品和药品市场制假售假的违法犯罪行为，严厉打击非法销售含可待因复方制剂违法犯罪行为，助推创平工作的顺利开展。安全生产持续稳定。

2013 年 1～11 月，全市发生各类安全生产事故 477 起，同比下降 14.67%；死亡人数 130 人（含失踪 4 人），同比上升 11.5%；受伤人数 670 人，同比下降 22.36%；经济损失 225.92 万元，同比上升 59.08%。社会矛盾有效化解。2013 年，全市共调解矛盾纠纷 2435 宗，调解成功 2388 宗，成功率 98%；防止民间纠纷转化为刑事案件 134 宗 179 人；制止群体性械斗 18 宗 356 人；防止群体性上访 86 宗 875 人。2013 年，全市法律援助机构共承办法援案件 357 宗，接待来信来访来电法律咨询 4500 多人次，办案率为 100%。

（二）社会体制改革深入推进，社会建设职能不断强化

一是转变政府职能深化行政审批制度改革有突破。全市共调整行政审批事项 207 项（其中拟取消 110 项、下放 78 项、转移 15 项、委托 4 项），占全部行政审批事项的 47.2%。行政审批和政府管理服务事项进驻网上办事大厅已运作。行政执法体制改革有推进。陆河县与海丰县分别作为省、市行政执法体系改革的试点县，推行《汕尾市城市管理行政执法体制改革方案》。大部制体制改革试点任务完成。海丰县作为大部制改革试点县，从原来 25 个政府部门精简为 21 个，建立起行政决策权、执行权、监督权既相互制约又相互协调的运行机制，改革成效比较明显。综合政务服务体制改革深化。出台了《汕尾市政务服务中心管理办法（试行）》，目前，市政务服务中心已运作。

二是积极培育发展规范社会组织。2013 年全市新登记成立的社会组织有 46 个，直接登记有 8 个，全市社会组织总数达 657 个，其中，社会团体 325 个（含行业协会 27 个），民办非企业单位 332 个。截至 2014 年 5 月 30 日，在民政部门依法登记的社会组织有 658 个，其中，市直 175 个、城区 126 个、海丰 99 个、陆丰 188 个、陆河 70 个。

三是积极做好异地务工人员管理与服务工作。成立了"汕尾市农民工综合服务中心"，建立异地务工人员服务管理联席会议制度，有针对性地开展异地务工人员管理和服务工作。

四是积极推进居住证"一证通"制度。进一步健全流动人口服务管理组织领导机制，加快流动人口和出租屋信息系统的推广应用，逐步推行流动人口使用电话、手机短信息、互联网、读卡机及其他便捷的手段办理居住登记和居

住变更登记。

五是积极研究改进农村人口城镇入户政策。出台了《汕尾市城镇入户实施意见》，对包括农村居民、科技人才、大专以上毕业生等的城镇入户原则、条件和有关鼓励政策进行明确，提出了符合8类条件的人员可以城镇落户的政策。

二　2013 年汕尾社会建设主要做法与经验

（一）以社会建设综合考核为抓手，统筹协调全市社会工作

汕尾市委、市政府、市社工委把社会建设综合考核作为推进工作的重要抓手，精心组织，周密部署，扎实有效地推进社会工作开展。一是召开多次会议。全市连续召开了市委常委会，市社工委主任会议，市社工委全体（扩大）会议，市维稳、社会建设大会，市社会建设考核专题汇报会，市社工委工作会议等多次会议，有效促进了工作开展。二是成立工作机构。市社工委成立了市社会建设考评与督办专项工作小组，由市社工委副主任林海南任组长，从组织部、发改局、统计局、国家统计局汕尾调查队抽调有关领导组成。专项工作小组下设办公室，统一集中在市社工委办公，主要负责对各地各部门社会建设考核工作开展情况进行指导督办，并负责各县（市、区）社会建设考核工作。三是落实工作制度。实行领导包干制度。市社工委将社会建设综合考核指标任务进行分解，由市社工委主任、副主任实行包干负责，落实领导责任。市社会建设考评与督办专项工作小组成员作为跟班领导，每月向市社工委汇报一次跟班情况。实行领导包干活动情况月报告制度。为推动工作扎实开展，市社工委实行包干领导每月报告一次活动情况的工作制度。实行考核落后指标工作档案制度。通过调查摸底，总结归纳出全市13个落后指标，建立工作档案，逐月跟进，市社工委将其列为工作重点，每月至少开展督导一次。实行督查调研制度。为加强督促指导，市社工委实行月调研制度。每月选择4～6个单位调研社会建设专题、社会建设考核推进情况，收到较好的促进效果。四是制订工作方案。市委、市政府采纳了市社工委的建议，将社会建设综合考核13个落后指标的社会工作全部纳入贯彻落实省委、省政府《关于进一步促进粤东西北地区振兴发展的决

定》的实施意见中，列入今后社会建设发展规划。各考核指标工作落后单位制订工作方案，方案做到有具体目标、有效措施、责任和奖惩。五是实行会议制度、督查工作制度。市社工委制定、实行了《汕尾市社会工作委员会全体（扩大）会议制度》《汕尾市社会工作委员会主任（扩大）会议制度》《汕尾市社会工作委员会专职副主任办公会议制度》《汕尾市社会工作委员会专项工作小组会议制度》《汕尾市社会工作委员会调研工作制度》《汕尾市社会工作委员会督查督办制度》6 项工作制度，统筹谋划，督促指导全市社会工作。

（二）创新社会管理，以点带面推动社会建设

一是积极推进全市社会管理创新项目。2012 年 12 月 20 日经市委常委会研究同意，市社工委印发了《汕尾市创新社会管理工作方案》，对全市社会建设工作进行总体规划和布局。《方案》以创新社会管理为抓手，从 2013 年起围绕加强社会体制改革和制度创新、深化社会组织改革、加快完善流动人口服务体制、建立正确处理人民内部矛盾的新机制、加强基层建设、夯实社会管理基础、切实保障和改善民生 7 个社会工作重点，在全市 63 个乡镇中开展社会管理创新项目创建活动。每个乡镇各创建一个社会管理创新项目，解决一个人民群众最迫切需要解决的民生热点问题。按《方案》的部署，市社工委加强了检查督促通报的工作力度，确保该项工作有序推进。2013 年 3 月，63 个乡镇完成了项目确认上报工作，通过年中检查督导，12 月底开展检查验收评比工作，从全市 63 个镇级项目中选出 20 个项目作为县（市、区）级的社会管理创新项目，并计划在 2014 年，从 20 个县（市、区）级社会管理创新项目中，评选确定 10 个创新项目作为市级社会管理创新项目，并逐步向省申报为省级社会管理创新试点项目。至 2013 年底，各地已推选创建典型项目 15 个，市社工委在《汕尾日报》头版开设了"创新社会管理"专栏并开展系列报道，推广各地创建经验。

二是积极推进省社会创新观察项目。市社会创新项目"创新管理方式，协同共建品清湖"2013 年 8 月顺利通过省的评审活动，上升为省第一批社会创新试点项目。该项目以政府统筹指导、社会协同共治、公众积极参与的模式，按照四个方面的思路开展工作：（1）唱响牌子。品清湖创新管理涉及的各有关部门

（海洋与渔业、水利、环保、园林、旅游、文化、卫生、城建、国土等）以品清湖创新管理项目上升为省级社会创新试点项目为契机，结合自身职能积极主动向省对口部门反映，争取资金投入方面的大力支持。（2）探索培育发展社会组织参与品清湖管理、建设、开发新路子。（3）发挥沿湖受益企业（包括房地产商）的作用，成立护湖、爱湖联盟，设立护湖基金会等社会组织，引导受益企业更好地回报品清湖、回报社会。（4）发展品清湖文化，把品清湖管理同旅游观光、环境保护、文体活动等有机结合起来。经过一年多的清理整治，品清湖逐渐恢复了自然生态环境，并产生了明显的社会效益和经济效益，形成了人与自然和谐共处的良性循环。

三是积极推进深化社会体制改革项目。2013 年，全市各地各部门共确定改革项目 26 个，承担省下达的深化社会体制改革项目 11 个，其中市直单位改革试点项目 3 个，县（市、区）级项目 8 个。其他 15 个为市级试点项目。如海丰新园社区围绕"推进村（居）委会整合社区服务资源，强化服务功能"，深入开展社会体制改革试点，取得了较好的经验，形成了一套较为完整的工作机制，收到了较好的工作效果。

三　2013 年汕尾社会建设存在的主要问题

（一）资金投入不足，土地难题待破解

汕尾市属粤东西北经济欠发达地区，经济长期处于全省落后状态，国民收入、人均收入等各项经济指标远远落后于全省平均水平，在社会建设工作中普遍存在资金困难的问题，尤其是一些需要大额资金投入的社会民生、基础设施项目等，资金投入不足，造成全市社会建设工作落后局面难以扭转。在一些社会民生项目建设中经常碰到征地难题，难以破解，如市民政局的养老福利院因征地问题而无法开工建设。

（二）专业人才需加强

汕尾市欠发达地区存在着专业人才"引进难、留住难、发挥难"问题，目前

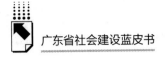

全市专业人才的现实情况是人手不足、学历不高、素质较低、流失较多,一部分来此工作的高质量人才抱着一种把汕尾当跳板、拿到高职证书就走人的心态。

(三)社会组织发展较慢,社工人才队伍建设滞后

政府购买社会组织服务的经费尚没有列入财政预算,购买社会服务的工作机制尚未建立健全,"小政府、大社会"格局尚未形成。社会组织发展速度慢,数量不多,规模较小,内部机制和诚信机制不健全,发挥作用空间和提供服务能力有限,难以承接政府购买服务工作。持证社工人才总数不多,社工在社会上的认知、认同度不够,专业社会工作服务水平不高。

四 2014年汕尾社会建设工作计划

(一)抓热点,促工作

围绕基层社会治理以及广大人民群众关注的热点问题,充分发挥社工委统筹协调决策作用,有针对性地开展工作,推动全市社会建设工作不断进步。

(二)抓弱点,解民忧

结合全市实际,围绕社会救助、社会组织、社区服务设施、社工、公共文化设施、体育场馆、规范化幼儿园、县(市、区)应急平台等弱点工作,以社会建设综合考核为抓手,不断推进相关工作开展。

(三)抓试点,树典型

一是重点抓好社会体制改革试点工作,立足于出经验、出实效,为社会体制改革提供先进经验和典型。二是以社会创新试点先进项目为典型,在全市乡镇广泛开展推广工作,不断创新社会管理机制,改变社会治理方式,推进社会事业发展。

(汕尾市社会工作委员会供稿)

东莞：争当省社会建设排头兵

2013 年，东莞市围绕"加快转型升级、建设幸福东莞、实现高水平崛起"的核心任务，强统筹、抓改革，取得了"七个明显"的成效，成为广东省唯一、全国首批国家公共文化服务体系示范区，实现了公共文化服务体系建设的"全国单打冠军"，还先后被评为全国社会管理综合治理优秀市、全国农村社区建设全覆盖示范单位、全国社会工作服务标准化建设示范地区。

一 2013 年东莞社会建设工作做法与成效

（一）放大共建效应，社会建设推进合力明显增强

把握与省社工委共建全省创新社会管理引领区的契机，调动各界参与，凝聚多方合力，形成了上下联动、条块互促、协同推进社会建设的良好格局。一是组织领导更加得力。积极争取上级支持，全面放大共建效应。二是执行力度明显加大。市委、市政府将社会建设纳入镇街和部门考核内容，市社工委充分发挥统筹作用，督促各成员单位和镇街制定实施 2013～2016 年争当全省社会建设排头兵工作推进表，确保目标明确、职责明晰、落实到位。三是创新活力竞相迸发。将社会治理创新项目作为抓手，广泛调动体制内外力量，组织实施 8 个省级项目、101 个市级项目和一大批基层自主创新项目，基层创新活力得到充分激发。四是研究同盟扎实起步。以东莞社会建设研究院为理论实践同频共振核心平台，以市社会工作咨询委员会为重要载体，有效聚集一大批专家学者参与东莞社会建设理论研究和实践推进。

（二）抓住民生短板，社会事业发展水平明显提高

树立底线思维，瞄准民生短板，突出重点，稳中求进，2013 年共投入

229.7亿元解决群众最关心最直接最现实的热点难点问题。一是促进"基本民生"。推进教育强市建设，在全省率先实现教育强镇全覆盖、义务教育全免费，普通高考总录取率等四项高考指标连续两年全省第一。推行居民重大疾病医疗保险，发行600万张新社保卡。组建市属公立医院管理中心，推行医药分开，取消药品加成，为8.7万名妇女免费实施"两癌"筛查，为2.6万对夫妇免费提供孕前检查。进一步完善工资正常增长和支付保障机制，全面建立劳动关系风险预警系统，劳资突发事件和欠薪逃匿事件分别同比下降19.9%和29.5%。二是做好"热点民生"。全力办好向社会承诺的十件实事，有效解决了一批治安、食品、教育、医疗、交通等群众关心的热点民生问题，26项工作中超额和全面完成的事项占到了96.2%，2013年是2002年实施市政府十件实事以来完成情况最好的一年。三是保障"底线民生"。健全三级公共就业服务平台，打造出"就业援助月""村民车间"等服务品牌，推动9392名登记失业人员就业，帮扶4597名就业困难人员实现就业，发放就业补贴2.9亿元。连续第九年提高基本养老金，低保标准提高到每人每月510元。新建3386套公租房，为632户低收入家庭提供住房保障，建成一批平价商店、平价医院和诊室，推广平价药包，保证困难群众生活有着落、看病无忧愁。

（三）突出问题导向，基层治理创新力度明显加大

针对镇村转型发展中暴露的深层次问题和体制性矛盾，创新推出优化基层治理模式的系列举措。一是着力强化核心。在莞城等7个镇街的村（社区）进行区域化党组织设置改革试点，建立党工委作为镇街党委派出机构。率先在全省顺利完成村级"两委"换届选举任务，书记、主任"一肩挑"比例达到86.6%，"两委"委员"交叉任职"达到87.1%，分别提高69%、57.6%。创新构建"一核心、两联席、三评议、四公开"运行机制，党在基层的领导核心地位进一步加强。二是着力理顺关系。在党组织统一领导下，加快村（社区）党务、居务、经济事务"三整合"，实行村（社区）治安、环卫、行政管理"三统筹"，实现农村集体资产交易平台和"三资"监管全覆盖。三是着力改善服务。科学规划建设社区政务服务中心，建成20家"阳光雨"党员服务中心，建立健全政府购买服务制度，探索实行以奖代拨资助机制和

社区服务轮候制度，使党员群众服务需求在社区范围内得到有效满足。四是着力推动自治。建成 55 个社区综合服务中心，作为居民自治的基础平台。村组经营纯收入实现 2000 年以来首次双位数增长，资产负债率处于近 20 年最低水平，基层刑事案件、越级上访总量等同比有所下降，常住人口幸福感综合评价达到 72.9 分，东莞市获评全国农村社区建设全覆盖示范单位，水乡特色发展经济区等"一区三镇街"被确定为全国农村综合改革示范试点创建单位。

（四）明确角色定位，人民团体凝聚作用明显发挥

紧扣就业人口多、流动性强、学历较低、年龄较轻的人口特点，充分发挥人民团体的作用。一是发挥党的外围组织和政府助手作用。工会组织根据劳资纠纷较多的实际，坚持以建立工资集体协商制度为重点，指导 77.3% 已组建工会的大中型企业和 98% 的世界 500 强在莞企业建立工资集体协商制度，有效构建了和谐劳动关系。共青团组织针对青年的特点，寻找"中国梦"和青年个体自由发展的结合点，引导青年树立明确的人生理想、阶段目标，激发青年在脚踏实地中坚定信念，整合资源为青年实现理想铺路搭桥。妇联组织开展"家庭"系列活动，成立"家庭"系列组织，服务妇女儿童，服务和谐社会建设。二是创新履行人民团体的联系服务功能。工青妇等克服行政化、机关化、科层化倾向，深入基层一线，充分调动自身和社会资源，为群众办实事、解难事，走出了一条依靠服务凝聚群众、依靠群众做群众工作的新路，全年新增工会会员 10 万人、注册志愿者 3.7 万人。工会通过打造先锋号职工服务中心，全面推行"普惠化、常态化、社会化"职工服务新模式，把服务延伸到工厂企业 160 万职工。共青团通过开展"圆梦行动""展翅计划""蓝天行动"，开通"创新圆梦快线"，把专业化服务送到 18.8 万青年身边。妇联深入开展"巾帼建功""巾帼维权""巾帼关爱""巾帼成才"行动，为 76 万妇女贴身服务。三是有效展示社会治理创新中的独特优势。工会以先锋号职工服务中心为载体，广泛调动企业、园区和社会组织参与，使工会服务更加贴近企业职工实际。共青团以莞香花青少年服务中心为载体，团结 100 多家社会组织参与社会服务。妇联系统以白玉兰家庭服务中心为载体，联系社会组织 120 多家，争

取各方资金 1300 多万元，健全"妇工 + 社工 + 义工"联动机制，妇女群众参与热情有效激发。

（五）坚持多措并举，社会组织整体实力明显增强

大力推进规范管理和培育发展工作，全市社会组织数量、结构和质量同步提升。2013 年全市社会组织总数达到 2477 家，位居全省地级市前列。名家具俱乐部、出版印刷行业协会获评全国先进社会组织，75 家社会组织获得 3A 以上等级，146 家社会组织具备承接政府职能转移和购买服务资质，社会组织整体实力明显提升。一是切实加强社会组织监督管理工作。规范社会组织登记程序，引入第三方机构开展评估，推动社会组织完善运行机制。建立社会组织综合监管机制，依法注销和撤销社会组织 72 家，实现了社会组织发展生态的净化优化。二是加大力度培育发展社会组织。制定培育发展行业协会商会等系列政策文件，管好、用好 1000 万元市级社会组织发展扶持专项资金，支持 14 家社会组织获得 360 万元省级扶持资金、85 家社会组织获得免税资格，吸纳近50 家社会组织在孵化基地接受孵化，东莞市被评为全国社会工作服务标准化建设示范地区。三是支持社会组织实现政府目标。深入推进行政审批制度改革，取消和转移政府事项 336 项。市财政安排 1.12 亿元，用于向社会组织购买 266 项服务。四是增强重点社会组织综合实力。在产（行）业搭台，推动20 多个行业实现"一业多会"，培育出世界莞商联合会等多个服务能力强的社会组织。由部门搭台，民政、司法等部门聚集引导 200 多家社会组织提供专业社会服务。用项目搭台，公益创投项目直接服务群众 5 万多人次，进驻孵化基地的社会组织服务群众 60 多万人次。五是推动社会组织党建工作全覆盖。推动 1655 个社会组织建立党组织，党员总数达到 6515 人，实现有党员的社会组织党组织覆盖率和从业人员 30 人以上的社会组织党员覆盖率两个 100%。推广属地党组织选派党建工作指导员做法，社会组织中党员战斗力明显提高。

（六）紧扣"五有"目标，异地务工人员融入明显提速

坚持共生共融理念，加大"五有"目标落实力度，使异地务工人员融入

城市水平处于全省领先地位。一是有归属。在全国率先实现"两新"组织党组织全覆盖。在全省率先开展试点，指导10家异地商会成立异地务工人员服务组织，提供生活救助、就业援助、矛盾调处等服务30多万人次。二是有尊严。东城街道率先在4个社区选聘优秀异地务工人员进入"两委"班子，寮步等镇街探索选聘优秀异地务工人员兼任社区新莞人服务管理站副站长。异地务工人员中分别有1人当选全国人大代表、省党代表和省人大代表，22人当选市党代表、政协委员。三是有待遇。异地务工人员最低工资标准10年间增长2.9倍，2013年实际收入同比增长13.2%。68.03万名异地务工人员子女在莞接受义务教育，其中6万多人入读公办学校，"入学难"问题有效化解。在全国率先构建一体化医保制度体系，异地务工人员同等免费享受12项卫生服务，住院医保年支付限额从2000年的2.5万元提高到20万元。实施"百千万文化惠民工程"，成功创建全国首批国家公共文化服务体系示范区，异地务工人员精神文化需求得到较好满足。四是有共识。持续开展东莞公民意识教育活动，利益共同体、事业共同体、命运共同体和双向感恩的和谐理念逐步形成，异地务工人员留莞意愿同比提高了9.8%。五是有舞台。万江街道建立新莞人社会服务实践基地，南城宏远社区设立新莞人自治小区，东城等地积极开展融合社区试点，异地务工人员参与社会治理的舞台进一步拓宽。

（七）推进制度建设，平安东莞建设步伐明显加快

全面推进平安东莞建设，努力营造和谐稳定的社会环境，成功蝉联"全国社会管理综合治理优秀市"称号。一是畅通群众诉求表达渠道。建立健全决策听证和社会公示等制度，提高决策透明度和公众参与度。坚持实行领导干部定期接访和下访约访制度，完善"两代表一委员"定期联系群众制度。探索引入社工、律师参与信访调解，建成网上信访大厅，在全省率先实现视频信访系统覆盖到镇街一级。二是健全矛盾预防化解机制。建立健全村（社区）日排查、镇街周研判制度和社会稳定风险评估机制，大力开展不稳定问题排查和主动治理专项工作。全面排查各类矛盾纠纷14828宗，成功化解率达96%。三是加大社会治安防控力度。连续8年把社会治安工作列为十件实事之首。稳

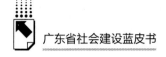

步推进"四化五警"建设,将2万多名治安员整合为辅警,推动警力下沉,有效提升治安防控水平。全市入室抢劫、抢劫汽车、绑架刑事立案同比分别下降23.46%、45.95%、41.43%,群体性事件同比下降16.27%。

二 2013年东莞社会建设工作问题与挑战

行政架构、经济结构、人口结构、城镇化进程"四个特殊",东莞社会建设面临的挑战较为突出。一是社会治理领域改革滞后于转型发展需要,"党委领导、政府负责、社会协同、公众参与、法治保障"的社会治理体制有待进一步完善。二是教育、医疗、就业等公共服务存在总量相对不足、供给相对不均问题,公共服务总供给提升空间有限,"同城同待遇"的批次清单和时间表亟须出台。三是社会组织整体实力不强,承接政府转移职能能力不足,社会各界对社会组织尚未形成监管合力。

三 2014年东莞社会建设工作重点

(一)创新公共服务供给模式

围绕均等化共享、市场化运作、社会化协同的发展方向,争取在公共服务供给环节有所突破。一是加强政策统筹,着力解决"部门化、碎片化、应急化"问题。加强政策供给的规划统筹、部门统筹和区域统筹,制定促进东莞公共服务工作的指导意见,健全政策制定落实的跨部门协调机制,着手水乡特色发展经济区公共服务体系课题研究。二是引入竞争机制,着力解决服务效率问题。制定公共服务负面清单,破除市场主体、社会组织进入公共服务领域的体制障碍,推动社会服务机构在资质认定、职业资格、税收优惠、职称评定方面享受平等待遇,推动公共服务主体多元化。在财政资金分配、公共服务项目安排、服务过程管理中引入竞争机制,探索在公租房、机构养老、就业帮扶、医疗康复等方面实行轮候制度。三是开展公众评议,着力解决社会监督问题。继续落实公共服务领域重大决策听证、重要事项公示制度，选择1～2项公共服务政策、项目进行公众评议试点，进一步提高公共服务的供需契合度。

（二）创新基层管理服务体制

巩固党在基层的领导核心地位，强化政府对基层的公共服务职责，逐步健全基层自治网络，努力把基层稳定好、发展好。一是提高基层党组织的统筹协调能力。全面铺开区域化党组织设置改革，积极探索村（社区）党工委统筹各方资源、协调各项工作的有效机制，有效落实"一核心、两联席、三评议、四公开"的村（社区）党工委工作制度，深入推进基层党风廉政建设，把村（社区）党工委建设成为推动发展、服务群众、凝聚人心、促进和谐的坚强领导核心。二是健全镇街、村（社区）综合服务网络。优化区域布局，统筹推进"阳光雨"党员服务中心、社区政务服务中心、社区综合服务中心和有关服务站点的建设，积极动员驻区单位加大设施开放力度，有效整合社区公共资源。推进政府在村（社区）购买工作服务制度、一村（社区）一法律顾问制度、社区志愿服务制度和社区便民服务多样化，建立行政机制、志愿机制和市场机制互联互补的社区综合服务供给网络，有效满足社区居民多样化、个性化需求。三是增强社区自治功能。强化村（居）委会自治功能，推进楼盘自治、楼宇自治、业主自治，完善居民协商议事制度，健全多方主体平等对话机制，构建"居委会—业委会—物业管理公司—网格服务员、社工、志愿者—楼栋长—居民"紧密联动的自治网络。

（三）营造和谐稳定社会环境

立足经济社会发展的新需求和群众利益诉求的新特点，建立健全系统、管用、便捷的预防化解矛盾机制，营造和谐稳定的社会环境。一是切实维护公共安全。完善立体化社会治安防控体系，保持对黄赌毒现象的高压态势，依法打击各类违法犯罪活动。加快健全安全生产、食品药品安全、道路安全、网络信息隐患排查和预防控制体系，严格落实责任追究制度，坚决遏制重特大事故。加强应急管理，提高公共安全和防灾减灾救灾能力。二是畅通群众诉求表达渠道。坚持领导干部定期接访和下访约访制度，完善"两代表一委员"定期联系群众制度。创办《东莞民情专报》，健全群众诉求信息采集加工、上报反馈、奖惩激励制度，进一步完善社会运行监测机制。三是完善社会矛盾化解机制。借鉴"枫桥经验"，落实村（社区）日排查、镇街周研判制度，完善"大调解"工作体系。开展"社会矛盾化解年"活动，探索建立第三方社会矛盾调处机制，着力以法治方式解决好劳资纠纷、征地拆迁补偿、集体资产处置等突出社会矛盾。加强和改进信访工作，强化欠薪逃匿预警监控。探索网格化管理模式，扎实开展"一格三员"不和谐因素化解试点工作。

（四）提高工青妇组织社会协同能力

工青妇等人民团体要紧扣"团结、凝聚"核心功能，在联系服务群众的创新实践中提高社会协同能力，真正发挥社会建设"主力军""生力军""半边天"作用。一是紧贴基层实际，做强核心主业。工会要集中力量，推动提高企业工会组建和集体协商制度覆盖率，争取在构建和谐劳动关系中更好地发挥基础性作用。共青团要把握当代青少年价值取向多元、兴趣志向多样的群体特征，通过广泛宣传教育、深入沟通帮助、有效激励引导，帮助青少年树立理想、坚定信念、奋发作为。妇联要立足现代社会结构和家庭关系深刻变化的客观现实，以家庭为主阵地联系服务广大妇女，以良好家风促进形成良好社会风尚。二是承接政府职能，做精服务新品。结合政府职能转变，工青妇各级组织要主动参与社会治理创新，在"党政所需、群众所盼、群团所能"的领域，开发社会性、公益性、事务性公共服务项目、服务岗位，争取政府出资购买。三是推进主题实践，做活群众工作。开展"双联双带"主题活动，即"先锋号""莞香花""白玉兰"等服务平台与基层群众自治平台对接联动，网络服务平台与群众虚拟空间对接联动。

（五）推动社会组织规范发展

坚持以有效管理为前提，巩固扩大社会组织发展成果。一是健全社会组织综合监管机制。加强社会组织党建工作，出台社会组织综合监管办法，加快完善综合监管信息平台，健全综合监管机制，加强对社会组织的监督管理。完善社会组织行为指引，加大社会组织评估力度，引导社会组织健全以章程为核心的法人治理结构，不断提高运作的规范化程度。二是完善社会组织培育政策。加大向社会组织转移职能和购买服务力度，推动购买服务资质标准化。加快社会组织孵化基地建设，管好用活社会组织发展扶持专项资金。推动更多产（行）业实现"一业多会"。完善落实社区社会组织登记备案双轨制，培育一批草根型社会组织。加强对行业协会商会类、科技类、公益慈善类、城乡社区服务类社会组织的分类指导，着力培育一批作用发挥明显、服务能力强、社会诚信度高的社会组织标兵。三是充分发挥社会组织作用。健全与社会组织的协商对接机制，紧密开展项目合作。鼓励社会组织下沉，培育一批深耕基层、服务居民的社会组织精品。充分发挥行业协会、商会的桥梁纽带作用，鼓励其强化综合服务、反映诉求、行业自律等功能。

（六）加快异地务工人员融入

继续围绕"五有"目标，强力推动异地务工人员融入东莞，增创人口红利，建设和谐东莞。一是在推进基本公共服务均等化方面有新突破。探索制定基本公共服务"同城同待遇"批次清单，健全以积分制为基础的配套政策，确立有利于流动人口家庭团聚的政策导向，完善分层分类、有梯度有步骤的公共服务政策体系。二是在提高异地务工人员社会适应能力上有新举措。在经济层面，激励引导他们注重经验积累、知识更新，不断提高其综合素质和职业技能。在社会层面，支持鼓励社会组织开展针对性服务，总结提升依托异地商会建立服务组织的做法经验，最大限度地把他们团结到工青妇等人民团体中来。在文化层面，引导他们主动参与各种公共文化活动，逐步以主人翁视角评判社会现象。三是在社区融合上有新成果。鼓励异地务工人员参与公益性、互助性社会组织，逐步扩大选拔优秀异地务工人员党员进入村（社区）"两委"班子试点工作，逐步增加各级"两代表一委员"中异地务工人员的比例。

（七）加强社会建设人才队伍建设

努力建设一支高素质的社会建设人才队伍，为社会治理创新提供根本保

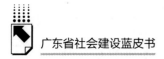

证。一是推进行政管理队伍建设。切实加强市社工委自身建设，选强配齐镇街骨干队伍，加大培训交流力度，提升社工委系统运作能力。二是抓好专业服务队伍建设。扎实推进社会建设人才培训工程，健全社工、志愿者联动互促机制，不断提高社会工作专业化水平。三是加强研究咨询队伍建设。切实增强东莞社会建设研究院自我造血功能和指导实践能力，继续抓好东莞市社会工作咨询委员会的规范化运作，建好研究咨询专家库、备选课题库、台账成果库，积极探索专家接地气、扩成果的有效方式，从而更好地为东莞社会建设提供智力支持。

（东莞市社会工作委员会供稿）

B.19
中山：打好社会建设全民牌

一　2013年中山社会建设总体形势

（一）重点保障和改善民生，基本公共服务扩容提质

中山市围绕"全域中山"的理念，建立健全基本公共服务均等化的体制机制，打造城乡一体的公共服务体系，稳步推进教育、卫生、住房、就业等公共服务实现均等化，并将基本公共服务向异地务工人员延伸，共建共享发展成果。2013年，中山市财政民生支出占财政支出的68.8%。城镇居民人均可支配收入34274元，农村居民人均纯收入21727元，分别增长10.1%和12.3%，城乡居民收入比1.6∶1，差距为全省最小。2013年十件民生实事投入24亿元，至年底圆满完成。广东2013年公众幸福指数测量报告显示，中山幸福指数全省第一。

一是率先实现教育资源均衡布局。实行学前教育优质普惠工程、小学教育特色化工程、职业教育创优增效工程、"名教师、名校长工程"等教育工程，不断提高"小升初"电脑派位比例和范围，将全市所有普通高中收归市统筹办学，推进教育均衡发展，稳步提升教育公共服务水平。积极发展学前教育，构建公办民办并举的学前教育公共服务体系，全市等级幼儿园比例达35%，学前三年入学率为99%。在全省率先实施户籍幼儿生均定额补助制度。2013年高考上线大学生人数突破万人大关，高考录取率连续8年全省第一。2014年4月，中山获评"广东省推进教育现代化先进市"称号，成为继深圳、佛山之后全省第三个获此殊荣的地级市。

二是率先建立城乡一体的社会保障体系。大力推进城市居民与农村居民、户籍居民与外来务工人员平等共享的社会保险制度，在全省率先实现基本养老

保险、住院和门诊基本医疗保险全覆盖。出台"1＋N"系列医改政策，公共卫生服务、区域卫生信息化等工作稳步推进，全部镇区成为国家或省级卫生镇，所有村（社区）建有卫生站。落实低收入群众临时价格补贴与物价上涨联动机制，最低生活保障标准年内增幅达11.6%。

三是优化城乡公共文化设施网络。高标准全覆盖完成全市280间村（社区）文化室新一轮建设，建成特级文化室106个，一级文化室78个，达标文化室96个，顺利通过文化部关于全国公共文化服务体系示范项目建设的验收。开放市属各文化场馆，2013年免费接待观众游客达372.4万人次。

（二）社会治理创新不断推进，呈现百花齐放良好势头

一是强化社会创新资源统筹，设立社会管理与创新专项资金。在省内率先设立总额为5000万元的社会管理与创新专项资金，成立以市社工委牵头的资金管理委员会。专项资金引入竞争性分配机制，择优支持了共青团枢纽型组织建设、社区服务中心规范化建设等37个项目，资金使用效率居市直170多个预算单位的第二位。

二是创新社会矛盾化解模式，建立诉访分离的涉法涉诉信访工作机制。建立社会稳定风险评估机制，加强突发事件风险隐患排查和整改工作，全面构建"网格化"监管模式，全市突发事件风险隐患得到100%整改落实。建成市、镇、村（社区）、行业四级劳动争议调委会，全年通过诉前联调"预立案"机制调解矛盾纠纷4399件，自动履行率99.8%。通过综治信访维稳两级平台受理矛盾纠纷5660宗，调处化解5505宗，调处率为97.3%。全年各级人民调解组织共受理矛盾纠纷3238宗，成功调解3179宗，调解成功率98.18%。

三是推进法律行业便民服务工程，为矛盾化解提供专业帮助。率先制定出台《中山市构建公共法律服务体系五年规划（2013～2017年）》及其实施方案，均衡城乡法律服务资源，构建半小时法律服务圈。全市24镇区均设立法律服务大厅，为群众提供一站式法律服务。推动建立覆盖全市各行业领域的法律顾问网络，增加镇区公证办证点。截至2013年底，全市338名驻村律师进入279个村居社区，覆盖率达100%，为村居起草修改村规民约33条，提供

法律咨询 3255 人次，提供法律意见 467 次，举办法制讲座 167 场次。

四是引导社会管理创新，展现"群星闪耀"的喜人态势。流动人员积分制管理项目荣获"中国地方政府创新奖"优胜奖，成为广东省唯一获得该奖项的城市。在全省三批社会创新观察项目评审验收中，均取得优异成绩，其中社区建设"2+8+N"模式、中山市流动人口前沿信息模式两项全省第一，小榄商会发展模式全省第二。中山先后开展了两批、共 31 个市级社会创新观察项目培育工作，其中，枢纽型组织建设、村（居）委会特别委员制度、婚姻劝和机制、社区学院等优质项目快速成长。

（三）深化社会体制改革，多方位率先探路

一是行政审批制度改革不断深化。在 2012 年对市直 59 个政府组成部门和群团组织职能事项进行清理，印发公布《中山市人民政府第六轮行政审批制度改革事项目录》，调整行政审批事项达 300 项，其中取消 164 项，转移 27 项，下放 109 项，调整比例超过 50%，提前完成《广东省"十二五"时期深化行政审批制度改革先行先试方案》提出的"到 2015 年各级行政审批事项压减 40% 以上"的目标任务。

二是新一轮机构改革和政府职能转变工作有序开展。按照省的部署，制定出台了市食品药品监管机构、食品药品检验检测机构、卫生和计划生育机构改革方案和"三定"方案，对重新组建的市食品药品监督管理局、市卫生和计划生育局、市食品药品检验所的职能划分、机构设置、人员编制、领导职数等进行明确，顺利完成"大食品"监管、卫生和计生合并改革，强化了食品药品安全综合监管。

三是简政强镇事权改革不断完善。结合行政审批制度改革，对下放镇区的 1600 多项事权进行了梳理，对部分事权权限进行了调整。同时，在市级财政转移支付给镇区 10.1 亿元的基础上，大力推进镇级行政服务中心建设，24 个镇区均挂牌成立行政服务中心且大部分已正常运行。通过合理划分市镇事权关系，优化镇区组织结构，扩大镇区行政管理、人事管理权限，理顺市镇分税分成体制和事权调整后行政诉讼案件应诉及司法衔接机制等措施，解决职能交叉、重叠及划分不合理的问题，提升镇级政府统筹经济社会管理和公共

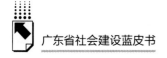

服务能力。

四是事业单位法人治理结构试点工作初见成效。选择市文广新局下属事业单位作为试点，指导市文化艺术中心制订实施方案和理事会组建方案，按照政府部门、事业单位、服务对象"三三制"原则物色了理事会的人选，拟定了单位章程和理事会议事规则，并于2013年11月成立第一届理事会。目前，全市实行法人治理结构单位已有2家。

（四）着力培育社会组织，促进社会和谐共融

一是鼓励和引导社会组织发展。中山市委、市政府高度重视社会组织培育发展工作，2013年中山市出台以《关于进一步培育发展和规范管理社会组织的实施意见》为主文件的"1+9"文件体系，社会组织发展的质与量同步提升。截至2013年底，全市登记备案的社会组织总量达到2170个，同比增长31%，增速较2012年提高了24个百分点。社会组织从业人员超过2.7万人。以福建商会、安徽商会为试点，建立异地务工人员服务组织，使异地务工人员加强与相同省籍人员的联系。

二是深化社会组织登记管理体制改革。坚持社会组织"宽进严管"的登记管理原则。放宽公益慈善类、社会服务类、群众生活类、文体类社会组织的准入门槛，改业务主管单位为业务指导单位，实行民政局直接审查登记制。引入行业协会竞争机制，允许"一业多会"，允许异地商会的登记范围从地级以上市扩大到县（市、区），允许公益慈善类社会团体名称加"字号"。

三是积极推动枢纽型社会组织建设。完善枢纽型组织体系发展的相关政策，出台《中山市枢纽型组织认定办法（试行）》等配套文件。成立枢纽型组织体系工作小组以及设立认定委员会，强化体制机制保障。着力发挥共青团、妇联、总工会的核心带动作用，加强职工服务和妇幼类社会组织的孵化培育。团市委以推进广东省共青团枢纽型社会组织综合改革试验区建设为契机，以青年社区学院、社会企业和枢纽型社会组织为基础，建设含六个功能区域的市青年社会组织孵化基地，孵化镇级基地28个，全市各级团组织共培育青年社会组织353个。市妇联孵化社会组织8个，培育凝聚服务社会组织、社会微组织1084个。

（五）社会管理重心下移，基层社区基础不断夯实

一是完善"一核多元"基层治理格局。以社区党委书记为召集人，建立社区党建联席会议、社区建设协调委员会等制度，探索社区党组织"兼职委员制"，协调驻区单位共同研究讨论区域内党的建设、社会管理等方面的重大事项，解决工作中存在的问题，充分发挥社区党委在区域党务、事务中的领导核心作用。目前，全市90%以上的社区已组建社区党建联席会议。

二是推进社区建设"2 + 8 + N"模式①高标准全覆盖。推进社区服务中心规范化建设，构建覆盖实有人口的社区服务体系。推进社区建设协调委员会和特别委员制度基层自治的广度和深度，全市90%以上村居已组建社区建设协调委员会，89个村居聘任特别委员252人。培育发展社区社会组织，推动实行登记备案双轨制，2013年登记备案总量达390多家。在全省率先实施行政事务村、社区准入机制，2013年无一例违规进入村社区行政事务。"2 + 8 + N"模式的探索引起省内外各方面高度关注，《南方日报》、《南方》杂志、《新华每日电讯》等主流媒体先后赴中山市做专题采访调研。

（六）加强社工人才队伍建设，资源互补提升社会服务

一是加快社工人才的培养。社工人才本土化、专业化步伐加快。2013年全市5300多人报考社会工作职业水平考试，报考人数居全省前列，其中通过考试的达1382人，占当年全省通过人数的1/8。目前全市持证社工人数超过1850人，每万人口持证社工人数达6名，提前两年完成省下达的指标任务。安排440万元专项资金直接用于社工督导、社工服务机构评估促进等，重点抓好本土督导选拔培养工作。同时，举办了中山社工论坛和社工大讲堂，加强社工之间的交流学习。推动社工服务入社区，截至2013年年底，全市建有村级社工站54个，驻站社工250多人。

二是深入推进"社工 + 志愿者"联动体系建设。成立"中山市社工与志愿

---

① 社区建设"2 + 8 + N"模式中的"2"指各村居组建社区服务中心和农村社区建设协调委员会；"8"指各社区服务中心承担民政残联、劳动社保等8项职能，提供普惠型公共服务；"N"指NGO，即各村根据实际培育的社区社会组织。

者联动发展中心"，联合资深社工、志愿者、专家学者等力量，策划、协调落实相关"社工＋志愿者"联动项目。举办"博爱100"公益创投活动，要求获评的项目中，"社工＋志愿者"联动项目不少于三分之一，通过政府、热心市民与企业、社会组织三方力量齐力支持"社工＋志愿者"联动项目的实施。在省内率先实现镇区社工综合服务中心（社工站）全覆盖，以"一中心多站点"的模式，引导社工服务向村居延伸，推动社工与志愿者联动参与社区服务。

（七）创新人口服务和管理，拓宽新老中山人融合

一是落实积分管理，提升基本公共服务水平。2013 年，中山市积极拓展积分制广度和深度，增加积分权益，首次将住房保障纳入积分权益范畴。2013 年度共受理 19068 人次积分申请，给予 3600 人积分入户、8721 人积分入读公办学校、78 人入住保障性住房资格。加上随迁人口，2013 年共有 1 万余人通过积分入户中山。

二是实施前沿信息工作，创新社会治理工作机制。以集约化、智能化为主推方向，积极整合资源，开发手机巡查平台，配置 933 台智能手机，积极创新社会协同治理。截至 2013 年底，共收集前沿信息 31628 条，其中具有重要价值的 13255 条，占总量的 41.91%，重要价值信息办结率达 77.4%。

三是推行出租屋分层分类管理，维护社会和谐稳定。按照"以屋管人"的思路，深入推进出租屋放心户、一般户、重点户分层分类管理模式，不断强化流动人员和出租屋信息登记及隐患信息反馈查处工作，截至 2013 年底，全市备案登记出租屋 82632 户，占全市出租屋总量的 98.46%。深入推动安全文明出租屋及小区创建，强化出租屋税收代征工作，鼓励屋主购买出租屋综合保险，有效维护各方权益。创建"安全文明出租屋"37222 户，占出租屋总户数的 45.19%，创建"出租屋安全文明小区"151 个。全市参加安居保险的出租屋 46211 户，占出租屋总户数的 56.1%。

（八）开展社会共识培育，推动全民字头深化

新形势下的社会治理是社会各主体协同共治的过程。近年来，中山市全民修身、全民治安、全民绿化、全民创文工作自成品牌，"全民"字头的方阵不断壮大，实现党政主导、社会协同、全民参与的社会治理结构创新，搭建了实

现共同利益的有效平台。

一是全民修身。全民修身行动是中山市培育和践行社会主义核心价值观、创新现代公民教育与精神文明建设的新探索，立足市民自我教育、自我提升，坚持以"全民"为主体，以"修身"为根底，以"行动"为支点，采取群众易于认知接受的方式和理念，促进"以德立市、以文强市、依法治市"。抽样调查显示，98%的中山市民认为修身行动感染了自己，95%的市民表示愿意加入修身行动。活动开展以来，得到了中宣部、中央文明办和省委、省政府的充分肯定，成为全省全民修身行动唯一试点市。省委宣传部、省文明办专门在中山召开现场会，在全省推广学习"全民修身"行动的经验和做法。2013年全民修身行动荣膺第二届"广东社会治理创新奖"。

二是全民治安。全民治安核心是发动全民参与治安，构建一体化社会治安防控体系，实现全民共享平安，走出一条以减少发案、群众满意为根本目标的平安建设新路子。自全民治安行动开展以来，中山创建"平安细胞"、开展全民禁毒、打击电话网络诈骗、强化社区警务、推广"平安书记"模式、创"无医闹城市"等多项工作不断丰富全民治安工程的内涵，成为推动平安建设、加快社会治理体制创新的强大动力。中山市现有群防群治队伍近4万人，占常住人口的2.5%。建成一类监控点8531个，利用视频技术破案数占总破获案件数约49%，占立案数约11%。全市30%以上的厂企落实了视频监控、60%以上的开放式小区落实"门禁"防盗措施，98%的学校、100%的医院落实视频监控、门禁系统、保安力量等基本防范措施。2013年全市"110有效警情"同比下降27.4%，在省下发的2012年度广东省群众安全感和政法工作满意度调查中有5项指标排名全省第一。连续5次获得"全国社会管理综合治理优秀市"称号，成为全省唯一连续3次获得全国"长安杯"的城市。

三是全民绿化。中山市创造性地把"树木"与"树人"结合起来，支持各单位、各团体认种认养，在城乡建成市帼林、博爱林、状元林等主题片林近30片。"三年绿化大提升"总投入37亿元，其中社会投入占了近六成，参加义务植树超173万人次，共种大小苗木640万株。

四是全民创文。中山市围绕把"文明牌"打造成"民生牌"的创建目标，提出建立文明城市管理长效机制的意见，坚持全民共建共享，城市净化、美化、亮化程度大大提高。以加大主流媒体宣传、发动文明志愿者等方式，使广大市民了解创建、支持创建。全市共评选表彰文明镇区 18 个、文明社区（村）147 个、文明单位 503 个。2013 年底，中央文明办公布了当年测评成绩靠前的城市名单，中山成为成绩靠前的 22 个地级文明城市之一。

二　2013 年中山社会建设工作面临的主要问题

一是社会自治和发展水平有待提高。社会组织不发达，其数量和承接政府职能转移的能力较为薄弱，公共服务机构和专业社工短缺，难以满足现实需求。社会力量、市场力量介入社会工作领域深度不够，社会组织发展的资源支持呈现单一化特点，过多依赖政府扶持资金，本地基金会、企业等方面资源较少，参与管理社会事务的能力有限。

二是社会自我创新能力有待提高。随着社会结构日趋多样，价值取向日趋多元，利益诉求日趋复杂，社会治理不可避免地存在一定的滞后性，而社会自我创新不足，过于依赖政策支持，未能形成自下而上的全民创新机制。

三是城乡基本公共服务供给与日益增长的多样化群众需求仍有较大差距。社会保险水平还需随着经济发展不断提高。不同区域的公共卫生服务资源与功能结构配置不平衡，提供公共卫生服务的能力差异大，老年护理、家庭健康照顾、社区干预、康复医疗等发展滞后。

四是社会建设的统筹力度有待加强。社会建设统筹协调机制还需进一步完善，社会管理各相关部门的协调合作力度需进一步加强，部分镇区社工队伍需进一步充实，一些临时性协调机构欠缺整合。

三　2014 年中山社会建设工作重点

中山市将继续积极探索新时期、新形势下的社会治理模式，按照把群众"组织起来"又"活跃起来"的基本思路，坚持一手抓法治、一手抓德治，一手抓维权、一手抓维稳，一手抓党政主导、一手抓社会协同，一手抓破解城市二元结构、一手抓破解城乡二元结构，一手抓正面舆论引导、一手抓畅通诉求渠道五个"两手抓"，积极破解经济发展与社会管理、社会稳定等"鱼"与"熊掌"兼得的难题，着力转型升级，推动和谐善治社会治理，不断加快"三个适宜"新型城市建设，着力打造五个社会建设品牌。

一是深化基层治理体制改革，擦亮社区建设"2＋8＋N"模式品牌。明确市社工委为全市社会体制改革专项小组的协调单位，统筹推进教育、卫生计生、新老中山人融合、公共安全等7个领域共计25项任务。以"2＋8＋N"模式升级为省试点项目为契机，加快推进以村居级党组织为核心的"一核多元"基层治理体系。落实社区建设协调委员会制度、社区行政事务准入制度，努力实现"2＋8＋N"模式高标准全覆盖。

二是抓好社会组织培育发展和规范管理，打造枢纽型组织体系建设品牌。加快市镇社会组织孵化平台建设，推动非物质文化遗产、公益慈善组织、社区文体组织等具有深厚群众基础的组织社团化。做好枢纽型组织认定工作，支持工青妇、工商联等人民团体发挥纽带作用，着力培育和发展社区枢纽型组织。推进社会组织综合监管体制及市内境外非政府组织活动的管理工作，促进社会组织健康有序发展。

三是推动全民共享发展红利，做强新老中山人融合品牌。进一步拓展积分制的深度和广度，在适度增加入学、入户、入住公租房名额的基础上，将医疗保险纳入积分范围。扩大异地商会、基层商会建立异地务工人员服务组织的试点范围。

四是着眼社会和谐稳定，巩固平安创建品牌。大力实施"平安细胞"工程，深化"平安书记"项目成果，创新全民禁毒机制，争创全国文化娱乐服务场所"无三害"（毒、赌、黄）城市。在基本实现"一村居一法律顾问"工作的基础上，进一步细化法律服务内容，完善法律公共服务体系。健全涉法涉诉信访事项依法终结制度，探索疑难信访案听证化解工作。

五是拓宽多元化服务格局，培育公共服务社会化品牌。完善社会协同机制，协调推进全民修身、全民绿化、全民治安、全民创文制度化长效化，搭建社会化动员平台。举办第二届"博爱100"公益创投活动，推进社会化公益模式的探索和转型。深入推进"社工＋志愿者"联动建设，探索志愿服务岗位化，推进粤港澳社工义工合作试验区建设。

（中山市社会工作委员会供稿）

B.20

江门：社会治理创新成效显著

2013 年，江门市认真贯彻落实中央、省关于加强社会建设、创新社会治理的部署，以保障和改善民生为主线，围绕深化行政审批制度改革、建立健全农村基层治理机制、提升农村"三资"管理水平、建立和完善党代表工作室、培育和发展社会组织五项重点工作，全面加强社会建设，创新社会治理，社会建设工作取得新进步。

一　2013 年江门社会建设主要做法与亮点

（一）保障和改善民生工作进一步加强

一是民生投入增加迅速。2013 年，全市各级财政进一步优化支出结构，民生财政投入达 98 亿元，教育、医疗卫生、社会保障和就业等重点支出增长较快，且增幅高于公共财政预算支出增幅。按照省政府和市政府的"十件民生实事"部署要求，全市各级财政投入 50.39 亿元，其中全市各级财政拨付"省十件民生实事"资金 25.98 亿元，拨付"市十件民生实事"资金 24.41 亿元，全部超出年度预算水平。就业形势保持稳定。全市城镇新增就业 4.71 万人，失业人员再就业 3.42 万人，城镇登记失业率 2.32%。全面落实"一对一"就业帮扶机制，开展农村劳动力技能培训 2.61 万人，新增转移农村劳动力 3.1 万人，培养高技能人才 1.56 万人。二是社会保障规模与水平进一步提升。全市城镇职工基本养老、基本医疗、失业、工伤、生育保险参保人数，同比分别增长 1.18%、1.14%、6.04%、8.4%、7.59%。企业退休人员养老金、失业保险金和最低工资标准以及征地农民养老保障力度和待遇水平明显提高，高龄老人津贴发放工作全面落实，全市八成户籍人口实现"人手一卡"。

城乡低保标准进一步提高，五保集中供养、分散供养标准，同比分别提高33%和20%。新开工保障性住房3141套，建成4781套，超额完成省下达的保障房建设任务。华侨农场危房改造有效推进，新开工207套，建成222套。三是各项社会事业取得新进步。教育方面，创建省教育现代化先进市工作全面启动，固强创强工作扎实推进，全市幼儿学前入园率达96%，义务教育阶段公办学校达标率达100%，全市积分制入户农民工子女入读义务教育阶段公办学校达100%。医疗卫生方面，"平价医院、平价诊室、平价药包"建设扎实开展，建成一批国家、省和市卫生镇村，江门市妇幼保健院新院建成并投入使用，完成农村卫生改厕1万户任务。体育方面，全民健身活动深入农村，建成乡镇全民健身广场17个，社区健身设施覆盖率达到90%。文化方面，开平市、台山市"创文"工作通过省测评，恩平市启动创建工作。成功举办慈善公益万人行和扶贫济困日活动，共筹善款近1.6亿元。广东调查总队测评报告显示，江门市群众幸福感总体评价名列全省第二。四是社会治理水平不断提升。省、市两级社会创新观察项目顺利推进，2013年8月省第二批社会创新观察项目"蓬江区保障和改善民生体系建设项目"升级成为试点项目；确定了2013年市第一批社会创新观察项目，并对2012年8个项目进行了升级评审。社会工作服务机构和专业人才迅速增长，全市通过社工师考试的人数是前5年（2008～2012年）通过总人数的130%，达500多人，新增社工机构18家，总数已达31家，社工服务进一步拓宽到留守儿童服务、养老服务、残疾人康复、困难家庭帮扶、青少年服务、婚姻家庭和社区矫正服务等领域。鹤山市作为省社会管理创新试点市，着力推进构建大调解格局和重大事项维稳风险评估项目，力求做到小事不出村、大事不出镇；在鹤城镇探索实施社会建设"十条绿道"项目，相继成立了"昆仑法律顾问团""义工联""社会管理服务中心"；在古劳镇推行律师进村挂点工作制度；等等。

（二）行政审批制度改革进一步深化

一是行政审批制度改革稳步推进。先后于2012年12月和2013年8月，公布了两批市级改革事项目录，调整行政审批事项570项，累计压减比例

43.5%，提前完成省"到2015年行政审批事项压减40%以上"的目标任务。市直第一批改革事项目录253项改革事项中，已有222项完成实施工作，完成率达87.7%。县级行政审批制度改革顺利进行，7个市区均已公布本级行政审批制度改革事项目录，其中蓬江区改革事项140项、江海区131项、新会区171项、台山市133项、开平市200项、鹤山市194项、恩平市194项。"三集中三到位"审批服务格局进一步完善，市直39个部门按"撤一建一"或加挂牌子的形式，设置了行政审批服务科，其中35个部门已进驻行政服务中心。涉企审批事项100%进驻市行政服务中心，从"收件"到"发件"统一集中在行政服务中心，实现"一条龙"服务。二是综合政务服务体系初步建立。重点推进镇（街）公共服务中心和村（社区）公共服务站建设，到2013年底，全市1316个村（社区）公共服务站和82个镇（街）公共服务中心全部建成并运作，共投入资金10656.31万元，平均每个公共服务中心投入资金52.74万元、每个公共服务站4.81万元，受益群众达445万人。公共服务平台直接面向群众提供服务，群众小事不出村（社区）、大事不出镇（街）即可办理各项社会事务，省心、省力、省时、省钱，成为群众办事的"便利店"。三是大力推进网上办事大厅建设。在2012年底市网上办事大厅开通运行的基础上，各市（区）网上办事分厅于2013年2月前全部开通。市网上办事大厅涵盖市直47个部门和四市三区"一站式"网上办事大厅，实现与省网上办事大厅对接和网上办理事项省、市、县三级同步，并于2013年7月延伸到镇（街）和村（社区），形成了纵向到底的网上办事体系。全市已进驻网上办事大厅的行政审批事项5189项，一级、二级、三级网上办事深度全部达到省的目标要求。四是政府购买服务工作有序推进。印发了《江门市市直单位向社会组织购买服务实施方案》和《江门市本级2013年向社会组织购买服务试点方案》，探索在个别领域向有资质的社会组织进行政府购买服务试点。2013年，纳入政府购买服务的项目涉及医疗卫生、文化、公共就业等领域，共56个项目，投入资金3486.22万元，同比增长124%。

（三）农村基层治理机制进一步健全

一是健全农村基层治理组织体系。优化村级党组织设置，全面实施村党组织优化升级工作，党员 100 人以上（含 100 人）的村升格为村党委，50 人以上（含 50 人）、100 人以下（不含 100 人）的升格为村党总支，建立党委或党总支的村下辖村民小组，单独或联合组建设立党支部，全市 124 个村成立村党委，511 个村成立村党总支，1204 个村民小组单独建立党支部，7139 个村民小组联合建立了 1496 个党支部。强化村级班子建设，完成村级"两委"换届工作，加强农村后备干部培养，推行大学生村官"本土化"，提升村级班子队伍素质，在岗农村户籍大学生村官中，131 名大学生村官交流调整回原籍村，72 名大学生村官换届前率先进入村"两委"，541 名在职村官圆了大学梦。二是优化农村基层运行机制。强化基层党组织的领导核心，配强农村党组织书记，开展村级组织运作示范镇建设，选取蓬江区荷塘镇等 6 个镇（街）作为村级组织运作示范镇创建单位，健全党领导下的农村组织运作机制。探索完善村"两委"实绩考核机制，在鹤山市 112 条村全面铺开村"两委"实绩考核评价体系试点，将考核结果与农村工作经费、村干部工资报酬和推先评优挂钩。提高村（社区）干部收入水平，出台《关于加强镇（街）领导班子和村（社区）两委班子建设若干问题的决定》和《关于江门市完善村（社区）干部激励保障机制的指导意见》，提出到 2015 年村（社区）在职干部月均工作报酬均不低于 2500 元，蓬江、江海、新会已提前达标。三是实事求是探索"政经分离"。重点在蓬江、新会、台山、开平、鹤山等农村集体经济较发达地区开展"政经分离"试点。蓬江区环市街道办、台山市台城街道办根据辖区村（居）委会的实际情况，制订了实施方案，并组织实施。新会区会城街道城东村、城西村，开平市长沙街爱民村，鹤山市沙坪街中东西村、黄宝坑村等试点村，"政经分离"工作逐步推进。四是强化村务监督机制。加快农村土地流转平台建设，全市建立镇（街）土地流转中心 70 个，农村耕地流转面积 43.75 万亩。新会区 11 个镇（街）均挂牌成立了农村土地流转中心，193 个行政村均挂牌成立了农村土地流转站，1853 个村民小组基本配备了土地流转信息员。大力推进"阳光"村务，全市 1058 个行政村全部建立了村务监督委员会。五是推进基本公共服务均等化。出台了《江门市村镇生活垃圾治理工作方案》《江门市城乡生活垃圾治理以奖代补工作方案》，市本级财政安排 1000 万元专项奖补资金，全面推行"户集、村收、镇运、县（市）处理"模式，落实"一县一场、一镇一站、一村一点"建设，2013年共建设改造镇级生活垃圾转运站57个，全市11852个自然村基本设有生活垃圾收集点，城镇生活垃圾无害化处理率达96.2%。大力开展村庄整治、宜居城镇村庄、名镇名村示范村创建活动，改善村镇生产、生活生态环境，全市共投入15873.91万元用于715条村庄整治，其覆盖率达68%；投入5727.4万元，创建"江门市宜居城镇"3个、"江门市宜居村庄"14个；带动资金投入10046.96万元，建成市级名镇1个、示范村8个，县级名村示范村82个。提高征地农民养老保障水平，实施全征地农民基本养老保障试点村（居）已达12个，全征地农民参保人数8624人，其中领取全征地农民养老金人数3219人，领取参保补贴人员5405人。

（四）农村"三资"管理水平进一步提升

一是完善农村集体资产交易平台。全市73个涉农镇（街）全部建立了农村"三资"管理服务中心和资产资源交易中心（平台），通过对交易中心（平台）升级改造，实现市（区）、镇（街）数据互联互通，实时传递、实时查询、实时监控，并设置合同即将到期自动提醒功能，实现智能化管理。全市所有村（居）的资产、资源性交易，全部进入交易中心统一管理，严格按程序公开发包，大额交易在镇（街）农村集体"三资"管理服务中心进行，小额交易由镇（街）农村集体"三资"管理服务中心监督、指导村委会组织。进入中心交易的项目，统一由镇（街）财政结算中心代收交易保证金，防止发生串标、围标或黑恶势力操控等现象发生。据统计，2013年全市各镇（街）资产资源交易中心共交易5781宗，总交易金额13亿元，比拟定交易总价增值33%。二是探索农村"三资"财务委托第三方管理模式。在新会区崖门镇作试点，2013年5月30日，与江门市恒生税务师事务所签订了《会计代理合同》和《专项审计业务约定书》，迈出农村财务、审计监督委托第三方管理第一步。各市（区）试点工作先后展开，蓬江区潮连街道办、江海区滘头街道办、新会区崖门镇、台山市台城街道办、开平市月山镇、鹤山市沙坪街道办、恩平市东成镇等，相继聘请第三方代理农村集体经济组织会计、审计工作，农村财务管理进一步完善和规范，使"村账更清楚、干部更清白、服务更满分、群众更满意"。三是开展农村集体经济财务监管平台建设试点。制定《江门市农村财务监管平台建设实施方案》，全市各级投入经费80万元，用于农村财务监管平台建设。在鹤山市作试点，投入23万元，建成农村财务监管平台系统，设置了财务预决算监控、支出审批监控、收入票据监控等21个监管事项和70多套监控方案，与资产管理交易平台并行在一个服务器，实现两个平台一体化运作，堵塞农村集体资产管理漏洞，强化对农村集体"三资"的监管，实现了农村集体资产效益的最大化。其他市（区）也选择1～2个镇（街）开展财务监管平台试点，积极推进试点工作。

（五）党代表工作室制度进一步完善

一是健全党代表工作室设置。截至2013年7月1日，市县两级新建成的8个工作室全部正式启用，镇（街）工作室逐步从政府内迁出，改建在靠近文体广场、公园、学校、农贸市场等方便群众、接近群众的地方。一些规模较大、具备条件的村（社区）也开设了工作室，将党代表联系工作延伸到最基层。全市共建立和完善工作室近400个，市县两级工作室侧重综合党务服务功能，镇村两级工作室侧重综合群众服务功能，四级工作室做到建设风格、对外标识、上墙制度、工作文本"四个统一"。二是加强党代表工作室信息化建设。四级工作室全部纳入信息化管理，每个实体工作室对应开设一个网上工作室，党员群众可以足不出户，通过网络平台预约党代表或直接提出意见建议。启用党代表工作室党员群众意见建议办理办公自动化系统，并实现与信访部门、政府服务热线服务中心等多个职能部门的信息系统数据对接，不做重复交办。开发党务信息管理系统，对全市各级党组织、全体党员基本信息和开展活动情况实时更新管理，11082个党组织和196767名党员建立了电子档案。依托互联网建设综合性服务网站，设置党代表工作室、党务管理、党建动态、党员义工、学习培训等功能模块，为广大党员提供网上缴纳党费、网上接转组织关系等服务。三是建立党代表工作室长效性机制。建立"两代表一委员"全年工作日接待群众轮值制度，市县两级工作室同时作为人大代表和政协委员的群众接待点，安排"两代表一委员"中的党员领导干部，轮流驻室开展接待党员群众工作。建立群众预约制度，党员群众可以根据提前公布代表、委员的接待时间进行预约。建立领导约谈制度，参加轮值的代表、委员可根据自己关心或公众关心的问题，有针对性地预约基层干部群众到工作室面谈。建立党员群众意见建议办理工作机制，将职能部门办理党员群众意见情况纳入机关作风建设考评体系，办理党代表提案提议情况纳入全市办理建议提案绩效量化考评工作范畴。截至 2013 年底，市县两级工作室共接待党员群众 3262 人次，收集意见建议 1680 条，办结 1461 条。

（六）培育和发展社会组织工作进一步规范

一是社会组织发展取得新成绩。截至 2013 年底，全市依法登记成立的社会组织共 2535 个，年度新增 1119 个，是 2012 年增加数的 4 倍多，超额完成年度任务，平均每万人拥有社会组织 6.4 个。全市共投入 200 多万元新建 6 个社会组织孵化基地，社会组织孵化基地总数达到 12 个，落实社会组织扶持发展专项资金 185 万元，重点扶持公益慈善类、社会服务类和群众生活类等社会组织的发展。农村联谊会创建工作自 2010 年开展以来，得到中央和省委统战部的充分肯定，2013 年底全市 1/3 以上的行政村建立了农村联谊会。二是社会组织参与社会治理工作稳步推进。2013 年 7 月，市民政局出台《江门市市本级具备承接政府职能转移和购买服务资质的社会组织目录（第一批）》，明确首批具备资质条件承接政府转移职能和购买服务的社会组织共 57 家，作为政府选择社会组织转移职能和购买服务的资质依据。三是社会组织管理在探索中转型。社会组织评估方面，2013 年 8 月市民政局委托江门市社会工作协会组织开展市本级社会组织评估工作，10 月市民政局出台了《江门市联合性专业性社会团体评估评分细则》，全面开展行业协会、商会和联合性专业性社会团体等社会组织的评估工作。社会组织党建方面，市社会组织党工委新设立 5 个党支部，吸收 6 名入党积极分子为预备党员，社会组织基层党支部达到 18 个，实现了党建工作应建尽建；建立党建指导员制度，委派 2 名党建指导员，联系没有专职工作人员党员的社会组织，实现党建工作全覆盖。社会组织监管方面，严格执行《江门市民政局关于社会组织重大活动管理评估办法》的相关规定，全市社会组织参检率达 97%，审查备案重大活动达 120 项。

二 2013 年江门社会建设面临的主要问题与挑战

（一）协调经济建设和社会建设关系的难度加大

从经济建设角度看，2012 年以来随着全球经济持续低迷和国内经济增长相对放缓，江门市也面临经济与就业增长双重不足的挑战，而经济与就业增长乏力，既会加大民生保障需求，又会降低政府的民生保障能力。从社会建设角度看，江门市外来人口较多，社会结构复杂，劳资纠纷、征地拆迁、医患纠纷、环保问题、山林土地纠纷、村务公开、涉法涉诉等问题仍然存在，社会建设面临诸多挑战。

（二）政府职能从管理向治理转变进展较慢

在目前梳理出来的 570 项改革事项中，169 项涉及省级以上事权，其改革有待上级部门的明确和支持，余下的拟保留事项大部分由国家和省层面的法律、法规及其他规范性文件设定，进一步改革的难度也较大。同时，现有社会组织数量和规模较小、能力较弱，短期内难以完全承接政府转移职能，这一点在基层尤其突出。

（三）社会体制改革中各群体之间利益冲突增加

以保障和改善民生为重点的社会建设，虽易得到群众拥护，但要真正进行改革，尚需理顺与体制机制相关的一系列深层次问题，具体解决办法超出地方党政部门的操控范围。

三 2014 年江门社会建设工作重点与对策

（一）建立多元化社会养老服务体系

科学编制社会养老服务场所布点和设施配套的规划，加大居家养老服务建

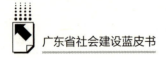

设力度，充分利用全市现有设施资源兴办养老服务设施，加快完善城乡养老机构设施，推动医养融合发展，鼓励养老机构探索多元化的管理模式，加强养老服务人才队伍建设。

（二）建立和完善社会组织参与社会管理工作体系

加大力度培育和发展社会组织，设立扶持发展社会组织专项资金，进一步加强社会组织孵化基地建设。加大政府向社会组织转移职能力度，完善社会组织监管机制，推进社会组织诚信体系建设。广泛开展专业社会工作和志愿服务，推动建立"社工＋义工"联动机制。

（三）建设城乡社区服务体系

以群众需求为出发点，创新城乡社区管理服务方式，厘清社区事务管理事项，逐步推动社区网格化管理，建立完善社区综合信息服务平台，形成城乡统筹、主体多元、功能完善的社区网格化管理服务体系。

（四）建设综合性社会救助体系

整合各部门救助资源，建立以城乡低保、农村五保供养以及医疗、教育、住房、就业、司法、残疾人等救助制度为支撑，以临时救助、慈善援助等为补充的全方位、多层次、广覆盖的社会救助体系。

（五）推进"大民政"信息化建设

通过建立"大民政"统一的数据库、数据分析中心、综合的管理服务平台和各类应用系统，进一步整合社会保障和社会管理信息资源，构建社会保障管理服务多层次架构体系。

（江门市社会工作委员会供稿）

B.21
BLUE BOOK

阳江：幸福快马加鞭

2013 年，阳江市认真贯彻党的十八大和十八届三中全会精神，紧紧围绕贯彻省委、省政府和省社工委关于社会建设的各项工作部署，以改革创新为动力，以保障和改善民生为重点，加快推进社会体制改革，切实加强社会管理创新，最大限度激发社会活力，社会建设事业蒸蒸日上，人民群众的幸福感不断增强。

一 2013 年阳江社会建设主要亮点

（一）重点民生工作持续加强

全市就业形势保持稳定，城镇登记失业率为 2.25%；教育事业加快发展，完成了 18 个教育强镇创建任务，建成启用了两阳中学新校区，组建了市第三中学，整合了市第一职业技术学校与市高级技工学校；医疗卫生工作得到加强，市人民医院新住院大楼、市妇幼保健院新院动工建设，县级公立医院试点改革稳妥推进，镇村卫生服务一体化管理实现全覆盖；社会保障体系进一步完善，城乡低保标准和补助水平全部达标，五保供养标准实现了规定目标。市养老中心新颐养楼竣工，市残疾人康复中心建成启用。新开工建设公租房 1333套，建成 978 套。新一轮扶贫开发"双到"工作全面开展，3340 户农村低收入住房困难户住房改造建设顺利完成。

（二）社会组织发展效果明显

进一步完善社会组织改革发展的政策体系，深化社会组织登记制度改革，推进行业协会商会去行政化、去垄断化，加大政府向社会组织购买服务和对社会组织资金扶持的力度，促使全市社会组织迅速发展。2013 年年底，全市在册登记的社会组织共计 936 家，比 2012 年底增加了 261 家，年增长达 38.7%。其中，作为试点的阳东县大胆探索，推出了"订菜单"发展社会组织的模式，全县新增加社会组织 110 家，在 2012 年年底的基础上实现翻番。同时，积极构建工青妇等枢纽型组织体系，推动枢纽型社会组织建设。在全省率先推进市红十字会改革，完善市红十字会高效、透明、规范的运行机制。

（三）社会治理创新亮点纷呈

江城区城东街道洗脚桥社区着力打造"五站两中心"管理服务新模式，阳春全面推行村级"阳光财务"工程，阳东县积极创建"五星级"服务型社区，城乡社区服务管理质量进一步提升；市司法局在全市推行社区矫正信息化监控新模式，阳西县法院在全国率先推行"综合审判机制"改革，高新区认真落实信访案件领导包案责任制，全市综治维稳和司法工作取得新进步；阳西县打造"厨房监控视频"食品安全监管模式，海陵区在餐饮行业推行"三大平台""五个统一"的管理服务，行业服务管理不断改进。此外，工青妇、红十字、残联等人民团体也不断创新方式方法，积极参与社会服务管理，呈现可喜局面。

（四）社会体制改革稳步推进

调整和清理行政审批事项达 277 项，占全部行政审批事项的 41%，政府职能转变进一步加快；积极探索基层行政管理扁平化改革，建立行政管理事项社区准入制度，城市社区管理体制改革扎实推进；深化农村综合改革，逐步推进以村级行政管理与发展经济职能相分离为方向的"政经分离"改革，逐步实现村务精细化、资产公开化、经济监督化、政务社会化；完善乡村治理机制，开展村级公益事业"一事一议"财政奖惩工作，健全县、镇、村三级社会综合服务网络。

（五）平安阳江建设不断加强

着力抓好"平安细胞"工程建设，严厉打击各类刑事犯罪和多发性犯罪，开展预防未成年人违法犯罪专项治理，社会治安打防控体系不断健全，全市治安稳中向好；加强矛盾纠纷排查调处工作，群众利益诉求渠道进一步畅通，坚持人民调解、行政调解和司法调解有机结合，社会矛盾纠纷得到有效化解。安全生产形势保持稳定，食品药品安全监管进一步加强，人民群众的安全感增强，保持了社会持续和谐稳定。

（六）公民道德建设形式多样

以"崇文修德·善行阳江"为主题，开展"评选阳江好市民"、"幸福阳江"文化作品征集大赛活动、"厚德善行"讲堂等系列活动，公民道德教育不断加强。成功举办"南粤幸福活动周"暨第二届阳江"邻里节"、阳江广东（阳江）风筝文化节、南国书香节、公园艺术节等活动，群众的精神文化需求不断得到满足，在全市形成了美好社会共同建设、幸福生活共同创造、发展成果共同分享的生动局面。

二　2013年阳江社会建设存在的主要问题

近年来，阳江市社会建设做了大量工作，也取得了明显成效，但也存在一些困难和问题，主要是阳江市属经济欠发达地区，财力有限，以改善民生事业为重点的社会建设历史欠账较多，离人民群众的期望还有较大的差距，一些创新社会管理的体制机制还不够健全，没能在一些深层次问题从治本上破解社会建设和管理的难题，社会组织参与社会建设能力不强，社区建设管理滞后，等等。形成这些问题的主要原因表现在以下几点。

一是经济基础差。阳江市属经济欠发达地区，财力有限，尽管非常重视社会建设工作，每年用于社会建设发展民生事业的投入占全市地方一般预算财政收入的一半以上，但总量不多，制约了阳江市社会建设发展。

二是政府公共职能缺失。一方面，公众对公共服务的需求增长与政府公共服务职能"缺位"的矛盾突出；另一方面，政府公共服务投入不足，且服务资源分配不公正性问题突出。另外，社会政策重视不够，也制约了阳江市社会建设发展。

三是制度不够健全。尽管目前已建立了养老保险、失业保险、城乡居民最

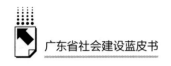

低生活保障三条保障线，但是占人口多数的农民以及城市中的低收入群体，都
还未能得到很好的基本生活保障。

四是社会组织发展滞后。突出表现在：社会培育机制尚不健全，一些职能
部门没有转变观念，对社会组织及其参与社会建设的作用和重要性认识不足，缺
乏培育、扶持社会组织发展的有效机制和政策；社会组织结构不合理，公益性不
强，不少社会组织行政色彩较浓厚，独立性、公益性不强，相当一部分社会组织
是在政府的推动下建立起来的，对政府的依赖性较强；社会组织资源供给不足。
目前阳江市的社会组织普遍存在总量少、规模小、条件差、能力弱现象，自身
"造血"功能又不足，缺乏稳定的资金来源，难以开展相关业务活动。

三　2014 年阳江社会建设工作设想

（一）着力改善民生，让人民群众真正得到实惠

一要全力推进就业工作。把就业放在民生建设的首位，实施更加积极的就
业政策，多渠道增加就业岗位。二要加快完善社会保障体系。进一步完善统一
的城乡居民社会养老医疗保障体系，重点解决企业职工本市户籍第二、三产业
从业人员基本养老保险参保率偏低的问题，实现城乡居民养老保险全覆盖。三
要完善公共服务体系。稳步开展政府公共服务提供方式改革，鼓励引导社会力
量参与提供公共服务。在推进基本公共服务均等化的同时，重点解决阳江市公
共文化设施面积、接受服务的残疾人数、进城务工人员随迁子女均等接受教
育、城市公交车辆拥有量等指标在全省偏低的问题。四要着力提高居民收入水
平。健全工资正常增长机制，提高劳动报酬在初次分配中的比重，逐步扩大中
等收入者比重，着力提高低收入者的收入水平。五要抓好新一轮扶贫开发工
作。完善扶贫开发长效机制，加快完成农村低收入住房困难户住房改造和搬迁
任务。创新扶贫开发方式方法，促进贫困地区加快脱贫致富。

（二）加强社区建设，夯实社会和谐的基础

社区是构成城市社会的基本单元，必须把社区建设作为加强社会建设的

基础工程和切入点来抓。一要以党建带动社区建设。二要大力构建社区管理服务网络。三要完善社区治理结构。四要加快农村社区化进程。推进农村公共服务设施规范化建设，把城市社区的各种服务设施和服务功能延伸到广大农村，重点加强城乡结合部、流动人口聚居地等关键区域的管理。在有条件的地方试行"选＋聘"制度，优先选聘大中专毕业生、退役军人、退休人员等到村委会工作。

（三）深化社会体制改革，激发社会建设的活力和动力

一要改革社会管理体制。要进一步加大简政放权力度，推进政府职能转移，立足于为各类市场主体创造良好发展环境，加快建设服务型政府。要加快推进基层行政管理体制改革，整合资源，减少层次，理顺"条条""块块"的关系，提高行政管理的效能。二要推动社会组织规范有序发展。要继续大力培育发展社会组织，完善社会组织内部治理，加快形成政社分开、权责明确、依法自治的现代社会组织体系；按照"政府监督、自我监督、社会监督、法律监督"相结合的思路，建立健全社会组织监督管理机制；积极扶持发展社会组织，采取奖励、补贴、项目委托等方式向社会组织购买服务，支持引导社会组织在提供公共服务、反映利益诉求、增强社会活力、促进社会发展等方面发挥更大作用。三要改革基层社区治理体制。鼓励各县（市、区）城区开展基层管理扁平化改革试点。探索建立跨部门的综合性社区服务体制。建立行政管理事项社区准入制度。积极推进幸福村（居）创建活动。统筹城乡社区协调发展，逐步提高公共财政对农村社区建设的投入。引导和鼓励社会力量参与农村社区建设，发展守望相助的和睦邻里关系，努力建设环境优美、关系和睦的农村社区。

（四）强化社会管理，营造良好的城市公共秩序

一要深入推进创建平安阳江活动。围绕《创建平安阳江行动计划（2012～2022年)》确定的十大工程及其各项具体任务，落实责任，明确要求，强化考核，逐步推进实施。二要认真做好新形势下的信访维稳工作。进一步落实信访维稳责任制，完善覆盖全市的三级信访工作网络平台，尤其要着力加强基层信

访工作，落实矛盾排查化解措施，把工作做细、做实，努力把各种不稳定因素化解在基层和萌芽状态。三要加强异地务工人员服务管理。要进一步探索积分入户、居住服务"一证通"等制度，探索异地务工人员参与居住地和基层工会选举办法，加大在异地务工人员中组建党团和工会、妇联组织的力度，促进异地务工人员更好地融入社会。

（五）加强人才建设，提升社会工作服务水平

一要建立社工人才引进、培训机制。将社会组织人才发展纳入阳江市中长期人才发展规划，注重引进社会工作人才，加强与珠海社会组织的对接，组织优秀义工、志愿者和从事社会服务的人员进行系统化的社工培训，推进社工人才职业化、专业化。发展壮大阳江市社团力量和专职社工队伍。二要设置社工岗位和待遇办法。合理设置社工岗位和职称序列，明确规范相关待遇。在面向基层、服务群众的领域和机构设置社工岗位。完善社工职级体系和评价办法，探索建立社工执业制度，推动社工服务项目化运作，提高社工专业化服务实效。三要提高社工服务水平。大力弘扬志愿文化，不断壮大志愿者队伍，建立健全志愿服务记录制度，推行"社工＋志愿者"联动服务模式，构建社会服务机构与社会服务项目紧密结合的志愿服务体制。工青妇等人民团体要在这方面率先探索，鼓励社会力量积极参与，有所作为。

（六）扩大公众参与，形成各方共同参与社会建设的生动局面

一要建立健全社会建设信息互动平台。在继续办好现有"直通车""民心桥""12345 政府公开电话"等平台建设的基础上，进一步探索创新，善用现代传播技术，打造更多群众喜闻乐见、参与便捷的沟通平台，鼓励引导市民群众为社会建设积极出谋献策，切实做到问需于民、问政于民、问计于民。二要着力打造公众参与社会建设的活动载体。三要在全社会培育家园意识、家园文化。

（阳江市社会工作委员会供稿）

湛江：把社会建设摆在突出位置

2013 年，湛江市坚持把社会建设摆在突出位置来抓，大力保障和改善民生，创新社会治理，加快重点领域和关键环节改革，不断完善体制机制，进一步激发社会活力，促进全市社会大局和谐稳定。

一 2013 年湛江社会建设的突出亮点

（一）民生社会事业有新发展

市财政民生投入 177.43 亿元，比 2012 年同期增支 20.52 亿元，占公共财政支出的 70.15%。民生保障水平有效提升，15 件民生实事基本完成。建成保障房 3285 套。完成 1 万户农村低收入困难家庭住房改造和 20 条贫困村 640 户整村搬迁。城镇新增就业 6.7 万人，农村劳动力转移就业 8.8 万人。医保"湛江模式"不断完善，城乡居民大病医保经验在全国推广；乡镇卫生院、一类医院住院报销比例提高到 85% 和 80%。城乡低保补贴达到每人每月 242 元、111 元。新一轮扶贫开发"双到"工作全面开展。发放"两低群体"价格调节基金补贴 6200 万元。社会事业稳步发展，创建教育强区 2 个、强镇（街）35 个；千名教师交流支教与万名教师学历提升计划启动实施；高中毛入学率 90%；建成规范化乡镇中心幼儿园 64 所、村级幼儿园 175 所和乡土文化特色校园 30 所。落实省山区和农村边远地区义务教育学校教师岗位津贴，中小学教师工资待遇得到提高。实现免费孕前优生健康检查全覆盖，完成省下达的人口计划指标。市 120 紧急救援指挥中心动工，改造薄弱乡镇卫生院 10 间。建成平价药店 40 家，400 种常用药价格降低 10%。民主法治稳步推进，被评为"全国法治城市创建活动先进单位"；行政复议案件结案率 100%。

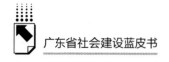

创卫工作顺利通过国家爱卫办暗检，市区基础设施更加完善，市容市貌明显改善。

（二）社会治理创新有新亮点

一是行政服务有新平台。建成行政服务中心办事大厅和网上办事大厅二期，共有 55 个部门、1104 个事项进驻，实现服务事项网上全程办理，政务环境更加高效便捷。二是社区居民自治有新模式。廉江市罗州街道通过组建邻居理事会，打造了一个具备民意收集、救助服务、矛盾化解、休闲娱乐等功能的百姓服务平台。理事会成立以来，共处理邻里矛盾纠纷 130 多起，为群众办好事实事 673 件，具有良好的社会效益，被确定为省社会创新试点项目。三是农村服务管理有新载体。为推进农村基本公共服务均等化，让广大农民共同分享改革发展成果，积极创建农村基本公共服务均等化示范村。如吴川市林屋村公共服务中心，提供以代办行政社会事务、办理社保医保、发展现代农业、社会综治调解等为主的 6 大类服务内容，让村民足不出村即可坐享社区化管理服务。

（三）体制机制创新有新突破

出台了《湛江市社会工作委员会工作制度》，充分发挥社工委成员单位的作用。加强民情志愿者服务队建设，民情信息工作在全省位居前列。推进省社会创新观察项目建设，廉江市邻居理事会项目、湛江市村级综合服务中心建设升级为省社会创新试点项目，徐闻县民主法治建设项目升级为省社会创新实验基地。启动市社会创新观察项目，确定湛江市首批 20 个社会创新观察项目。湛江社会建设网开通运行，打造湛江市社会建设的网络门户。成功举办 2013 年"南粤幸福活动周·湛江"系列活动。加强社工委系统领导干部理论学习，及时举办全市社工委系统学习贯彻党的十八届三中全会精神专题培训班。组织全市社工委系统有关领导干部赴惠州等地学习考察社会建设的先进经验做法。

（四）社会组织培育发展有新气象

进一步加大社会组织培育发展力度，切实降低登记门槛，提高审批时效，截至2013年年底，全市累计登记社会组织1550个，比前一年增长37%，为近年来增速最快的一年。加大社会组织扶持力度，利用湛江市创建农村基本公共服务均等化示范村的契机，采取民办公助形式，协助村级公共服务中心注册社会组织，目前已成立村级服务中心49个。出台《关于进一步健全湛江市行业协会商会自律工作机制的实施意见》《关于推进社会组织行业协会六项自律工作机制建设的具体考核标准》，以11个试点单位为基础推动行业自律、诚信、维权等体系建设工作，规范社会组织发展。

（五）创建"平安湛江"有新成效

在推进平安湛江创建工作中，湛江市大力加强基层基础建设，推进三级平台建设，10个县（市、区）、121个镇街、1801个村全部建立综治信访维稳中心（站）并投入运作。精心打造平安建设试点，徐闻县下桥镇村（居）平安建设"七个有"（行政村有一支巡逻队、有一个综治协会、有一个法制宣传栏、有一个治安视频监控摄像头，自然村有一辆巡逻摩托车、有一名综治信访维稳信息员、有一个警情联络点）工作经验在全省推广。深入推进"平安细胞"工程建设，90%以上的镇（街）、村（社区）、学校、单位达到市平安建设标准。推进综治信息化建设，建成省、市、县、镇四级政法信息网，实现了政法部门及综治工作网络垂直互通、情况收集等一网通。严厉打击各类违法犯罪活动，群众安全感不断提高。"两建"工作取得阶段性成效，扎实推进企业信用体系建设，完善企业法定代表人"黑名单"数据库，加强对失信企业的监管。

（六）社会精神文明建设有新成果

文化强市建设工作有力推进，文化建设列入政府经济社会发展规划，制定了文化产业建设规划。深入推进文化体制改革，制定《湛江市文化产业发展专项资金管理暂行办法》。广泛开展群众性文化活动，全市范围内送戏下乡100余场，文艺团体下乡演出300场，农村电影放映5800场次。建设学习型党组织，举办"湛江大讲坛—领导干部论坛"12期，共邀请20多位领导和专家作了专题讲座。深入开展"好人好报"活动，打造践行社会主义核心价值体系的有效载体，涌现更多的道德模范和先进典型，"湛江好人"陈光保、李文波荣获"广东省道德模范"称号和"第四届全国道德模范提名奖"。

二　2013 年湛江社会建设存在的主要问题

（一）经济发展水平所限，改善民生任务仍然艰巨

湛江作为欠发达地区，由于财政基础薄弱，历史欠账较多，社会建设水平依然相对落后。特别是在民生事业领域，公共服务供需矛盾突出，基本公共服务均等化程度较低，城乡之间、县域之间、行业之间、不同群体之间的待遇差距较大等问题亟待解决。

（二）社会管理方式相对滞后，社会建设理念有待更新

社会管理理念、管理模式和管理手段滞后于社会发展，侧重管理的工作理念和管得太宽、太细的工作思路遇到前所未有的挑战。干部队伍对社会建设的认识不到位，社会治理的知识储备不足、办法不多。

（三）社会体制改革与经济社会发展不一致

社会体制没有随着社会的发展而改变，社会服务管理机制创新步伐缓慢，城乡基层自治和服务功能不强，社会公共服务明显不足，社会组织的规模比较小、作用比较弱，社会矛盾纠纷调处机制、科学决策与社会风险评估机制不完善，各种社会矛盾触点多、燃点低，社会治安形势不容乐观。

三　2014 年湛江社会建设重点工作

（一）推进社会事业建设和改革创新

一是全力推进就业创业工作。大力推进家庭服务业发展，积极拓展园区就业岗位。实施高校毕业生就业推进行动。加大"双困"毕业生帮扶力度，确

保100％实现就业。实施创业带动就业计划，完善创业服务载体建设，加快创业孵化基地建设。二是加快形成合理有序的收入分配新格局。继续推进企业工资集体协商制度，完善职工工资正常增长机制；继续扩大工资调查工种范围，完成湛江市企业工资指导价位发布。三是加快完善社会保障体系。切实推进社会保险全覆盖，继续完善医保"湛江模式"，适度提高大病保险保障水平，加快医保管理信息化，扩展异地就医联网住院费用即时结算范围。四是坚持优先发展教育事业。大力推进创建教育强市工程，提高教育质量，促进教育公平；深入实施教育强师工程，继续推进"名校长、名教师"培养工程；加快职教基地建设。五是推进医药卫生体制改革。全面推进公立医院改革；重点加强基层医疗卫生机构建设，深入推动管理体制改革，建立医师职称晋升基本标准制度；实现镇村一体化管理全覆盖。六是加快推进新一轮扶贫开发"双到"工作。推进"两不具备"村庄搬迁和农村低收入住房困难户住房改造；出台相关扶贫开发政策，切实提高扶贫工作的社会参与度。

（二）推进社会治理体制改革创新

一是完善矛盾调处机制。健全社会稳定风险评估、社会矛盾纠纷预防和化解机制，开展"社会矛盾化解年"活动，集中解决一批突出的矛盾隐患，化解一批历史积案。二是创新信访工作机制。实行网上受理信访事项和群众满意度评议制度，拓宽信访渠道，结合法治信访，及时就地解决群众合理诉求。三是积极探索城区基层管理扁平化改革。加快理顺村（居）委会与基层政府的职责，逐步减少和取消镇街的经济考核指标和评比考核项目，加快完善政务服务体系，精简服务流程，推进"一站式"服务。四是加强异地务工人员服务管理。研究出台加强异地务工人员服务管理的办法，加大积分制入户和高技能人才入户政策推进力度，抓紧协调有关部门切实解决好异地务工人员的子女教育、住房保障、医疗卫生等问题，促进异地务工人员稳定就业、融入城镇。五是深入推进创建"平安湛江"工程。整合社会力量与资源，大力推进平安湛江建设，加快形成上下联动、社会参与、企地联动、群众配合的局面，构建"大平安"新格局。六是强化食品药品安全监管。创新食品药品监管模式，进一步完善"阳光厨房"模式，推广食品安全监管的有效做法。建立统一权威的质量检验和风险评估技术支撑体系，建立统一权威的信息发布制度。七是强化安全生产源头管理。全面落实安全生产"党政同责、一岗双责、齐抓共管"机制，推动地方政府"属地管理"、职能部门"行业监管"、安全监管部门"综合监管"责任和企业主体责任落实。

（三）建立完善现代社会组织体制

一是推动政府向社会组织转移职能和购买服务。完善政府向社会组织转移职能目录、具备承接政府职能转移和购买服务的社会组织目录，完善购买服务的具体操作办法。二是加大社会组织培育发展力度。加快建立市级社会组织孵化服务基地，加强社会组织能力建设，引导社会组织完善内部治理结构，使之成为依法自治的主体。重点加强枢纽型社会组织建设，制定枢纽型组织评估办法，拓展工青妇、工商联、残联等群团组织的枢纽功能。三是进一步深化社会组织管理体制改革。推进公益慈善类社会组织"去行政化"和行业协会商会"去垄断化"改革。继续降低准入门槛，简化登记办法，重点培育和发展经济类、科技类、公益服务类、城乡社区服务类社会组织。四是进一步完善社会组织监管。大力构建社会组织综合监管体系，明确各部门的监管职责，建立社会组织综合管理信息平台和信用体系，提高社会组织规范化管理水平。

（四）进一步强化社工委的职能作用

一是加强各级社工委建设。完善社工委机构设置和工作机制，配齐配强各级社工委机关干部队伍，落实各项工作保障，确保各级社工委高效履行职能。二是加快制定实施湛江市社会建设规划纲要。着眼于湛江市社会建设顶层设计，从宏观统筹指导各级各部门推进社会建设，加快湛江市社会建设规划纲要制定实施的步伐。三是开展社会建设综合考核。按照省的部署实施社会建设综合考核，考核结果作为评价各级领导班子和干部政绩、年度考核、干部任用的重要依据。四是推进省市社会创新观察项目创建工作。完善省社会创新试点项目，加大向湛江市其他地区推广力度。继续实施好市级社会创新观察项目，认真做好升级评审工作，以点带面推动湛江市社会建设工作。

（五）建立高素质的社会建设人才队伍

一是提高社会建设能力水平。强化各级党政干部的社会建设教育培训，通过业务学习、干部培训、基层锻炼等形式，丰富社会建设的实践经验和理论，建设一支既懂经济建设又懂社会建设的高素质干部人才队伍。二是加强专业社工人才队伍建设。加强地校合作，充分利用高等院校和职业教育的师资力量，培养高层次社会工作实务人才。积极推进社会工作人才持续进修制度，加大社会工作教学科研投入。提高社会工作人员的地位和待遇，充实社会工作人才队伍。三是进一步加强志愿服务。推动社工服务项目化运作，提高社工专业化服务水平。进一步加强志愿服务，推行志愿服务岗位化，构建与社会服务机构和社会服务项目紧密结合的志愿服务体制，推动志愿者队伍不断发展壮大。

（湛江市社会工作委员会供稿）

茂名：社会协同共治出亮点

2013 年 7 月 30 日，市委召开工作会议，从战略高度对茂名加快发展的战略方向、战略实施和战略保障作了部署。在抓好战略方向上，把"实施社会协同共进战略"与"实施港业城联动发展战略""实施层级协调联动战略"作为三大战略方向；在抓好战略实施上，要求从战略步骤、战略方法、战略依托、战略核心及战略立足点上抓好实施，提出把加强社会建设、促进协同共治作为战略立足点。

一 2013 年茂名社会建设取得的新突破

根据省的部署，市社工委要求县（市、区）选择 2 个以上作为承接项目，并完成项目改革工作。市及县（市、区）共报送 15 个项目，其中市级 3 个，县（市、区）12 个。经过一年时间的改革，取得了初步成效。如原茂港区 2013 年社会创新项目，促进了全区信访维稳工作水平全面提升，取得"全省平安铁路示范县"、社会管理综合治理考核全市第一名等多项荣誉。化州市在省信访维稳工作考核中，甩掉了"省信访重点管理单位"的帽子，得到了省信访局领导的高度肯定。电白县化解了大批积案，调解了大量新案，2013 年信访量较下降近 50%。高州市实施非营利组织免税政策，推动公益性社会组织大量成立。信宜市取得了巩固人民调解网络和加强基层政权建设工作"双赢"局面。茂名共青团构建枢纽型社会组织项目建设工作取得较大进展，进入 2013 年省级专项资金培育对象的初审名单。

简政强镇事权改革取得突破。目前，全市已下放镇级站所 872 个，划转镇管理人员 3892 人；各县（市、区）首批下放镇级事权 452 项；各镇均建立了一级财政。深化简政强镇事权改革，改变了镇级过去"责大、权小、能弱"

的状况，镇级政府有权有责有钱有人有抓手，较好地破解了无权办事、无人办事、无钱办事的难题，增强了基层执政能力，方便了群众办事，激发了基层发展活力动力。

二 不断创新社会治理方式

（一）建立推广"一村（居）一律师"模式，促进法律惠民

电白县大胆尝试，以政府购买服务的方式，通过建立财政奖补机制，实现律师进村（居）全覆盖，全县群众足不出户就能享受驻村律师提供的法律服务，提升了农村依法维稳的法治化管理水平。2013年11月13日，市委、市政府召开会议，推广"一村（居）一律师"工作经验，12月，实现了全市"一村（居）一律师"工作全覆盖。省社工委根据茂名市的工作实践，进一步提升为"一村（社区）一法律顾问"制度，并出台了工作意见，在全省部署实施。

（二）创新社会治安管控方式，加强社会防控

全市公安机关从2013年4月10日起，启动"五长"带班巡逻机制，由局长、支队长、科长、所长、队长带领民警，分路段、不定时开展巡逻，最大限度把警力摆上路面，提高街面见警率，挤压违法犯罪空间。此外，由平安志愿者参与治安巡逻的行动，吸引群众热烈关注，大家纷纷反映这种巡逻方式非常有意义，既能增进群众和公安民警之间的相互了解、促进和谐，也能发挥群众维护社会稳定的积极性。2013年，群众反映强烈的"两抢一盗"警情同比下降23%。茂南区坚持按照"聚民心、用民智、借民力、致民安"的理念，以"外借民力、内建机制"为抓手，构建起"以民促安"立体化打防管控体系。2013年，已有120家企事业单位加入治安防控体系；群众共举报各类违法犯罪线索1237条，协助抓获各类违法犯罪嫌疑人员231名；形成了全区全视频管控的"天网"，共投入1400多万元，安装社会视频摄像头9616个。辖区刑事警情自2009年以来连续4年下降，破案率连续4年上升。

（三）创新社区自治能力建设，夯实基层治理基础

深入开展村（居）务公开民主管理示范创建活动，通过建立阳光村（居）务、打造服务平台、建设文化阵地、强化宣传教育、引导社会风气等措施，努力加强社区自治组织能力建设，夯实基层治理基础。高州市南塘镇彭村村委就是其中一个突出代表。该村委在村党支部书记吴国扬的带领下，自 2008 年开始，打造廉洁奉公班子，建设公共文化设施，打造议事评理平台，强化榜样带动作用，几年间迅速将一个落后村变成粤西地区的新农村示范村。化州市创新村务监督委员会建设，通过强化制度规范、强化审核监督、强化责任考核，使村务廉政监督走上制度化、规范化轨道，村务监督委员会工作成效显著。目前，该市 367 个村（社区）全部建立了村（居）务监督委员会。据不完全统计，2013 年以来该市各村"村监会"对村民代表会议决定执行情况监督达 2000 多次，全市无群体性事件，信访总量比 2012 年同期下降近 30%。此外，以创建"民主法治示范村"和"民主法治示范社区"为长效载体，扎实推进基层社区法治社会建设。目前，茂名市共有 5 个村荣获"全国民主法治示范村"称号，是全省最多的地级市之一；有 44 个村获得"全省民主法治示范村"称号，有 15 个社区获得"全省民主法治示范社区"称号；有 90 个村获得"全市民主法治示范村"称号，有 21 个社区获得"全市民主法治示范社区"称号。

（四）打造平安建设新平台，创新交流共享新模式

2013 年，全市紧密结合平安广东建设工作实践，着眼构建覆盖全市的平安建设体系，以信息技术倒逼观念更新和机制改革，逐步建成全市综治平安信息管理平台、"平安茂名"政务微信宣传平台，形成了信息交流共享的新模式，有力促进了全市平安创建工作。信息平台以"1234"模式体现总体框架，"1"是"一个整体"，即依托市信息平台，把各地各级平安创建部门连成一个整体，实现用户数据、创安信息统一管理；"2"是"两个平台"，即构建起市、县两个层面的工作平台；"3"是"三大功能"，即平安创建信息平台具有网上政务公开、办公、监督指导三大功能；"4"是"四大需求"，即满足社会公众了解平安创建政策、方针及有关业务查询服务需求，满足全市平安创建工

作人员高效办公的载体服务需求，满足纪检监察、平安办等部门对各地各部门工作进展实时远程监督、指导需求，满足各级领导科学决策的辅助服务需求。《茂名开通平安微信 以"微"力量促进社会治理》作为广东的平安名片在《创建平安广东工作通报》（第18期）被全省通报表扬。

三 加快建立现代社会组织体制

加快社会组织"去行政化""去垄断化"改革。改业务主管单位为业务指导单位，推进社会组织民间化、自治化、市场化改革进程。放宽社会组织准入门槛，简化登记程序。大幅调低社会组织注册资金，登记审批时限由原来的60个工作日缩短为15个工作日。完成了社会组织分支机构从登记设立改为事后备案的改革工作，承接了省民政厅下放的非公募基金会登记管理职能。全市社会组织规模不断壮大。目前，登记在册的社会组织1121家，其中，社会团体714家（其中行业协会93家），民办非企业单位406家，非公募基金会1家。全市的社会组织有效承接了政府职能转移工作。目前，全市共向社会组织转移职能114项，市级向社会组织购买服务262项。与此同时，加强社会组织党建工作，由社会组织党委批准成立的独立党支部达15个，党员148名，党员覆盖率达100%。

此外，切实抓好行业协会商会和枢纽型组织建设。如针对作为劳务输出大市，大量青年离开家乡外出务工，在外乡贤众多的现实，为实现共青团枢纽型社会组织对全体青年群体的覆盖，茂名共青团在已设立东莞、南宁等驻外团工委的基础上，探索推动驻外团工委实体化为青年社会组织新方式，为外出务工青年提供更优质、专业的服务。2013年4月，在海口成立茂名驻外团工委；12月，联合北京共青团成立北京茂名籍青年联合会，该联合会为全省在北京设立的首个驻外青年联合会，有效团结凝聚了在京茂名籍青年。

四 创新关爱服务群众新模式

（一）"关爱铃"成为老年人保护神

2013年，以茂南区为试点，实施了关爱老人紧急呼援平台"关爱铃"公益服务项目建设。为茂南区 4632 户五保、低保、"三无"及独居老人免费安装了"关爱铃"紧急呼援装置，紧急救助了 64 名老人，为老人提供了 45242 人次援助服务，深得用户好评。此举开创了粤东西北欠发达地区的先河，既打造了品牌，得到省民政厅的充分肯定，也为全市创新居家养老服务业、推进养老服务事业科学发展、应对老龄化挑战提供了成功的经验。

（二）关爱留守儿童工作进一步扩展

各部门相互协作，全面营造关爱留守儿童的良好环境，招募了 30425 名热心人士、450 个集体，与 38017 名留守儿童牵手结对。筹集爱心款项 92 万元，成立了全省第一个"青年企业家关爱留守少年儿童基金"。开展监护人素质提升、教师能力提升、家庭文化建设、成长环境监管四大工程。加强对留守儿童的培训和教育，投入 2.8 亿元在全市 110 个村镇建设了 122 所外出务工人员子弟学校；建立了 114 个帮扶资金总额达 260 多万元的关爱留守儿童服务站；创建了省级儿童友好社区 4 个、市级儿童友好社区 107 个，为优化关爱留守儿童服务工作奠定了基础。建立外出务工人员子弟学校的做法，被评为省社会创新观察项目。

（三）关爱农村留守妇女成效明显

在市妇联的牵头下，在全市范围内积极推进农村留守妇女工作。各级建立、完善了留守妇女互助组，普遍做到"四有"，即有固定负责人、有稳定活动场所、有完整组员信息、有翔实活动记录，使互助组真正成为"留守妇女互助之家"，实现农村留守妇女生产互助、生活互帮、情感互慰、安全互保。至 2013 年底，全市建立农村留守妇女互助组 1817 个，共惠及农村留守妇女 219857 人。通过加强关爱农村留守妇女工作，使全市农村留守妇女在生产发展上互助，加快了创业致富；在生活安居上互助，促进了乡风文明；在子女教育上互助，解决了心头之忧；在关系协调上互助，增进了农村和谐。

（茂名市社会工作委员会供稿）

肇庆：社会建设考核位居全省前列

2013 年以来，肇庆市深入贯彻落实党的十八大、十八届三中全会和全省社会工作会议精神，按照中央、省关于社会建设的决策部署，紧紧围绕更好保障和改善民生，全市社会建设工作力度进一步加大，呈现快速发展的良好势头。在 2012 年广东省社会建设试考核中，肇庆市进步指数在珠三角地区和全省排名均列第二。

一 2013 年肇庆社会建设的总体形势

（一）加强社会民生事业，人民生活持续改善

民生实事扎实推进。公共财政用于 11 类民生支出 132.1 亿元，增长 10.8%，占预算支出 67.6%。投入惠民实事各类资金合计 44.25 亿元，市十件惠民实事全面完成。城镇新增就业 47196 人，实现创业 3459 人，农村劳动力转移就业 43162 人，城镇登记失业率为 2.39%。全面启动教育现代化先进市建设，省教育强县（市、区）实现全覆盖，教育强镇覆盖率达 92.3%。664 套乡镇卫生院公租周转房全部动工建设。四会市县级公立医院综合改革试点初见成效。基层医疗卫生机构实行基本药物零差率销售和药品收支两条线管理，门诊次均费用下降了 16.31%。建成覆盖市、县、镇三级的食品安全风险监测网络。企业最低工资标准从四类提高到三类。建成保障性住房 3476 套，发放临时价格补贴 1700 多万元，新建平价商店 52 家。居民消费价格指数控制在年度目标以内。各项社会保障参保任务全面完成，发放社会保障卡 310 万张。106 个乡镇（街道）人力资源和社会保障服务所建设全面完成。医保经办服务网点覆盖所有乡镇，医保支付比例达 70%。低保范围扩大到人均年收入低于

3000 元的农村居民和低于 4560 元的城市居民，五保供养标准提高到当地农村居民上年度人均纯收入的 60%。累计投入救灾款物 5300 多万元。完成 656 户全倒户重建。新一轮"双到"扶贫开发累计筹措帮扶资金 3460 万元，启动帮扶项目 527 个。

社会事业全面发展。市第一中学新校区建成使用并成为国家级示范性普通高中，义务教育规范化学校覆盖率和普通高中优质学校比例分别达到 95%、83.9%。共有 4.89 万名学生享受中职免学费政策，实施了山区和农村边远地区义务教育学校教师岗位津贴制度。高等教育发展水平不断提高。解决了 16 万多人听广播看电视难问题。通过"中国砚都"复评，端砚文化产业园、四会玉器文化产业创意园等项目进展顺利。通过创建全国文明城市年度考核验收。第十二届全运会金牌数居全省第六，成功承办省第三届体育大会并取得全省第四的历史最好成绩。完成省下达的年度人口计划任务。制定了社会组织承接政府职能转移和购买服务目录。排查调处各类矛盾纠纷 8258 宗，成功率达 98%。打击各类违法犯罪力度加大，社会治安综合治理得到加强。开展 2013 年"南粤幸福活动周"，举办群众活动 310 多场次，20 多万群众参与，有效营造共建共享幸福肇庆的生动局面。

（二）深化社会体制改革，社会治理能力不断提升

平安肇庆建设成效显著。始终把平安社会作为社会建设重要内容常抓不懈，连续 16 年荣获四届"全国社会管理综合治理优秀市"荣誉称号，连续两度夺得全国社会管理综合治理"长安杯"。肇庆市各级党委、政府高度重视综治工作，深入开展平安创建活动，创建了一大批平安村（社区）、家庭、医院、景区、市场、企业等，全市没有发生造成严重影响的群死群伤重特大交通事故、火灾事故、安全生产事故、重特大刑事案件、群体性事件，全市社会治安大局持续稳定。"'法治肇庆'微博群"项目荣获第七届（2013～2014 年）"中国地方政府创新奖"提名奖。肇庆市被评为全国法治城市创建活动先进单位。

社区网格化管理取得新成效。全省首批"社会创新实验基地"和"社会创新试点项目"之一的"端州区城市社区服务管理项目"累计已投入 1000 多万元，以城东街道塔脚社区、城西街道西江南路社区为试点，充分运用网格理

念和现代信息技术，将城乡社区划分为多个网格，以网格为单位，建立县（市、区）、镇（街道）、社区三级网格化社会服务管理综合指挥平台，依托电子地图将"人、地、物、事、组织"各类信息全部纳入系统管理，并将社会服务、城市管理、部件管理三大类552项事项通过系统进行处理，把人员、经费、资源下沉至网格，组建网格管理队伍，实行"定岗、定人、定责、定章"，实现管理在"网"上提速，服务在"格"中增效。依托网格化管理，端州区在全省率先创新城市管理"执法通"风险防控平台，开展市政管养服务和城管执法。推进"三官一师"（法官、检察官、警官和律师）进社区、社区民警兼职制度、居委"法制副主任"等工作，推动基层社区依法治理体制建设。把公益志愿服务融入网格服务管理，让居民全方面参与社区建设，构建社会广泛参与社区基层治理体系。

城乡基层社区治理创出新模式。一是广宁县建立"138"社会治理体系。充分发挥"138"人员（即"一老"：离退休老同志，"三类人物"：党代表、人大代表、政协委员，"八方力量"：共青团、工会、妇联、工商联、残联、个协、民间组织、乡贤能人）在调解社会矛盾、化解利益冲突、密切邻里家庭关系等方面的积极作用，降低社会管理成本，维护社会稳定。二是端州区物业小区开创"三元共治"模式。端州区星荷豪苑小区居民，在热心老党员牵头下，成立小区业委会和全市首个居民小区党支部，并在全省首创小区业委会法人地位。通过以社区党组织为主导，小区党支部、业委会和物业公司形成共同协商议事、资源共享、良性互动的"三元共治"小区居民自治模式，形成党建引领、组织运作、社会协同、群众参与的小区治理新体系。三是封开县利用信息技术建立集"网上审批、限时办结、上下互联、在线监督"于一体的镇级便民服务网上审批和电子监察系统，将异地医保异地住院药费报销、最低生活保障金、五保生活保障金、林地林权登记、林木采伐许可、农村宅基地申请等事项纳入系统审批，行政审批平均提速率达62%。四是在全市开展"弘扬村史文化、重塑精神家园"农村社会建设工程。选取7个试点村，以村的特有的历史文化为切入点，培育建立农村社会组织，成立了村民理事会，制定了村民议事制度和理事会规章制度，建立了村民议事厅、理事会办公室，有效促进农村自我管理，构建社会善治格局。

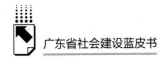

（三）大力培育发展社会组织，社会活力明显增强

社会组织加快发展。设立 150 万元肇庆市市级培育发展社会组织专项资金，由市社工委统筹，重点支持非营利性社会组织开展社会建设，培育发展较活跃但未注册登记社会团体，以及扶持各地社会组织孵化基地建设。建立了社会组织大数据库，将全市社会组织分门别类，摸清底数。指导全市 16 家社会组织成功申请省级培育发展社会组织专项资金 310 万元。2013 年，全市登记注册社会组织 1308 家，新增 172 家，增幅达 15.1%，增幅位居珠三角前列。

各类社会组织孵化基地建立并发挥作用。发动社会力量建设肇庆市社会组织孵化基地，属全省首创。孵化基地在为社会组织提供专项服务、硬件服务、后勤服务、小额活动补贴等方面发挥重要作用。目前已有 30 余家社会组织、准社会组织及市直部门志愿者服务队进驻基地，开展了"公益学院"、公益培训等相关活动，并逐步成为社会组织党建的新载体。鼎湖、四会、高要、德庆等地孵化基地也全面投入使用，加快形成全社会支持培育发展社会组织的大好局面。

枢纽型社会组织建设不断加强。市总工会成立肇庆市职工服务类组织联合会，建立肇庆市工会参与社会治理的组织体系。团市委以"好社会·亲青汇"为主题，在市、县两级建立了 11 个青年社会组织培育孵化基地，创立了青年创意创业平台。市妇联建立了"爱·公益坊"，扶持发展 13 家社会组织，并在全市各地建立了 6 家"爱·公益坊"分站，另外 5 家分站即将成立。

（四）推动公益志愿服务发展，城市文明程度有效提升

建立"肇庆人人公益网"。集公益项目需求对接、志愿时登记、社会组织库、公益活动评估激励、公益学习培训及公益论坛为一体的全市公益志愿服务平台"肇庆人人公益网"投入运营。网站为全市公益事业服务交流网络平台，及时发布各类社会组织的服务项目和社会服务需求，实现公益志愿服务供给与社会需求有效对接，推动公益志愿服务规范化、项目化、常态化、社会化

运作。

公益志愿活动活跃开展。发动 12 个市直单位建立首批志愿者服务队，形成肇庆市志愿者服务队联盟，鼓励公益性社会组织开展公益志愿服务。每年元旦春节期间，组织开展"暖流行动"志愿服务活动，为异地务工人员返乡回城的"摩托车过境大军"献爱心送温暖，成为春运的"肇庆品牌"。依托"肇庆人人公益网"开展的"清洁家园"公益活动已连续举办了 20 多期，越来越多的群众加入公益志愿服务行列，社会辐射带动效应日益凸显。

（五）加强异地务工人员服务管理，增进社会和谐

异地务工人员合法权益得到保障。切实保障在肇庆工作的 20 多万异地务工人员在就业培训、社会保障、子女教育、医疗卫生、入户城镇等方面的合法权益。建立了工资集体协商、建筑施工企业工资支付保证金等相关制度，大力开展劳动保障监察和劳动争议调解仲裁，推动异地务工人员积分入户城镇。

异地务工人员归属感不断增强。为异地务工人员在学习、娱乐、培训、维权等方面提供贴心服务，多次举办异地务工人员文艺演出、电影放映、职工技能大赛、拔河比赛、篮球比赛等文体活动，丰富异地务工人员的生活。端州、大旺、高要等流动人口集中的地区建立了流动人口服务管理中心，异地务工人员服务管理工作创出了肇庆高新区模式和高要金利镇模式。推进异地务工人员服务商会建设，促进企业与异地务工人员之间平等沟通协商，促进异地务工人员有效融入本地。

二 2013 年肇庆社会建设存在的问题和面临的形势

（一）存在的主要问题

一是保增长社会建设投入不足。受经济发展水平所限，社会建设方面民生历史欠账多、基础差、底子薄，教育文化、医疗卫生、社会保障等水平偏低，社会建设明显滞后于经济建设。

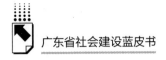
二是社会内在活力不够。社会组织数量偏少、质量偏低，多数社会组织带有浓厚的行政色彩，社会服务能力不强，不适应社会发展需求。

三是社会体制改革明显滞后。一些改革未取得重大突破，部分行政审批程序仍比较繁杂、审批时限过长，政府向社会转移职能力度不大，政府购买社会服务门槛较高，难以推动政府、市场、社会同步发展。

四是基层社会自治水平不高。基层行政管理限制了基层自治组织发展，城乡社区自治能力较弱，群众自我管理、自我教育、自我服务、自我监督的运作机制难以发挥作用，社会参与程度不高。

五是维护社会大局稳定压力较大。由于全市产业档次低，环保设施滞后，历史欠账问题叠加出现，环境保护压力增大，民众对环境空气质量的诉求不断增加，以及全市重点项目建设社会风险评估制度不完善、经济发展进程中出现的征地拆迁等难题日益显现，影响社会不稳定因素增多，群体性事件易发、多发，维护社会大局稳定压力较大。

（二）面临的挑战和机遇

随着贵广南广铁路、广佛肇高速、广佛肇城际轨道等道路交通日趋完善，肇庆高新区和新区快速发展，全市经济发展水平稳步提高，但全市社会建设亦将面临产业转型升级、生态环境亟须改善、教育和医疗等民生保障不足、人口城市化、社会不稳定因素增多等挑战和问题。

但机遇与挑战并存。近年来，市委、市政府越来越重视社会建设，注重经济建设和社会建设协调发展。广佛肇、肇梧、肇贺战略合作的进一步深入，粤桂合作特别实验区、肇庆新区的加快建设，"两区引领两化"战略、"一江两岸"整体城市设计、县域城市扩容提质等重大部署的陆续展开，将吸引更多人才为肇庆发展提供服务，全市经济实力必将得以提升，社会建设基础必将得以夯实。随着社会体制改革稳步推进，"美丽肇庆·幸福家园"文明创建活动和"平安肇庆"创建活动深入开展，"十大惠民工程"全面推开，政府职能加快转变，肇庆社会建设将迎来一个重大历史机遇，必将朝着民生保障和改善不断提高、社会公平正义得以维护和实现、环境卫生得以改善、人民幸福指数持续攀升的大好趋势迈进。

三 2014年肇庆社会建设的对策建议

（一）深化社会体制改革，切实保障改善民生

抓紧落实省13项年度重点改革任务，切实抓好市15项重点改革工作。推进社会组织体制机制改革，完成行业协会去行政化、去垄断化，进一步简化社会组织登记审批程序；深化医药卫生体制改革，抓好德庆、封开第二批县级公立医院综合改革试点；推进基层医疗卫生机构综合改革，加快肇庆新区医院建设和县级医院改扩建，加快推动乡镇卫生院医务人员公租房建设；创新城乡公共就业创业服务体系，促进以高校毕业生为重点的青年就业创业和农村转移劳动力、城镇困难人员、退役军人就业；深化文化体制改革，加快推进包公文化园、端砚文化产业园等项目，抓好乡镇综合文化站建设，支持具有本地特色的文化精品创作，鼓励创办非公有制文化企业，提高城市文化实力和群众文化生活水平。继续深化户籍制度改革，加快完善农民工积分制入户以及异地中考政策，加大对异地务工人员、农转非、本地农民工等社会群体进行就业技能、文化素质、普法教育等培训，促进人口城市化，提高全民整体素质。继续推进"十大惠民"工程建设，加大民生投入，切实解决好基本民生、底线民生、热点民生，不断提高群众生活水平，夯实社会建设基础。

（二）培育发展社会组织，推进购买社会服务

通过推进社会组织体制机制改革，逐步降低社会组织登记准入门槛，全面整合运用肇庆市社会组织孵化基地，鼓励各地建设发展孵化基地，高效利用肇庆市市级培育发展社会组织专项资金，重点培育、优先发展公益慈善类、城乡社区服务类、行业协会商会类、群众生活类等四类社会组织，并无偿提供场地、咨询、培训、项目等服务，强化指导社会组织承接政府职能转移能力建设，加大社会组织等级评估力度，引导社会组织积极承担教育、就业、社保、医疗卫生、住房保障、文化体育、残疾人服务等基本社会服务；支持群团组织

发挥、做强枢纽作用，推进政府通过委托、承包、采购等方式向社会力量购买公共服务，逐步实现还"服务"于"社会"。同时，加快完善政府职能转移目录和公共服务购买流程，逐步扩大购买社会服务的范围、步伐和力度，将更多社会事务委托给具有资质的社会组织去完成，进而达到节约政府开支和人力、提高服务效率和质量的效果。

（三）发动社会力量参与，创新社会治理体系

肇庆市将继续在总结推广端州区社区网格化管理和广宁县"138"社会治理体系的基础上，发挥"和谐协进会"作用，探索"关工＋社工＋义工"联动参与社会治理机制，强化劳资纠纷源头预防和化解机制，加快培育和引导社会组织等社会力量参与社会治理，重点参与民生事业建设，预防和化解社会治理难题，创新城乡基层社会治理体系，实现农村（社区）社会治理能力现代化，加快形成"党委领导、政府负责、社会协同、公众参与、法制保障"的社会治理体制。

（肇庆市社会工作委员会供稿）

清远：着力建设"五个社会"

2013 年，清远市围绕"民生社会、平安社会、公平社会、活力社会、法治社会"五个社会建设，继续加大民生领域投入力度。

一 2013 年清远社会建设主要工作亮点

（一）社会工作体制进一步完善

一是相关法规出台完善。在充分调研和科学论证的基础上，清远市先后制定出台了《关于构建枢纽型组织的实施意见》《中共清远市委清远市人民政府关于培育发展和规范管理社会组织的实施意见》《清远市县（市、区）党委社情民意反映制度》《清远市社会组织孵化基地建设暂行规定》《清远市政府向社会转移职能工作细则（试行）》《清远市社会工作委员会会议制度》《清远市社会工作委员会督查工作制度》等一系列制度，构建了具有清远特色、完善科学有效的社会建设工作制度，为推进全市社会建设提供了制度支撑。二是社会工作组织架构进一步优化。经过两年多运行，目前清远两级社工委形成了推进社会建设的合力，各级社工委不仅统筹同级党政部门推进社会建设各方面改革创新，两级社工委之间还完善了相关工作的交办、督办机制，社会工作组织架构进一步优化。

（二）政府职能进一步优化

一是部分政府职能顺利转移。出台了《清远市政府向社会组织购买服务实施意见（试行）》和《2013 年市级政府向社会组织购买服务目录》两个规范性文件，目前已有涉及 11 个行政单位的 47 项转移事项交由社会组织承接，涉及政府部门向企业提供服务的 30 项事项委托给相关协会和商会。二是推动社会体制改革。制定了《2013～2014 年深化社会体制改革工作任务表》，把社会体制改革五大类 40 项改革任务分解到各行业和各地各部门；指导社会组织特别是工青妇枢纽型组织积极开展社会创新项目。在各县（市、区）开展的创新项目中，各地均涌现较好的创新项目，其中阳山县推进的"县—镇—村"三级社会综合服务平台项目，被列为清远市社会创新观察项目，在全市进行交流推广，英德、连州、佛冈等地村民自治经验也在全市推广。

（三）社会组织进一步发展壮大

一是社会组织数量不断增多。自 2012 年起，清远申请成立社会组织由民政部门直接审查登记，截至 2013 年，清远登记在册的社会组织共有 1168 家，较 2012 年新增 164 家，增幅为 16%。二是加大社会组织培育工作。在社会组织孵化基地建设上，清远市落实 1000 万元社会组织孵化基地首期建设资金，研究入驻社会组织税费减免政策，给予"清远市职工'心灵驿站'孵化中心""清远青年社会创益中心""清远妇女儿童组织促进中心和关爱妇女儿童大联盟"三个社会组织孵化基地扶植和帮助。此外，清远还大力构建枢纽型组织体系，充分发挥工青妇等人民团体和其他枢纽型组织的纽带作用，引领和带动相关社会组织为社会提供服务。三是加快培养本地专业社工人才。积极发动社会工作者参与国家社会工作师职业资格报考，并对报考者进行办班培训，2013 年全市参考 415 人，考试合格 92 人（中级 20 人、初级 72 人），相当于原有持证社工人才数量的 2.7 倍。四是开展社会组织评级工作。符合评估条件的 14 家社会组织获得 2A 级及以上等级，其中 5A 级 3 家、4A 级 3 家、3A 级 6 家、2A 级 2 家。获得 3A 以上评估等级的社会组织，可以优先接受政府职能转移，优先获得政府购买服务和政府奖励。五是向社会组织购买服务。清远市清城区已经在 3 个"中心社区"进行升级打造，并以实施政府购买社工服务的方式引入社工服务，委托有资质的社会组织提供社区服务。

（四）探索社区建设新模式

一是推行网格化试点工作。在城市地区，清远市积极探索社区治理模式，指导和支持清城区洲心街办启明社区开展城市社区网格化试点工作。该社区被划分为19个单元网格，并先在其中4个单位小区实施网格化管理服务。试点小区主动排查化解各类治安隐患、矛盾纠纷，并发动网格内的热心退休人士，辅助协管员管理网格内日常事务，做到"小事化解不出网格、大事调解不出社区街道"，将矛盾化解在基层。二是社区引入社工服务。清城区作为"城市社区综合管理"试点，成立了居家养老服务中心，由专业社会组织承接运营，清城区每年投入资金购买服务，这是清远市首例以政府购买服务形式参与社会治理的新模式。此外，该区还在4个街道分别打造1个以家庭综合服务为主的政府购买服务项目试点，支持社会组织承接政府职能转移。

（五）社会民生事业得到较大发展

一是调整布局，推动教育均衡发展。投入11.4亿元，完成市中心区域12所学校的新建和改扩建，新增优质学位1.84万个。完成村小改造48所、教学点改造96个，恢复偏远地区教学点11个和完全小学4所，全市农村和边远山区义务教育阶段学校教师岗位津贴人均每月提高500元。义务教育标准化公办学校覆盖率达97.2%，同比提高15.7%。免除中职学校农村学生、城市涉农专业学生和家庭经济困难学生学费，解决进城务工人员随迁子女中考升学问题。创建7个省教育强县（市、区）、63个省教育强镇（街、乡），教育强市创建工作通过省初评。学前教育毛入学率达93%，高考取得历年最好成绩，全市在校中小学生实现了从净流出转向净流入。二是加大力度改善基层医疗卫生条件。完成256个村卫生站标准化建设和3批基层卫生骨干的培训任务，解决基层医疗服务机构债务和在岗不在编人员待遇问题，启动了镇村医疗机构一体化管理工作。创建6家平价医院和21家平价诊室，99家基层卫生院和1000多个村级卫生站，提供平价药包服务。清城区洲心社区卫生服务中心创建为"国家示范社区卫生服务中心"。三是抓好以十件实事为重点的民生改善工作。清远财政投入11.3亿元，全面完成2013年十件民生实事，解决了一批事关群众利益的热点难点问题。城镇新增就业、失业人员再就业、农村劳动力转移就业均超额完成年度任务。提前超额完成了城镇职工基本养老、医疗、失业、生育、工伤和城乡居民养老保险扩面征缴任务。对24.46万人次实施了医疗救助。共建成各类保障房 7064 套，完成率达 124.9%。全年民生领域支出 130.5 亿元，基本公共服务支出 78.6 亿元，分别占公共财政预算支出的 70.3%、42.4%。四是实施新一轮"双到"扶贫工作。444 名干部进驻重点帮扶村，基本完成 284 个重点帮扶村 3.1 万贫困户的建档立卡。积极做好国家级扶贫改革试验区建设前期工作。完成"两不具备"贫困村庄搬迁安置任务，实现"五年任务三年完成"目标。1607 户因灾全倒户全部搬入新居。

（六）农村综合改革取得显著成绩

一是发挥农村自治功能。截至 2013 年，清远共有 14554 个自然村成立了村民理事会。村民理事会成员由村内德高望重、关心村务发展的村民来担任，村中大小事均通过村民理事会议论，能够最大程度获得村民认同。连州市保安镇熊屋村村民理事会每年平均集中开会讨论约 20 次，村民通过自治，乡村规划错落有致、村道整洁；英德市西牛镇小湾村新城组通过自治议事，村民将村里所有旱地收归集体统管，由集体承包出租，乡村经济被盘活。二是把党支部建在村小组。2012 年底，《中共清远市委、清远市人民政府关于完善村级基层组织建设推进农村综合改革的意见（试行）》出台，将"乡镇—村—村民小组"调整为"乡镇—片区—村（原村民小组或自然村）"，并在片区建立党政公共服务站，在片区下以一个或若干村民小组（自然村）为单位设立村委会、建立村民理事会，在片区下辖的村（原村民小组或自然村）建党支部。截至 2013 年清远在村民小组（自然村）一级成立 8419 个党支部，实现了基层组织建设重心下移。在村一组，基层党组织的核心作用更加明显。村民小组一级成立党支部，党员更加集中，对基层事务的引领作用更加容易发挥。2013 年 4 月初，英德市西牛镇欲帮该镇小湾村加宽进村公路路面，通过党支部做工作，仅 1 个月后，5 个村小组的村民就将路两边的树木砍掉，自觉支持道路拓宽。三是公共服务下移。清远在行政村一级或片区建立了 710 个党政公共服务站，并与镇、县党政服务系统联动，为村民办事提供实实在在的方便。据了解，试点地区阳山县建立了覆盖县镇村三级社会综合服务网络，农村群众可享受上门服务。社会综合服务中心设有服务窗口，窗口工作人员审核各乡镇送办事项材料后提交单位科室办理，待群众交办事项办结后，由综合服务中心转回代办员，代办员转回给村代办员，村代办员再转回给办事群众。据统计，2013年阳山县各级社会综合服务机构共办结事项161987宗，按平均每次外出办事花费的交通费、误工费和伙食费共50元计算，共为群众节省办事费用800多万元。而项目总投入600万元，每年运行费用约为100万元。四是推动土地承包经营权确权及土地流转。清远在阳山县6个村试点推进土地承包经营权确权登记颁证，英德市农村集体土地流转服务中心、清新区三坑镇农村土地承包经营权流转中心试点工作进展顺利。此外，清远还启动了农村金融改革创新综合试点工作。阳山县被列为全国农村综合改革示范试点，佛冈县成立了全国首家在经济联合社框架内设立的农民信用合作组织。五是启动美丽乡村建设。完成101个美丽乡村的建设规划工作，初步建立美丽乡村建设工程项目库。在农村垃圾处理上，建成"一镇一站"垃圾中转站84个、"一村一点"垃圾收集点15790个，农村改厕普及率达82.2%。完成4个村的整村推进建设，新创建省级卫生村9个。

（七）培育社会主义核心价值观

通过举办"南粤幸福活动周"，以及历年来文明单位、文明社区、文明行业、文明市场、文明家庭、文明村镇、"十佳文明司机"、"优秀现代公民"、"优秀志愿者"、"最美清远人"等一系列评选活动，清远全市上下培育并践行"爱国、敬业、诚信、友善"的社会主义核心价值观。清远近期不断涌现好人好事，如被省评为"助人为乐好人"的按摩店老板古锐华，被评为省"孝老爱亲好人"的李立新，患了淋巴瘤仍带病坐诊4年多、累计接诊近5万人次的"医痴"夏明凯，等等。

二　2013年清远社会建设主要经验与启示

（一）农村综合改革取得实效，带活农村各项事业发展

一是农村基层组织得到培育发展，成为农村建设的发动机。目前，清远农村村级组织已初步建成集村党支部、村小组、村民理事会以及各类经济合作组

织的组织架构，各类组织发挥作用，农村活力得到激发。二是农村土地承包经营权确权激活农村"造血"功能。此前，由于土地承包的零散化，农村种养业难以体现集约优势，农民收益不高，农村农田丢荒情况不断增多。土地承包流转的关键在于土地承包经营权确权证明。2013 年，清远在部分县适时推开土地承包经营权确权登记颁证及农村集体土地流转服务工作，打开了土地流转的阀门，零散土地得到盘活，并通过流转提高村民收益。以英德市西牛镇为例，该镇 2013 年成功流转土地 2 万多亩，村集体增收超过 800 万元。三是公务服务下移到农村，打通公共服务"最后一公里"。目前，清远已经设立了 997 个社会综合服务站，覆盖农村地区，并在村一级建立代办制度，诸如社保、计生、户籍等众多与群众息息相关的公共服务能够延伸到农村基层，通过县—镇—村三级平台实现快捷办理。这在一定程度上解决了农村空心化问题，增强了农村基层活力。四是农村综合改革带动农村发展，推动美丽乡村建设。农村基层组织建设调动了村民的积极性，土地承包经营权确权及涉农"三资"交易平台建设等改革盘活了土地这一农村最大的生产要素，提高了生产效率，公共服务下移打通了公共服务"最后一公里"。通过农村综合改革的各项措施，农村各项事业发展有了人员和机制的保障，如村务建设、农村经济建设等领域均因此取得较大变化。

（二）城市社区公共服务路径创新，有效满足社区居民需要

一是社区对公共服务的需求给传统社区带来新挑战。此前，社区居委会过多承担了行政职能，具有很强的"行政化"色彩，自治功能不足，在对社区居民提供公共服务的便利性和多样性上明显不足，不能够满足社区居民需求。二是政府购买模式有效弥补社区公共服务短板。清远市清城区目前正推进城市社区规范化建设，即社区内建有公共服务站、文体活动中心、健康计生服务中心、家庭服务中心、公园等硬件设施，提供基本公共服务。清城区作为"城市社区综合管理"试点，成立了居家养老服务中心，由专业社会组织承接运营，清城区每年投入资金购买服务。此外，该区还在 4 个街道分别打造 1 个以家庭综合服务为主的政府购买服务项目试点，支持社会组织承接政府职能转移。实践表明，通过竞争性政府购买，能够借助市场之手有效提供较为完善的

社区服务。三是网格化管理有效化解社区矛盾。目前，在清远清城区洲心街办启明社区试点了网格化工作。实践证明，网格化能做到"小事化解不出网格、大事调解不出社区街道"，将矛盾化解在基层。此外，该试点还将部分公共服务纳入网格之中，网格化管理更具实效。

（三）各地积极结合本地实际，推出基层矛盾化解新举措

一是连南"瑶老"调解员，善调当地矛盾。"瑶老"是当地排瑶人民对管理瑶族村寨对内、对外各项事务的老人的尊称，连南优先聘请威信高、公道正派、热心调解工作的瑶族同胞作为村级人民调解员，在积极排查和化解群众内部纠纷矛盾上发挥了重要作用。二是各地建立民情志愿队，收集、反映民意。清远先后组建了市级民情志愿服务队5支，总人数864人，县级民情志愿服务队8支，总人数1061人，积极参与开展矛盾化解、法制宣传、民情收集、扶贫济困等活动，成为推动基层社会和谐稳定的重要力量。

三　2013年清远社会建设面临的主要问题与挑战

（一）社会组织发育不足

当前清远社会组织总数1000多家，离每万人拥有5个社会组织的目标尚有一定距离，此外，社工持证人数仅126人，数量偏少。社会组织及专业社工数量少，这成为阻碍社会建设工作的一个制约因素。究其原因，主要是受经济发展限制，草根型社会组织发育不足，不少社会组织成为政府行政权力的延伸。在社会组织科学监管上，也亟待建立一套科学制度。

（二）基层自治功能仍需进一步培育

清远农村地区目前广泛成立了村民理事会，理事会如何科学有效运作、充分发挥村民自治功效，如何与其他农村基层组织协同发挥合作，仍需进一步探索。在城市地区，社区居民之间呈现"陌生人社会"特征，如何发挥居民自治也亟待破题。

（三）基本公共服务地区差异加重不平衡

清远南北区域、城市与乡村之间，基本公共服务的提供水平相差较大，加重了地区发展的不平衡。在清远南部地区，部分地区的医疗、教育已经达到或接近珠三角地区的水平，但在北部地区，因为缺少资金，医疗、教育等公共服务仍然满足不了群众需求。近年，不少民众从北部地区迁到南部地区，导致北部山区人才流失，地区差距短时间内难以得到消除。

（四）社会矛盾多发易发

近年，因矛盾纠纷引发的信访案件易发多发，多涉及基层林地纠纷、突发事件，其中一部分系公共政策出台前未充分征集民意，导致部分群众争议引发不满。因此，作为社会建设的重要内容，社会矛盾预防机制需要建立并完善，在一些公共政策出台前可委托相关社会组织做相关项目评估，并充分公开征求群众意见，预防各类纠纷发生。

（五）社会治理仍需创新

一是通过提高农村组织化水平建设，带动农村发展。今后一个时期，清远将重点提升农村组织化水平，通过发挥基层自治功能，完善农村土地承包经营权确权、土地流转服务平台建设，以及农村公共服务等措施，激活农村发展活力。目前，清远已经在部分县推行"基层自治""土地确权""建设流转服务平台""公共服务三级平台"等改革，并在一些试点村取得较好效果，但也遇到一些阻力。比如在土地经营流转上，一些村民仍存有顾虑；在村民自治上，如何进一步发挥好党支部、村民理事会、村小组的协同作用，仍需要建立一套科学的制度。此外，这些改革的叠加效果如何，仍需通过试点来观察推进。二是政府职能转移将进一步推进落实。为深化改革，向社会和市场放权，政府职能进一步转移或委托给相关社会组织承接成为当下趋势。但目前像清远这样的后发地区，社会组织发育不完善，且部分社会组织仍与市行政部门存在隶属关系，使得政府在转移职能上存在一定阻碍。这表现为：一些部门不愿意转，认为社会组织发展不够完善，害怕一放就乱；也有些部门避重就轻，将一些简单、琐碎的职能转移出去，应该转的、比较重要的职能则握紧不放；也有些部门将职能转于与自己部门有关的下属组织，明转暗不转；等等。下一步，清远将通过充分调研，制定相关职能转移目录，确保职能能够转出去、转得好，进一步提高社会治理的效率。三是城市社区充分发挥自治功能，打破邻里藩篱。在城市地区，小区多呈"弱关系"社会，社区自治功能没有得到发挥，社区居民联系缺乏纽带，导致社区居民之间形同陌路，缺乏沟通，一旦发生矛盾纠纷，难以得到及时有效解决。此外，社区居民的一些基本公共服务需求也难以得到满足，如居家养老、家政以及办理计生、户籍手续等。

四　2014 年清远社会建设主要工作

（一）探索城市社区社会治理创新

厘清街道办事处与社区居委会的工作职责，实行权随责走、人随事调、费随事转；推进社区居委会直选，完善以居民会议和居民代表会议为主要形式的民主决策制度；推广网格化管理，力争到 2015 年，实现网络化管理社区在全市基本覆盖的目标；推进社区信息化管理平台建设，设计和开发集服务对象的家庭成员情况、住房、劳动保障、计生、民政信息、医疗卫生、消防等信息资料于一体的信息化管理平台。

（二）进一步培育发展和规范管理社会组织

推动"清远市职工'心灵驿站'孵化中心""清远青年社会创益中心""清远妇女儿童组织促进中心和关爱妇女儿童大联盟"三个社会组织孵化基地建设，落实相关扶持资金，并制定社会组织进驻与扶持政策；进一步完善政府转移职能和购买服务制度，推动政府向社会组织购买服务资质评判标准化；开展社会工作专题培训，对政府职能转移部门和社会组织进行业务培训，讲解政府职能转移、政府向社会购买服务、社会组织承接政府转移职能的资质和程序等内容；大力发挥工青妇等群团组织的枢纽作用；加大规范管理社会组织力度，构建社会组织综合监管体系，建立社会组织综合管理信息平台和信用体系。

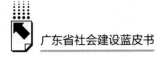
（三）完善社会建设相关体制机制

进一步完善社会建设综合考核体系，充分发挥考核的导向、激励和约束作用；统筹推进社会体制改革，《2013～2014年清远市深化社会体制改革工作任务表》把清远市社会体制改革工作任务分解到各成员单位和各县（市、区），2014年将加大该项工作督办力度；面向全市社会组织征集一批社会创新观察项目，充分调动社会组织参与社会治理创新的积极性，提升社会服务功能，加快构建"社会协同、公众参与"的社会建设格局；完善全市社会建设统筹协调机制，建立市社工委向成员单位工作交办和督办制度，成员单位向市社工委报告工作制度和工作述职制度；进一步推进社会创新观察项目创建，在8个县（市、区）选定一批项目作为市社会创新试点项目，抓好试点项目的成果转化。

（四）推进"平安清远"建设

继续推进"平安细胞"建设，把平安创建活动延伸到社区、单位和家庭。大力加强社会治安综合治理，完善立体化治安防控体系；大力抓好矛盾排查调处工作，建立健全社会稳定风险评估、社会矛盾纠纷预防和化解机制。建立专业的第三方调解平台参与社会矛盾调处；健全应急机制，妥善应对各类突发事件。

（清远市社会工作委员会供稿）

潮州：努力建设文明幸福潮州

2013 年，潮州市紧紧围绕建设"富裕潮州、美丽潮州、文明潮州、幸福潮州"的目标任务，以"民营企业服务年""基础设施会战年""机关作风转变年""三个年"活动为抓手，扩内需谋发展、优环境强投入、兴实体推转型、惠民生促稳定，社会建设取得初步成效。

一 2013 年潮州社会建设的主要亮点

2013 年，潮州市社会建设呈现以下六个亮点：一是坚持以人为本，积极发展民生事业。全市财政民生支出 60.3 亿元，占公共财政预算支出的 70.1%，基本完成十件民生实事各项目标。二是实施共建省级创新观察项目并取得成效。积极摸索出一条文化融合促发展的异地务工人员服务管理的新路子，让外来人员全面参与并真正融入本地社会，共同推进区域经济社会又好又快发展。枫溪外来人口服务管理上升为省级创新实验基地。三是探索建立异地务工人员服务组织工作有新突破。总结并推广潮安古巷异地务工人员服务组织"三个一"模式（镇一个中心，村一个站，企业一个互助组），正确引导异地务工人员自我服务、自我治理。至 2013 年年底全市建立异地务工人员服务组织 22 个。四是以深化社会体制改革项目建设为抓手，推动全市社会体制改革。全市"建设农村信息服务平台，完善社情民意收集处理系统"等 11 个项目于 2013 年 5 月被省列为 2013～2014 年广东深化社会体制改革项目。至 2013 年年底，11 个项目的推进工作基本顺利，取得阶段性效果，并逐步发挥作用，进一步推动全市基层社会经济全面协调发展。五是进一步完善社会建设工作机制。出台《潮州市社会工作委员会工作制度》等社工委系列工作制度，进一步完善全市社会建设统筹协调工作机制。六是积极培育发展社会组织，加强社会能力建设。2013年重点培育发展10家有带动、示范作用的社会组织，逐步建立政府向社会组织授权和购买服务制度，依法将政府行业管理与协调、社会微观事务管理与服务等职能转移给具有资质条件的社会组织。

二 2013年潮州社会建设主要经验与启示

（一）坚持以人为本，尽心尽力惠民生

一是抓好就业社保工作，新增城镇就业3.2万人，培训、转移农村劳动力1.65万人和3.44万人，努力扩大社会保险覆盖面，全市参加职工养老、失业、医疗、工伤、生育保险人数分别增长7.2%、3.8%、7.4%、4.1%和7.4%，城乡居民养老保险、医疗保险参保率分别巩固在99%和98%以上，切实增强社会保障能力，启动实施大病保险，企业退休人员平均养老金提高10%；二是抓好解困工程，动工建设市残疾人康复中心大楼，新安置残疾人就业529人，新开工保障性住房1077套、基本建成1490套，完成农村低收入住房困难户住房改造2555户，推进农村饮水安全工程，新增受益人口12.5万人，全面铺开新一轮扶贫开发工作，努力提高社会救助水平；三是抓好惠民实事，继续完善公共文化体育设施，新建成一批公共电子阅览室、数字影院，大力推进全国文明城市创建工作，广泛开展"文化走亲"等惠民活动，成功举办市第十五届运动会，活跃群众文体生活，市博物馆升级为国家二级博物馆，深入开展教育创强工作，枫溪区和4个镇通过省创强验收，义务教育标准化学校覆盖率达到59.7%，公办幼儿园占比提高到31%，中考招生实现"三统一"，继续深化医药卫生体制改革，逐步完善基层医疗卫生服务体系，完成市第三人民医院扩建工程，建成平价医院2家；四是加强人口计生服务管理，开展免费孕前优生健康检查；五是重视食品药品安全，建立四级食品安全监督网络，推行餐饮食品和药品安全量化分级管理，提高食品药品安全监管水平。①

---

① 潮州市市长李庆雄《2014年潮州市政府工作报告——2014年2月20日在潮州市第十四届人民代表大会第四次会议上》。

（二）推行"五通"模式，加强文化融合

努力推进实施共建省级创新观察项目。针对外来人员服务管理特点，着眼于破除外地人与本地人之间存在的文化壁垒，选取有效切入点，大力引导、推广"五通"的文化融合：一是破除交流壁垒，实现"通语"；二是破除信仰壁垒，实现"通俗"；三是破除户籍壁垒，实现"通婚"；四是破除圈子壁垒，实现"通情"；五是破除理念壁垒，实现"通业"。通过在语言、婚姻、人际交往、合作创业等方面的互通互补，实现异地务工人员与本地居民在共同建设中融合、在工作生活中融合、在互相尊重学习中融合、在互利共赢中融合的新跨越，开创了异地务工人员服务管理工作的崭新局面。

（三）探索和推广"三个一"模式

2013年，潮州市加大培育发展异地务工人员服务组织工作的力度，在总结潮安县古巷镇通过选聘优秀异地务工人员任"编外村官"做法的基础上，试行、探索、推广异地务工人员服务组织"三个一"模式，即"镇一个中心，村一个站，企业一个互助组"。充分发挥异地务工人员服务组织协调社会关系、化解社会矛盾、维护社会稳定的积极作用，使异地务工人员更好地融入本市。至2013年底，全市建立异地务工人员服务组织22个，拥有1000名外来务工人员的镇街都成立一个异地务工人员服务组织。

（四）切实抓好深化社会体制改革项目

2013年5月中旬，"建设农村信息服务平台，完善社情民意收集处理系统"等11个项目被省确定为深化社会体制改革项目。至2013年年底，在各级党委、政府的重视和相关部门的配合支持下，11个项目的推进工作基本顺利，已完成前期的各项工作，同时加大资金、人力的投入，加快推进速度，个别项目已取得阶段性效果并发挥积极作用。特别是"潮州农村信息服务平台"的建设取得较好成效：平台涉及的农村信访上报案件都已全部办结，存在信访苗头的在平台信息数据支持下，基本在掌控之中。经平台显示反馈的土地违法违规现象都已全部查处，土地违法违规案件数量明显下降。全市的特殊人群绝对

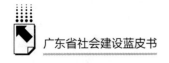

值、比例都明显下降，并且全面得到管治。计划生育效果较好，多生、偷生现象得到有效控制，同时加强了对政策执行的监督工作。

（五）建立健全社会建设工作机制

重视通过制度的完善来巩固工作成果及推动工作落实，2013年，经过充分酝酿和征求所有成员单位的意见，制定了《潮州市社会工作委员会工作制度》等7个文件，出台《社会创新观察项目上升为创新实验基地评估办法》。建立社工委主任、专职副主任、委员会议制度及督查工作制度，做到以制度管事，以制度规范各项社会工作的开展，并以制度建设为契机，充分发挥社工委在社会建设的统筹、协调和决策作用，对社会形势开展分析、研究，讨论、决定全市社会建设重大决策、重大改革方案，牵头协调各成员单位共同推进社会建设。

（六）积极培育发展社会组织

2013年以来，全市积极深化社会组织改革工作，目前，全市登记造册的社会组织共754家，其中社会团体366家、民办非企业单位388家。政府向社会组织购买服务机制初步建立，公布了行政审批制度改革事项目录和向社会组织购买服务制度，颁布第二批社会组织承接政府职能转移和购买服务目录，为社会组织的发展让渡了空间。同时把积极培育发展社会组织、激发社会组织活力、引导社会组织承担公共服务作为一项重要工作来抓。2013年重点培育发展10家有带动、示范作用的社会组织，通过在业务和制度上的指导、资金上的扶持，促进其健康发展。

三 2013年潮州社会建设面临的主要问题与挑战

（一）社会组织体制改革落后于经济社会发展

目前全市社会组织的数量、质量、结构和分布都远远不能适应经济社会的发展需要。在数量上，当前潮州市每万人仅拥有社会组织3.4个，离省委、省政府提出的到2015年全省每万人拥有社会组织5个以上的要求有较大的距离。在质量上，社会组织服务经济建设的能力还比较弱，主要原因有四方面：一是部分领导干部对社会组织在社会管理和公共服务中的功能与作用的认识存在偏差，把属于社会组织的职能和服务范畴作为自己的"利益范围"紧抓不放。对社会组织的扶持培育、监督管理往往是文件写得多，实际落实少。二是购买公共服务机制有待完善。三是全市社会组织的规模普遍偏小，专业能力比较薄弱。四是全市社会组织承担的公共服务多以公益慈善、体育活动、行业信息等方面为主，而服务社区、关注弱势群体、法律援助等方面的内容偏少。

（二）全市社会建设发展不平衡

基层的社会建设存在发展不平衡的问题，经济社会发展相对较快的乡镇，对社会建设的重要性有认识、有工作思路、有工作措施，在农村社会管理、社会组织培育、外来务工人员服务等方面的工作开展得比较好，有效地促进了当地社会和谐、安定。而个别经济社会发展相对欠发达的乡镇，其社会建设各项工作则停留在一般化、形式化。

（三）部分领导对社会建设认识不到位

从实践来看，部分党政领导对社会建设的重要性认识不到位，对社会建设各项工作和社工委这个机构存在模糊认识，有的认为创新社会管理可有可无，甚至认为培育社会组织，让社会组织发展起来，会影响社会和谐稳定。由于认识不到位，或多或少影响社会建设各项工作的开展。

（四）基层社工委职能定位仍然不够清晰

社工委作为社会建设的综合协调、顶层设计部门，由于先天的职能定位不清晰，市、县等基层社工委在开展工作时往往"心有余而力不足"，没有明确的职能和相对应的"权力"。如何综合协调相关职能部门去开展社会建设各项工作，这个问题如果得不到彻底解决，今后一个时期，社工委要发挥职能作用相当困难，不可能站在社会建设的"制高点"，掌握"话语权"，将会越来越边缘化。

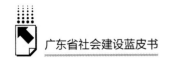
四 2014年潮州社会建设工作重点与对策

（一）切实保障和改善民生，推进社会事业改革创新

2014年要办好以下十件惠民实事。一是办好就业实事。二是办好社保实事。提升城乡居民医疗保险报销比例；基本实现社会保障卡户籍人口全覆盖，推进政府公共服务"一卡通"建设。三是办好教育实事。提升教育创强成效。四是办好卫生实事。在县级医院全面推进公立医院改革，扩大契约式医疗服务试点范围，加强卫生院及社区服务中心预防接种规范化门诊建设。五是办好安全保障实事。六是办好交通实事。改善农村出行条件。七是办好环境改善实事。完善绿道网示范段配套设施，深入开展城乡环境卫生整治，净化美化城乡环境。八是办好解困实事。九是办好政务惠民实事。完善市县两级网上办事大厅，推进行政审批事项"减、放、转"，制定公布各级保留的审批事项目录并实行动态管理，探索审批标准化，推进并联审批，建立"办事工作日"和"告知承诺"机制，力促政务"一站式"办理，方便群众办事。

（二）加快转变政府职能，提高社会治理水平

要紧紧抓住国务院批准广东行政审批制度改革先行先试的契机，深入推进行政审批制度改革，着力下放行政审批权限，真正实现向市场放权。要继续规范清理部门审批事项，改事前准入审批为事中、事后监管。要加快健全完善"网上政府"在线行政审批系统，高质量建设好"网上办事大厅"，营造良好的政务环境。

（三）大力发展社会组织，增强社会发展活力

要高度重视培育发展社会组织，加大对社会组织的扶持和规范管理力度，着力把社会组织培育成为社会建设新的重要力量。要按照规定程序明确转移社会管理与服务事项，确定购买服务的项目目录，加大政府购买社会组织服务和

社区服务力度，充分发挥社会力量的作用。要实施政府职能向社会组织转移试点工作，积极探索潮州特色社工服务，特别是对能够实行市场化运作的公共服务项目，要鼓励和引导各类市场主体和社会组织增加对社会管理领域的投入，自觉参与社会事业改革创新，为广大市民提供更好的公共服务。

（四）注重维护社会稳定，推动基层社会建设深入开展

要加强基层自治的能力建设，从强化公共服务、完善群众自治机制入手，稳步推进基层社会管理体制改革。要认真抓好村务公开和为民服务全程代理工作，健全完善"潮州村级基层组织管理平台"和"潮州农村信息服务平台"，大力推进农村社会建设，进一步夯实社会建设的基础力量。要把加强基层组织建设作为维护社会和谐稳定的"细胞工程"，注重加大对村级干部的教育、管理和监督力度，从源头上把好基层维稳第一关。要及时对可能引起矛盾纠纷的问题进行调查了解，特别是涉及土地等农村集体"三资"的问题，更要认真查找根源，细致分析化解，确保将问题化解在当地，化解在萌芽阶段。对影响社会稳定的突出问题要明确责任，落实属地管辖的原则，坚持依法办事，妥善解决群众的合理诉求，做到小事不出村、大事不出镇。

（潮州市社会工作委员会供稿）

B.27

揭阳：打造粤东上善之区

2013 年，揭阳打造"粤东经济强市"和"粤东上善之区"取得明显效果。地区生产总值跃居粤东第一。

一　2013 年揭阳社会建设主要做法与成效

当前，正值揭阳全力以赴"打造粤东经济强市、建设粤东上善之区"的关键时期，面对错综复杂的经济形势，全市紧抓省委、省政府促进粤东西北振兴发展机遇，以加快发展为首务，更加充分发挥行业协会的产业聚合作用，深入推进"两化"融合、园区建设、骨干企业及重点产业培育，进一步推进产业发展；面对利益格局日趋复杂的社会形势，以镇村两级为重点，大力推进"化解社会矛盾、打造平安揭阳"二十项措施，进一步发挥基层社会组织在化解社会矛盾、畅通诉求渠道的纽带作用，进一步加强基层建设、创新基层治理模式，以和谐稳定的社会环境为加快发展保驾护航；面对群众日趋多样的服务需求，坚持民生导向的发展道路，进一步加快四级政务服务体系建设，不断发挥群众服务类社会组织的基础作用，推进公共服务供给主体多样化，以医疗、教育为突破口，大力发展民资办医办学，积极发展志愿服务活动，探索欠发达地区的社区社工服务模式，全力抓好底线民生，解决服务群众"最后一公里"问题。

（一）坚持培育与监管并重，推动社会组织有序发展

全市注册登记的社会组织从 2011 年的 755 家增加到 2013 年的 1115 家，两年增长了 47.7%。加上在基层乡镇待备案的 2231 家"草根"组织，全市社会组织总量达到 3346 家，每万人拥有社会组织 5 个，提前实现省任务指标。

一是多措施并举促发展。继2012年"扶持百家社会组织"列入市政府民生实事后，2013年、2014年又将"成立100支镇（街）敬老爱幼志愿服务队""培育发展社会组织，加大力度推动政府购买服务"列入全市民生实事和重点工作，还将市金属企业联合会和电子商务协会主导建设的"中德金属生态城"和"军埔电商村"两个社会组织主导建设的项目列为市长项目。出台《培育发展和规范管理社会组织的实施方案》和《关于加强行业协会（商会）建设的意见》等系列文件；建立市县两级社会服务专项资金，每年安排100万元奖励优秀产业协会会长、秘书长。积极推动社会组织税收优惠政策的落实。2013年进一步深化社会组织体制改革，全面落实社会组织主管单位向指导单位转变，落实直接申请登记和基层备案制，基层群众生活类组织的注册资金由3万元降为5000元，正式受理非公募基金会登记。在改革的推动下，2013年全市新登记社会组织215个，同比增23.9％。全市51家行业协会率先实现"去行政化、去垄断化"。

二是拓宽空间促发展。建立健全以项目为导向的政府向社会组织购买服务机制，印发工作方案，编制购买目录，公布259项可向社会组织购买服务的政府职能，全市有52家社会组织具备承接政府职能转移和购买服务资质，16家社会组织逐步通过授权委托等方式接受政府职能转移。推动揭阳学院开设社会工作专业，动员全市社会工作者参加职业水平考试，争取社工师考试在揭阳设置考场，不断推动揭阳社工人才职业化、专业化发展，以人才队伍水平的提高，推动全市社会组织优化发展。

三是创新方式促规范。成立全国首家社会组织工会，首创党建带社团示范点，启动新兴产业集群党建工作，实施青年组织"三十三百工程"，打造妇联组织、品牌、人才、项目"四大枢纽"，系列举措获第五届"中国地方政府创新奖"提名奖，被国家行政学院和人民网评为全国20个"加强和创新社会管理优秀案例"之一。充分发挥揭阳市社会组织总会作为全市社会组织"娘家"的枢纽作用，进一步完善一个短信平台、一个社会组织总会官方网站、一个会员数据库、一份《社会组织之窗》报纸和一个培训中心的"五个一"服务平台，不断健全社会组织自我服务、自主管理、自我约束的机制。在全市创建49个示范社会组织，在30家市属社会组织建设行业自律与诚信联系点和3家示范点,与市预防腐败局联合建立联系点工作制度,建立行业自律的长效机制。成立揭阳市社会组织评估中心,在粤东率先开展社会组织等级评估,首批8家市级社会组织经评估获得3A等级。针对社会组织发展短板和评估中发现的问题,积极开展社会组织骨干培训,组织培训19场次2565人次,市属社会组织财会人员全部轮训一次。制定社会组织防止腐败、加强监管、重大事项报告、财务管理指引等制度,实行社会组织信用信息化管理,加强年检工作和执法查处力度,严格实施动态跟踪管理,形成了社会组织行为规范、活动正常、相互沟通、相互协作的良好氛围。

(二)坚持政府与社会合作,充分发挥社会组织的三个作用

2013年,通过政社合作,凝聚了社会资本,调动了社会资源,实现了经济发展、社会治理和公共服务方面的多方共赢,"金属联合会撬动民资抱团治污"项目入选广东省第三批社会创新试点项目;村级"一室两会"建设进一步深化完善,在被评为省第一批社会创新试点项目后,被依法治省办评为2013年广东省法治惠民实事工程。

一是充分发挥社会组织在经济建设中的独特作用。针对揭阳民营经济活跃但面临转型升级压力的实际,揭阳大力实施"行业协会再造"战略,新组建、重组建市金属企业联合会、纺织服装企业联合会、化工新材料产业协会、电子商务协会等新型行业协会52个,打造以行业协会为核心的六大产业服务平台,形成产业整体合力。在复杂严峻的经济形势中,全市行业协会带领民营企业逆势上行,走向国际,推动中德金属、中法服装等深度合作;市金属企业联合会在全国实现"四个首创",即组建全国首家金属类企业联合会,成立全国首支由行业协会自发自筹自建的产业投资基金,建设全国首家100%由行业协会投资建设运营的中德金属生态城,在全国首次提出建设"零排放"的金属产业园。市电子商务协会积极推动电商企业与各大产业对接,推动全市电商销售总额增长38%,成功创建国家电子商务示范城市,揭东军埔从"问题村"成功转型为闻名全国的"淘宝村"。在行业协会的积极作用下,揭阳民营经济万马奔腾,产业升级强势推进,2013年GDP总量跃居粤东第一,各项经济指标增速在全省名列前茅,金属、服装、医药、石化

产业增加值分别增长 27.2%、26.4%、14.3%、17.6%，取得巨大的经济社会效益。

二是充分发挥社会组织在社会治理中的基础作用。针对全市农村老年人协会等民间组织活跃，外出乡贤、华侨众多的实际，积极引导村级老年人组织、慈善会、福利会等农村民间组织通过设立公约、明确组织程序、到县级民政部门登记或镇（街）政府（办事处）备案，培育形成现代化、规范化的公益理事会，纳入法治化发展轨道。同时，整合村党代表工作室等机构，设立代表工作室，作为村干部、村民代表、各级党代表、人大代表、政协委员以及驻村干部收集社情民意的工作平台；完善村务监督委员会建设，推动全市监委会在行使法定职能的基础上，对村代表工作室和公益理事会进行监督。自 2012 年在揭东试点成功、2013 年在全市农村逐步推广以来，村级代表工作室、公益理事会和村务监督委员会"一室两会"，畅通了民意诉求渠道，整合了农村社会资源，强化了农村治理中村党组织的核心领导地位，深化了基层民主"提事、议事、理事、监事"机制，在维护基层和谐稳定上取得了很好的效果。目前，全市已有 995 个村建成"一室两会"，全市各地通过建设"一室两会"，办好事实事 2245 件，化解矛盾纠纷 6544 宗，促进 68 个"问题村"完成帮扶整顿。项目试点所在地揭东区各村公益理事会实施公益事业建设项目 295 宗，投入资金 3.6 亿元，接受社会捐赠资金 1.75 亿元；化解大量信访问题，各类信访同比下降 53%，部分"问题村"转化为"先进村"，在全市率先完成村级换届选举。2014 年，揭阳市委将村级"一室两会"建设列为"化解社会矛盾，建设平安揭阳"的二十项举措之一。为进一步加强工作力度，推进村级"一室两会"规范化建设运作，揭阳市社工委会同市纪委、市委组织部、市委农办、市人大办、市政协办、市民政局六个单位，联合印发了《关于推进村级"一室两会"建设加强和创新农村社会治理的实施方案》，进一步完善村级"一室两会"运作机制。同时，高规格召开全市村级"一室两会"建设推进会，明确用 3 年时间，在全市普遍推广并巩固提高村级"一室两会"建设，力争到 2014 年年底，全市 1445 个行政村 70% 以上建设村级"一室两会"，2015 年年底达 80% 以上，2016 年年底达 90% 以上。

三是充分发挥社会组织在公共服务中的积极作用。通过通报表扬、拨付补助性资金等有力措施，积极鼓励社会组织、充分调动社会资本参与提供公共服务。2013 年，全市各地认捐农村公益事业建设资金 5.8 亿元，到位资金 4.11 亿元，全部投入农村基础设施建设和扶贫济困等公益事业。其中，个人捐资超过 20 万元、团体捐资超过 50 万元的高达 301 个，团体捐资超过 500 万元的有 6 个，个人捐资超过 200 万的有 29 名。各界社会团体、广大海内外乡贤、企业家的踊跃参与，充分发挥了社会力量的主体作用，使共建新揭阳成为全市人民的自觉行动，形成了党委、政府与社会力量的良性互动。同时，大力推动民办教育发展，全市民办教育机构数量、学生、师资占全市的 1/6，每年为市各级财政节约教育资金 4 亿元以上。大力推进民资办医，市人民医院成为中山大学非直属附属医院，慈云医院实现引资托管，普宁康美医院建成投入使用，逐步形成多元化办医格局；大力推动社会组织开展社区服务，2013 年在全市首家社区社工综合服务中心试点建成并成功运作后，2014 年在全市各县（市、区）各试点建设社区社工综合服务中心，建立社区"社工＋志愿者"服务机制，构建社区服务管理综合平台，探索欠发达地区发展社工服务的机制；推动公益理事会作为镇（街）敬老爱幼志愿服务队、社区社工综合服务中心的服务站（点），探索基层农村（社区）立体化服务管理的新格局。

二　2013 年揭阳社会建设面临的问题

一是社会共建理念普遍缺失。部分群众对社会建设认识不足，一些干部对社会建设也认识不到位，开展社会工作的知识不广、经验不足、办法不多，使社会工作在开展过程中特别是在基层工作中面临巨大阻力。二是社会组织服务经济社会建设的能力仍然较弱。首批具备承接政府职能转移和购买服务资质的社会组织只有 50 家，限制了政府转移职能的推进。三是社会工作人才十分匮乏。目前，全省具有社工师专业技术职称的有近 2 万人，而揭阳只有 43 人，社会工作人才缺口大、专业化水平低的问题已经成为严重制约社会工作发展的瓶颈。

三 2014年揭阳社会建设的工作构想

（一）办好十件民生实事

一是提高百岁老人津贴标准，每人每月从200元提高至400元，各县（市、区）适当提高80岁以上老人津贴标准，建设长寿之乡。二是创建农村留守老人、儿童关爱基金，建设留守老人关爱中心、留守儿童学校和农村应急避险中心。三是筹资1亿元开展城市大绿化行动，建设社区绿岛、街道绿廊、沿江绿带、城市森林、湿地公园，启动黄岐山整治植绿工程，建设绿色岐山，实现森林进城围城。四是筹集1亿元，改造榕华大桥等一批危桥。五是结合"乡贤乡村建设"工程、农村清洁工程，建成一批村级垃圾收集点、镇级转运点、区域统一处理中心。六是引进培养乡镇卫生院全科医生，给予全市乡镇卫生院全日制本科学历以上医生每人每月500元人才津贴，让人民群众有贴身的健康保护神。七是组建市轻舟支队、县（市、区）轻舟分队、重点乡镇轻舟小队，完善基层救灾应急队伍。八是启动建设粤东（揭阳）残疾人集中就业培训基地。九是规划建设面向社会的揭阳一中文化艺术中心、科技中心。十是建设固体废弃物处理与资源回收再利用中心。

（二）全力推进"化解社会矛盾、打造平安揭阳"二十项措施

围绕"化解社会矛盾、打造平安揭阳"这个主题，重点解决化解以镇村两级为重点的社会矛盾、创新农村治理、改善农村条件、密切干群关系、加强基层建设五大问题。一是市县领导带头帮扶"问题村"（社区），切实解决"问题村"（社区）存在的突出问题。二是市县领导包案化解问题积案，切实把矛盾化解在基层源头。三是建立涉法涉诉案件终结移交机制，严格依法打击违法信访行为。四是畅通群众反映渠道，做到"小事不出村、大事不出镇"。五是建立进京上省信访包案制，做到"事要解决、人不到省京"。六是建立重大建设项目社会稳定风险评估机制。七是推进律师进村进社区。八是制定群体

性事件应急预案。九是建立信访群体性事件责任倒查机制。十是加强农村社会治理。十一是继续选派年轻优秀干部到落后村担任"第一书记"。十二是深入开展"廉洁镇街""廉洁村居"创建活动。十三是开展"和谐文化进社区"活动。十四是深入开展"平安镇村"创建活动。十五是推进农村基础设施建设三大行动，建设美丽宜居村居。十六是关爱农村留守老人和留守儿童。十七是建立关爱农村困难大学生基金。十八是继续深入开展双联双促活动，开展干部大走访。十九是建立农村便民服务站。二十是加强镇、村两级组织建设，做好村民换届选举工作。

（三）深入推进社会体制改革五项工作

一是深化行政体制改革。抓住行政审批制度改革这个牛鼻子，加快推进新一轮市县政府机构改革，研究编制政府部门权责清单，建立行政审批目录管理制度，加快转变政府职能，抓好中德金属生态城服务平台和行业协会依法承接政府经济管理职能的试点。进一步完善行政四级服务平台和网上办事大厅建设，建立办事工作日和告知承诺机制，提高机关行政效能。二是不断改进社会治理方式。进一步巩固基层建设，从不同层面推进政府治理与社会自我调节、居民自治良性互动，实现系统治理。进一步完善村级"一室两会"建设，发动全市有条件的村（居）积极稳妥推进村级"一室两会"建设，健全基层党组织领导的基层群众自治机制。推动全市9个县（市、区）社区社工综合服务中心试点建设，推动网格化管理和社会化服务相结合，探索建立社区"社工＋志愿者"服务机制。推动全市100支镇（街）敬老爱幼志愿服务队运作常态化，探索建立留守老人、留守儿童服务机制。三是推动社会组织规范有序发展。充分发挥工青妇等群众团体及揭阳市社会组织总会等枢纽型社会组织的作用，积极联系、指导、发展相关领域社会组织。四是大力推动社工人才加快发展。办好揭阳职业技术学院社工专业，抓好揭阳学院社工专业第一批毕业生实习就业工作，打造一批揭阳本土的专业社工人才；会同组织、民政、人社等相关部门，动员全市各地各线条从事社会工作人员参加全国社会工作者职业水平考试；会同市民政局、揭阳职业技术学院等单位开展社会工作知识培训，在全市机关、事业单位、基层自治组织、社会组织工作人员中普及社会工作知识；推动承担社会服务的相关行政事业单位逐步使用社会工作专业人才，切实推动全市社会工作人才队伍建设。五是强化社会建设统筹协调机制。加强以研究解决问题为核心的社工委会议制度，坚持每季度召开一次全体会议，每月召开一次主任会议，每周召开一次专职副主任会议。将督办制度与会议制度相结合，要求市社工委成员单位在每季度全委会上汇报社会建设年度任务或专项工作完成情况，以会议促督查抓落实。

（揭阳市社会工作委员会供稿）

B.28

云浮：闯欠发达地区社会建设新路

2013 年，云浮市争创生态文明发展示范区、加快建设美丽幸福新云浮，扎实推进全国农村改革试验区、广东省农村改革发展试验区建设和保障改善民生各项工作。

一 2013 年云浮社会建设的主要特点

（一）社会体制改革稳步推进

行政审批制度改革继续深化，全市共调整压减行政审批事项 1491 项，调整压减率达 43.96%。出台了《行政审批事项目录管理办法》，启动商事登记制度改革，降低准入门槛、提高登记效率、强化后续监管。行政体制改革不断推进，食安办和食品药品监管、工商、质监、卫生等部门的食品安全监管、药品管理职能以及经信部门的酒类流通监管职能进一步统筹整合。全市 55 个镇共设 35 个股级建制的食品药品监督管理所，基层一线食品药品监管力量切实加强，群众的切身利益得到有效维护。公立医院改革取得了突破性进展，新兴县人民医院、中医院及罗定市人民医院 3 间县级公立医院改革试点医院全面实行药品零差率销售。制定《云浮市 2013 年市级政府向社会组织购买服务目录（第一批）》，涉及基本公共服务、社会事务服务、行业管理与协调技术服务、政府履职所需辅助性和技术性事务等 166 项事项。完善政府决策机制，积极推行政府重大行政决策专家咨询论证，对涉及全市经济社会发展全局、与人民群众利益密切相关的重要工作事项，组织开展咨询论证 12 场次，参与专家 122 人次。建立完善电子监察系统平台，进一步强化行政效能电子监察。网上办事大厅和基层便民服务站建设走在全省前列，比省的要求提前半年开通至县一级，提前三年开通至镇一级，同时建成村级基层便民服务系统，实现市、县、镇、村四级联网办事，全省网上办事大厅建设现场会在本市新兴召开。

（二）社会民生事业持续发展

治洪治涝保安工程、农村饮水安全工程等十件民生实事全面完成。全年 11 类民生支出 77.27 亿元，增长 18.01%，占公共财政预算支出的 72%。城乡居民基本医疗保险、社会养老保险参保率分别达 100%、99.29%，各类险种基本实现全覆盖。城乡居民基本医疗保险政策内住院医疗费报销比例达 75%，位居全省同类地区前列。23 个教育创强镇（街）通过省督前检查验收，省一级学校占全市普通高中学校的 57.1%。全市城镇新增就业 3.99 万人，完成年度目标任务的 128%。城镇登记失业率控制在 2.37% 的范围内。组织农村劳动力技能培训 2.84 万人。新一轮扶贫开发"双到"工作全面启动，落实帮扶脱贫项目 266 个，投入帮扶资金 2.99 亿元。罗定龙龛岩摩崖石刻、郁南大湾古建筑群被核定为全国重点文物保护单位，实现零的突破。创建国家卫生城市、省文明城市工作分别通过国家和省检查验收。云浮市被评为全国科技进步先进城市，全市共获得发明专利授权 26 件，同比增长 100%，增幅居全省第一。体育、人口计生等社会各项事业健康发展。

（三）社会组织加快发展

组织实施《关于培育发展和规范管理社会组织的实施方案》《加快培育发展社会组织工作方案》等文件，推进社会组织登记管理体制改革，降低社会组织登记门槛，对社区社会组织实行注册登记、备案登记"双轨制"。研究出台《加快培育发展社会组织工作方案》，推动行业协会商会、公益慈善类社会组织、城乡社区服务类社会组织加快发展。2013 年全市新注册登记社会组织 102 个，新注册登记数年增长 67.2%。目前，全市社会组织总数达到 8764 个，其中注册登记的社会组织 610 个，备案的社会组织 8154 个。志愿服务事业取得新突破，全市共建立志愿者服务队 129 支，注册志愿者 3.5 万人，组织开展了美城服务、关爱服务、便民利民服务等志愿服务活动 200 多次，参与志愿者达 10 多万人次，时间超过 40 万小时。贯彻落实《市社工委关于构建枢纽型组织体系的实施方案》，工青妇等群众团体枢纽组织体系逐步建立。

（四）农村综合改革深入推进

"产业带动、土地流转、金融支撑、协同共治、生态文明"的农村改革体系全面推进。多种形式创新现代农业经营体制，温氏集团"公司 + 现代家庭农场"模式进一步推广，在全国建立了 2047 个现代家庭农场。全市有 9 家企业以"公司 + 合作社（理事会）＋农户"经营模式连接农户 8257 户，13 家合作社以"合作社 + 合作社"经营模式连接农户 2107 户，带动农民增收。新发展各类农业产业化组织 1300 个，新兴县被农业部认定为全国农业产业化示范基地。全市有"一村一品"专业村（自然村）56 个，罗定市䓤滨镇金滩村、郁南县建城镇便民村被评为"全国一村一品示范村"；23 个镇（街）被认定为"广东专业镇"（一镇一业），获批数量为全省第一。加快创建国家农产品质量安全监管示范市，在全省率先实现监管公共服务机构 100% 覆盖到镇。建成了广东新兴肉鸡标准化示范区、罗定市绿色食品原料（水稻）生产基地等 5 个标准化示范基地。出台《关于全面推进农村金融综合改革的若干意见》《云浮市农户小额贷款成本分担和风险补偿基金管理暂行办法》，积极推进农村金融创新。建立镇级"三资"监管平台 48 个，县、镇农村土地流转平台 34 个，农村家庭承包土地流转面积 11.45 万亩，占家庭承包耕地面积的 12.9%。探索农村公益事业建设新机制，全年整合农村建设资金 14622 万元，实施 762 个奖补项目，涉及全市 63 个镇（街）480 个行政村。全市各地乡贤共计捐资 9900 多万元投入生态文明村建设，带动群众投资投劳 7500 多万元。全市共投入资金 4.24 亿元，建设生态文明村 2968 条，覆盖率达 33.8%。建设林业生态文明"万村绿"村庄 114 个。农村生活垃圾治理工作扎实推进，全面完成"一县一场、一镇一站、一村一点"建设任务。国家农村改革试验区建设工作已接受农业部的中期评估，云浮市的经验于 2013 年 9 月被农业部以专刊的形式宣传推广。

（五）平安云浮建设成效明显

平安云浮建设全面推进，"平安细胞"工程建设深入开展，矛盾纠纷和不稳定因素排查化解工作常态化开展，调解率100%、成功率99.2%，受理群众来信来访件（人次）同比下降18.78%，实现了进京上访量下降、非正常上访人次下降和到省上访总量下降、集体上访人次下降"四个下降"。严厉打击"三违三抢"行为，拆除违法建设面积2.4万平方米，清理抢种青苗34.7万棵。打黑除恶、禁毒、打击盗窃摩托车等专项行动深入开展，在市中心城区创新交巡警合一的勤务运作模式，加快群防群治步伐，各类违法犯罪警情同比下降15.5%，打掉各类犯罪团伙173个，没有重大刑事案件发生。社会治安视频监控系统二期建设加快推进，以信息化为引领提升公安机关核心战斗力和情报主导警务能力。安全生产形势持续稳定，没有发生重大安全生产和食品安全事故。加强应急管理，没有发生重大群体性事件。社会大局持续稳定，群众安全感进一步提升。

二 2013 年云浮社会建设的主要经验和亮点

（一）培育发展自然村乡贤理事会，改革乡村治理方式

全市已培育自然村乡贤理事会8154个，基本实现自然村全覆盖，有理事成员72608人，其中外出乡贤和经济能人达36186人，占50%。理事会在镇政府（街道办事处）备案登记率达100%，并在农村社会治理中发挥了积极的协同作用。一是协同推进生态文明村建设。各地理事会积极配合开展生态文明村建设，发挥其人力、财力、智力资源优势，为生态文明村规划建设、产业发展、基础设施建设、环境整治等献计献策、出钱出力出技术，带动群众建设幸福家乡。2013年，群众投资投劳7500多万元，外出乡贤投入9900多万元，创建生态文明村。二是协同推进农业产业化发展。探索创新"公司＋理事会＋农户"经营模式。理事会在龙头企业与农户之间发挥桥梁纽带作用。罗

定稻香园农业发展有限公司创新"公司＋理事会＋农户"机制，建成核心区面积 5000 亩的广东省优质粮现代农业园区，辐射带动全市 10 个镇街发展绿色食品原料标准化生产优质稻基地 20.1 万亩，带动 8 万多户农民增收 1 亿多元。三是协同推进农村公益事业。理事会协助发动群众申报和建设竞争性"以奖代补"项目、村级公益事业建设"一事一议"财政奖补项目，积极开展奖教奖学、扶贫济困等其他公益建设项目，显著地改善了农村生产、生活环境。2013 年，村民小组申报"以奖代补""一事一议"奖补项目 1295 个；发动村民义务投工折款 1561.3 万元，迁拆旧房 25571 平方米。四是协同推进农村治理。理事会协同自然村建立健全村规民约，并发挥理事在村中较高的威信，积极调解农村矛盾纠纷，监督农村项目建设，维护农村设施，促进社会和谐。2013 年，全市理事会协助制定村规民约 3139 个，推动制定村秩序管理相关制度 1463 项，成立监督小组 1422 个、管护小组 1313 个，调解矛盾纠纷 2669 宗。

（二）建设信用云浮，推进社会协同共治

坚持"政府统筹、市场运作、群众参与、协同共治"原则，以征信中心为核心，以信用主体为重点，以社会应用为根本，以信用制度为保障，探索构建社会信用体系，推进经济发展和社会治理。一是建设公共联合征信系统，推进信用主体建设。建立完善市县两级征信中心，构建覆盖全市的征信体系，探索推进信用政务、信用企业、信用村（户）等主体的信用建设和信用服务市场建设。至 2013 年底，市征信中心企业信用信息系统已为全市所有在册登记的 9.02 万家企业和个体户建立信用档案；农户信用信息系统已为全市 57.62 万户农户家庭建立信用档案。全市已建成信用村 812 个，占全市行政村的 95.86%；对 29.75 万户农户进行了信用等级评定，19.59 万户农户被评定为信用户。二是建立信用市场奖惩机制，促进经济社会发展。探索综合运用行政监管性、司法性、行业性、市场性和社会性手段，建立了具有激励和约束效能的社会信用奖惩机制。至 2013 年年底，金融机构对信用户授信 32.96 亿元，累计为 1.18 万户信用户发放小额信用贷款 2.99 亿元。金融机构对信用石材企业（行业）整体授信 200 亿元，云浮国际石材城单独获

得建设银行授信200亿元。组织政府各有关部门对工商登记、项目建设、税费缴纳、合同履约、产品与服务质量、工程质量、安全生产、环境保护、劳动保障、价格行为等方面的失信行为，开展部门和区域间的联合惩戒行动。如郁南县试点出台了《县直24个单位守信激励和失信约束实施细则（试行）》，对60项行政、司法事务实行失信行为约束。在市县（市、区）政府公众信息网、云浮日报、云浮电视台等新闻媒体和云信公司等信用服务机构，依法向社会发布失信者"黑名单"及惩戒结果，通过信用信息的广泛、快速传播，对失信者形成社会性约束。三是建立信用市场监管机制，促进行业自律自治。把建立社会信用体系建设与建立市场监管体系建设有机结合，实施市场经营主体诚信分类管理，推进征信数据应用到市场准入、商标申报认定、企业评选活动和企业监管等环节。推进企业信用分类监管，划分为A级（守信企业）、B级（警示企业）、C级（失信企业）、D级（严重失信企业）四个信用级别。建立云浮市进出口企业信用合作平台，对不同信用等级的进出口企业实行差异化管理。对农产品、食品药品经营服务单位，建立电子台账管理和可追溯电子信息系统，建立经营单位"黑名单"制度以及主管人员信用信息记录档案。在高危行业企业准入审批、高危行业从业人员职业资格审查等环节引入信用监管，将企业守信安全生产与项目核准、用地审批、证券融资、银行贷款等方面挂钩约束。信用云浮建设上升为省社会创新试点项目。云浮市成为全省社会信用体系建设试点市、农村金融改革创新综合试验区。

（三）弘扬优秀传统文化，培育协同共治精神

坚持把弘扬优秀传统文化与培育社会主义核心价值观结合起来，把蕴藏在社会的优秀传统文化激活，发挥优秀传统文化引领、教化、规范、凝聚、激励的作用，激发全市协同共治的正能量。一是开展主题实践活动，培育社会新风。积极开展优秀传统文化进农村、进社区、进校园、进机关、进企业、进家庭等活动，积极推动宣传践行"诚信、包容、实干"的新时期云浮精神。重点抓好禅宗文化博览园、石材博览中心、南江文化主题公园和基层文化设施建设等一批优秀传统文化传播阵地，提升了全民的思想道德素质。

开展民间风俗节庆活动，举办"广东禅宗六祖文化节""中国（云浮）石文化节""南江文化艺术节"等活动，丰富群众精神生活，培育健康文明的生活方式。把"仁、义、礼、信、廉、耻"理念与信用政府、信用企业、信用村、信用个人建设等有机结合起来，培育了"讲信用、守承诺"的社会风气。编写通俗易懂的本地德育校本教材《蒙以养正》，加强对青少年的传统文化教育。把禅宗六祖文化的"向善"思想植入企业文化，培育了广东温氏集团有限公司等一大批主动服务社群的优秀企业。把弘扬优秀传统文化与创建"五好"领导班子等活动有机结合起来，利用优秀传统文化来提升党员干部的政绩观、价值观、人生观。二是推进乡贤反哺工程，凝聚社会力量。利用优秀传统文化中落叶归根、回报社会等传统思想，凝聚乡贤反哺家乡建设，引导项目回迁、资金回流、信息回馈、智力回乡、技术回援。全市聘请了100多名乡贤任招商顾问，108名乡贤任镇长顾问，407名乡贤挂任村官。全市外出乡贤返乡投资项目148个，总投资94.97亿元。市直副处级以上干部和各县（市、区、园区）科级以上干部"千干挂千村"，每人挂钩联系1～2个生态文明村建设。三是建立健全村规民约，规范社会行为。对农村传统伦理道德进行归纳、总结和提炼，把"和谐、包容"等文化元素和"尊老敬贤""敬宗睦里"等文化传统融入村规民约、社区公约，充分发挥文化在引导人们行为、规范社会秩序中的"软约束"作用，使遵守传统道德成为村民的自觉行为，促进优秀传统文化在广大农村落地生根。全市自然村累计制定村规民约6141个。四是树立道德模范典型，激励社会参与。出台《云浮市道德模范评选暂行办法》，深入开展"杰出绅士""模范乡贤""好媳妇""好警察""好教师"等道德模范评选活动。市首届道德模范评选活动，授予云浮勋章1人，杰出绅士30人，模范乡贤99人。组织开展修撰村史、村歌、村民荣誉榜等活动，编印自然村乡贤理事会典型材料汇编等，广泛宣传推广乡贤和群众积极参与的先进事迹。云安县大坪村乡贤理事会秘书长黄凯文分别荣获省委文明办主办的2013年下半年"广东好人"和省妇联主办的"广东好邻里十大正能量案例"。2013年8月19日，云浮市"弘扬优秀传统文化促进社会管理创新"项目荣获由南方日报社主办的第二届"广东治理创新奖"。

三 2014年云浮社会建设工作重点

（一）着力建设基层协同共治体系

以"协同多元化、治理网格化、服务社会化、参与自觉化"为方向，以信息化为手段，整合各部门延伸到基层社区的工作和资源，形成政府主导、社会协同、群众参与、共建共享的协同共治体系。在云城区率先开展试点工作，着力把云城建设成为协同共治的实践地和示范区。在城市社区，重点是构建社区党组织、社区居委会、业主委员会、物业管理公司和社会（志愿）组织"五位一体"的治理机制，创新住宅小区物业及社会治理方式。在农村社区，重点是发挥自然村乡贤理事会参与生态文明村建设的积极作用，推进农村垃圾清运、治安秩序管理、基础设施维护等，建立以村党组织为核心、村民自治组织为基础、村级社会组织为补充、村民广泛参与、协同共治的农村社会治理新格局。进一步建立完善利用优秀传统文化底蕴促进社会和谐善治新途径。

（二）着力加快社会体制改革

推进商事登记制度改革，以优化行政审批流程及标准化建设工作为重点，不断深化行政审批制度改革。理顺政府与市场、社会的关系，厘清明晰部门审批监管职责。完善市县镇三级网上办事大厅和基层便民服务站，实现90%行政审批事项、80%公共服务事项网上办理。加快推进教育体制综合改革。研究出台鼓励社会力量兴办教育和引进品牌学校办学的政策措施。全面推进教育强市建设，年内创建15个省教育强镇。推进医药卫生体制改革。加快推进县级公立医院改革，确保完成省下达的"80%的县级公立医院完成改革"的工作任务。巩固完善基本药物制度，健全基层医疗卫生机构运行机制，推动实现县级公立医院取消以药补医。继续推进平价医疗服务，每个县（市、区）各建设一家平价医院，100%的公立基层医疗卫生机构使用平价药包。推进社会组织体制改革。加快发展社会组织，重点培育加快发展行业协会商会类、公益慈善类、社区服务类社会组织。推动工会、共青团、妇联等人民团体更好地发挥枢纽作用，鼓励行业商会协会创新发展模式，参与社会治理。

（三）着力深化农村综合改革

全面加快建设农村改革试验区，不断创新现代农业经营体制机制，扶持发展壮大温氏模式和罗定"聚龙"模式，加大探索"公司＋现代家庭农场""公司＋合作社＋农户""合作社＋合作社"三大新型经营模式力度，着力构建集约化、专业化、组织化、社会化相结合的新型农业经营体系。推进生态文明村规划建设，2014年，全市生态文明村覆盖率要达到45%，生态文明示范村占10%。完善"户收集、村保洁、镇集中、县（市、区）转运处理"的农村生活垃圾处理模式。加快推进"国家农产品质量安全监管示范市"创建工作，完善农产品质量安全监督体制机制。加快金融改革创新步伐，加快建设农村金融改革创新综合试验区。推动云城区、罗定市农村信用联社改制为农村商业银行，力争增设1~2家村镇银行。加快培育资本市场，推动温氏集团整体上市及设立企业集团财务公司。探索试行"政银保"合作模式涉农贷款，鼓励发展涉农保险，逐步建立广覆盖的涉农保险保障体系，增强农业抵御自然灾害能力。

（四）着力推进信用云浮建设

深入推进信用云浮建设，建设好全省社会信用体系试点市。突出抓好重点项目，构建社会信用体系和市场监管体系，全面推进"两建"工作。建设覆盖全社会的公共信用信息管理系统，建立完善信用分类监管、经营异常名录和"黑名单"制度。建立健全市公共联合征信平台和县级信用信息平台，创建信用激励约束"一张网"，创建云浮市中小企业进出口信用合作平台、食品药品企业信用合作平台、安全生产信用合作平台、云浮石材中小微企业信用合作平台、云浮不锈钢餐厨具企业信用合作平台五大征信应用平台。

（五）着力推进平安云浮建设

大力开展专项打击整治行动，严厉打击食品药品犯罪、涉车违法犯罪、电信诈骗犯罪、黄赌毒、黑恶势力等刑事犯罪问题。集中整治突出治安问题和治安重点地区，完善立体化社会治安防控体系建设。扎实推进"平安细胞"工程建设，加强城乡社区自治和服务组织建设，做好流动人口和特殊人群服务管理工作。健全突发公共事件预警和应急处置机制，提高防灾减灾和应对突发事件的能力。进一步健全诉求表达平台，建立多元利益协调机制、社会心理疏导机制和社会运行监测机制。建立健全调解工作格局，完善和落实好重大决策社会稳定风险评估机制，重点围绕劳资纠纷、征地拆迁、环境污染等领域开展专项治理行动，努力解决一些重大历史遗留问题。健全基层综治信访维稳工作平台，切实提高对突发性群体事件的预警、控制和处置能力。推进信访制度改革，落实涉法涉诉信访依法终结制度。

（六）着力保障和改善民生

重点办好十件民生实事。进一步抓好低保、五保、残疾人、孤儿、养老等工作，完善新型社会救助体系、适度普惠型社会福利体系、社会养老服务体系和优抚安置工作体系。健全促进就业创业机制，做好大中专毕业生、农村劳动力转移、城镇困难人员和退役军人等就业服务工作，城镇新增就业 3 万人，农村劳动力转移就业 3 万人，扶持创业 1200 人，带动就业 5000 人。落实全省基本公共服务均等化规划纲要，扎实推进义务教育、医疗卫生、社会保障等重点领域的基本公共服务均等化工作，加快基本公共服务向农村延伸，逐步缩小城乡公共服务水平差距。抓好新一轮扶贫开发"双到"工作，强化资金、技术、项目和文化帮扶，促进贫困村、户加快发展。

（云浮市社会工作委员会供稿）

季度分析报告

Quarterly Analysis Reports

B.29

广东省社会建设分析报告
（2013 年第一季度）

一　社会建设总体情况

2013 年第一季度，第十二届全国人民代表大会胜利召开，并提出开启实现"中国梦"的新征程。广东紧紧围绕改善民生和创新社会管理两大主题，谋民生之利、解民生之忧，民生保障水平有了显著提高，深化社会体制改革有了新进展，社会建设迈出实质性步伐。

（一）民生保障水平显著提高

2013 年第一季度，广东进一步落实各项惠民政策，城乡居民收入稳步提升，"学有所教""病有所医""住有所居""人的城镇化"等方面持续取得实质性进展，民生保障水平有了显著提高。

民生指数继续走高。广州社情民意研究中心调查显示，本季度基本民生评价指数为 60.2，与 2012 年第四季度相比增加 0.7 个点。自 2011 年民生评价指数创立以来，广东民生指数首次高于 60（见图 1）。可以看到，最近三个季度，民生指数持续上升，这显示广东改善和保障民生工作取得较好成效。

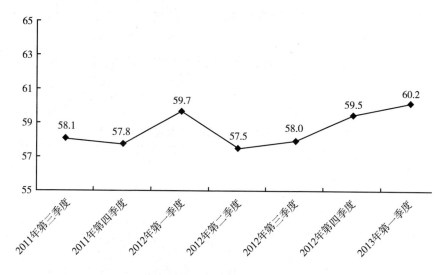

图 1　广东省城镇基本民生评价指数趋势图

数据来源：2013 年 3 月 14 日，广州社情民意研究中心公布数据。

工资增速跑赢 GDP。数据显示，一季度全省就业数据均与 2012 年同期基本持平（见表 1），在岗职工薪酬待遇呈现较快增长。在岗职工月平均工资 4421 元，增长 11.1%，工资增速跑赢 GDP，增幅比全国低 0.8 个百分点。[①] 其中普

表 1　2012～2013 年就业相关指标比较

相关指标	2012 年 全年	2012 年 第一季度	2012 年 第四季度	2013 年 第一季度
城镇新增就业人数(万人)	167.5	42.1	25.8	42.4
失业人员再就业(万人)	68.5	15.2	16.1	14.9
就业困难人员实现就业(万人)	19.6	—	4.9	4.5
城镇登记失业率(%)	2.48	2.44	2.48	2.45

数据来源：2013 年 1 月 16 日，广东省政府十件民生实事新闻发布会；2013 年 4 月 28 日，广东省人力资源与社会保障厅：《广东人力资源市场供求和企业用工监测情况》。

---

① 广东省统计局：《2013 年一季度广东城镇单位在岗职工平均工资增长 11.1%》。

工月平均工资达 2100 元，同比增长 9.6%；技工月平均工资达 2611 元，同比增长 6.2%。① 本季度广东省城镇居民人均可支配收入达到 9596.9 元，同比增长 9.0%，位列浙江、北京、江苏之后，居全国第四位。

惠民新政组合式推出。本季度，广东省推出一批惠民新政（见表 2），涉及教育、就业、医疗卫生、医疗保障、住房保障等多个领域，受惠民众范围广，惠民力度创新高。

表 2　2013 年第一季度广东省出台的惠民政策总览

领域	类别	受惠对象	惠民举措
公共教育	教育扶助	农村学生与城市涉农专业学生、经济困难学生	就读公办中职全日制学校免交学费。按新政，享受中职免学费学生约 70 万人。
	教师津贴	山区、农村边远地区义务教育学校教师	2013 年起，平均每人每月补助 500 元教师岗位津贴。
	教育投入	基础教育学校及教师	2013~2015 年教育投入"一揽子计划"安排 100 亿元用于基础教育"创强"；2012 年起连续五年每年安排 5 亿元专项资金用于实施"强师工程"。
	学前教育	学龄前儿童	全面落实学前教育三年行动计划，加强公办幼儿园建设，2013 年年底各县（市、区）公办幼儿园占比达 30% 以上。
公共就业	技能培训	企业技能岗位职工	至 2015 年至少接受一次技能提升培训。
	中职教育	中职技校在读全日制学生	2017 年起减免职业技术教育费用。
公共医疗卫生	医改	城乡居民	免费享受 11 项公共卫生服务和 4 项重大公共卫生项目。三级医院检验检查结果互认，117 家三级医院 2013 年 3 月 1 日起互认检验结果。2015 年人均卫生经费提高至 40 元。
	传染病防治	4 岁以下本省常住东粤儿童	免费补种脊灰疫苗和含麻疹成分疫苗，分别有 500 多万、200 多万儿童受惠。
		在粤流动人口	流动人口肺结核患者实行属地化管理，享受与当地居民同等的免费检查、治疗和管理服务。
	防盲治盲	城乡常住人口	建设致盲性眼病筛查转诊三级网络，增设儿童老年人视力检查健康管理项目，建设低视力康复中心，创建 50 个白内障无障碍县（市、区），消除致盲性沙眼。

---

① 广东省人力资源与社会保障厅：《广东人力资源市场供求和企业用工监测情况》。

续表

领域	类别	受惠对象	惠民举措
医疗保障	大病医保	居民医保和新农合参保者	2013 年内一半以上地市正式实施。无需缴保费，起付标准按上一年度当地农村居民年人均纯收入、不高于当地城镇居民年人均可支配收入执行。实际支付比例不低于50%，费用越高报销比例越高。
住房保障	保障房建设	城乡常住人口	年内基本建成 11.6 万套、新开工建设 7.84 万套保障性住房。2013 年内各地市符合条件外来工须纳入保障范围。

资料来源：《关于扩大中等职业教育免学费政策范围进一步完善国家助学金制度的实施意见》《关于推进我省教育"创强争先建高地"的意见》《广东省人民政府关于加快提升劳动者技能水平服务产业转型升级的意见》《广东省"十二五"期间深化医药卫生体制改革实施方案》《4 岁以下儿童补充接种脊髓灰质炎等疫苗活动方案》《结核病防治管理办法》《防盲治盲规划（2012～2015 年）》《广东省开展城乡居民大病保险工作实施方案（试行）》《国务院办公厅关于继续做好房地产市场调控工作通知》。

"人的城镇化"开始破题。一季度，广东从土地（资金）、户籍、教育、住房等方面入手，破解"人的城镇化"难题。

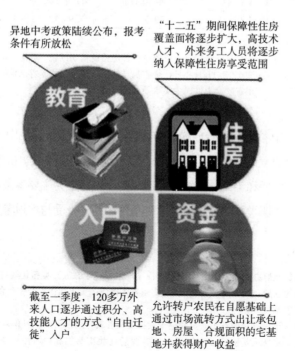

异地中考政策陆续公布，报考条件有所放松

"十二五"期间保障性住房覆盖面将逐步扩大，高技术人才、外来务工人员将逐步纳入保障性住房享受范围

截至一季度，120多万外来人口逐步通过积分、高技能人才的方式"自由迁徙"入户

允许转户农民在自愿基础上通过市场流转方式出让承包地、房屋、合规面积的宅基地并获得财产收益

图 2　广东省"人的城镇化"开始破题

第一，率先实施农地流转政策。土地是"人的城镇化"不可回避的关键问题，广东在此领域大胆迈开步伐，提出"允许转户农民在自愿基础上通过市场流转方式出让承包地、房屋、合规面积的宅基地并获得财产收益"。同时，通过逐步降低城镇在就业、教育、社保等方面的准入门槛，以县（市）城区、中心镇为重点，切实加大吸纳农业转移人口力度，力争城镇化率年均提高0.8个百分点，2015年达到70%。[①]

第二，高技能人才入户政策敲定。符合条件的高技能人才可直接入户城镇，探索建立劳动者技能培训情况将与其子女入读公办学校和城市承租公租房待遇挂钩制度。[②] 据初步统计，截至一季度，120多万外来人口逐步通过积分、高技能人才的方式"自由迁徙"入户（见表3）。

表3　高技能人才入户城镇情况

单位：万人

高技能人才	2012年9月底	2012年10月底	2012年12月底	2013年3月底
入户数	11.9	29.7	93.13	120*

注：*含积分入户人口数。

数据来源：2012年10月9日，全省人力资源社会保障系统信访维稳、养老保险扩面征缴和高技能人才入户城镇工作座谈会；2012年11月2日，全省高技能人才落户城镇、养老保险扩面征缴工作座谈会；2013年1月16日，广东省政府十件民生实事新闻发布会。

第三，异地中考政策有所放松。本季度全省6市公布异地中考政策，非粤户籍考生在广东参加考试的条件有所放松。随迁子女具有初中学校连续三年完整学籍、父母有稳定住所和工作、缴纳社保达一定年限等成为主要参考条件，积分入户随迁子女与报考中职学校的异地考生不受条件限制，享受与本地考生同等待遇。[③]

---

① 广东省人民政府办公厅：2013年3月7日《广东省"十二五"城镇化规划》。
② 广东省人民政府：2013年3月18日《广东省人民政府关于加快提升劳动者技能水平服务产业转型升级的意见》。
③ 清远市《关于做好进城务工人员随迁子女接受义务教育后在我市参加升学考试工作方案》、湛江市《进城务工人员随迁子女接受义务教育后在我市参加高中阶段升学考试工作的实施办法》、汕头市《关于做好进城务工人员随迁子女接受义务教育后在我市参加升学考试实施意见（暂行）》、佛山市《2013年高中阶段学校招生考试工作意见》、揭阳市《关于做好进城务工人员随迁子女接受义务教育后在我市参加中考工作意见》。

第四，《国务院办公厅关于继续做好房地产市场调控工作通知》敦促各地级市 2013 年内将符合条件的外来工纳入住房保障范围。

（二）深化社会体制改革进展顺利

本季度，广东在行政体制改革、公共服务供给机制、建设平安广东、构建法治社会等领域大胆探索，为实现体制竞争力再造奠定了良好基础。

40 项深化社会体制改革工作要点对外公布。重磅推出"一揽子"体制改革政策。本季度，多项体制改革措施在广东"试水"。此举对厘清"政府与市场""政府与社会"的关系，进一步推动政府职能转变意义重大。

第一，大幅压缩涉企行政审批事项和办理时限。本季度《广东省企业投资管理体制改革方案》公布，提出至 2015 年审批事项压减 70% 左右、项目办理时限总体缩短 50% 左右、实现地级市以上投资审批和备案事项网上办理率达 90% 的目标。

第二，省级考核检查及评比表彰项目清理。2013 年 2 月，省委办公厅、省政府办公厅发出《关于从严控制和清理各类考核检查评比表彰活动的通知》，要求对广东省现有的省级考核检查、评比表彰项目进行全面清理和规范。在这次清理工作中，279 项省级考核检查项目减至 33 项，180 项省级评比表彰项目减至 49 项，项目压缩率达到 82.1%（见图 2）。清理规范考评项目，有利于减轻基层负担，推动政府改变依靠考评推动工作的不良作风。

第三，网上办事大厅建设拟定网办率目标。本季度，省网上办事大厅建设工作电视电话会议召开，提出于 2013 年实现省直各部门的行政审批事项网上办理率达到 70% 以上的目标，其中二级以上办事深度事项达到 60% 以上，三级办事深度事项达到 20% 以上；社会事务服务事项网上办理率达到 60% 以上。[1] 相较 2012 年的方案，网上办事大厅的部分工作进度提前，体现广东主动加快转变政府职能、提高政府效能的坚定决心。

第四，政府规章、规范性文件实现实时在线公布。2013 年 2 月 1 日起，省法制办通过"规范性文件备案登记公布系统"平台，实行规范性文件报备、

---

[1] 2013 年 3 月 7 日，网上办事大厅建设工作电视电话会议。

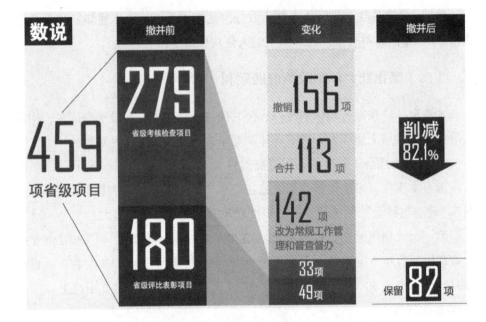

图3 2013 年省级考核检查及评比表彰项目撤并情况示意图

数据来源：省委办公厅《关于撤并和规范省级考核检查评比表彰活动的意见》。

登记、审查、公布各个环节电子化管理。① 今后，社会公众可随时了解备案登记规章和规范性文件的最新情况。此举对落实依法行政、加强法制监督、规范行政权力运行、促进公众知情参与均具有重要意义。

平安广东建设成效显著。本季度，全省社会治安形势持续稳定向好。全省公安机关接报警数逐月下降，其中 1 月份环比下降 1.8%，2 月份环比下降 25.6%，3 月份环比下降 1.8%。全省"八类"严重暴力犯罪案件同比下降 4.5%。② 立体化社会治安防控体系建设、应急处置网络建设、打击制假贩假、食品安全风险评估等工作推进顺利。生产安全、社会诚信、医疗纠纷处置相关法律法规的出台，有效推动了平安建设法治化进程（见表4）。第一，立体化社会治安防控体系建设顺利推进。全省 21 个地市公安局、170 多个县（市、区）公安局（分局）、2400 多个派出所将参加"百局千所"示范单位创建活

---

① 2013 年 3 月 18 日，省法制办：《省法制办规范性文件备案审查工作实现电子化》。
② 2013 年 5 月 8 日，省公安厅新闻发布会。

动，其中20%的县（市、区）公安（分）局和派出所将建成立体化治安示范单位。① 第二，婴幼配方奶粉风险评估、月度报告制度启动。该制度由省食品行业协会主导，每月对广东市场流通中的婴幼儿奶粉进行整体评估并公布评估结果。风险评估涵盖产品的进货、生产、销售各个环节，评估中除了安全指标外，还包括微量元素等营养指标，消费者在购买前可以得知原料情况和是否安全等信息。② 第三，社会信用体系建设迈出实质性的一步。制定守信激励与失信惩戒办法、社会信用体系建设规划和公共联合征信系统建设方案是社会信用体系建设当前最重要的三件工作。一季度《广东省社会法人守信激励与失信惩戒试行办法》进入征求意见阶段，标志社会信用体系建设迈出实质性的一步。

表4 2013 年第一季度平安广东建设举措一览

领域	推进工作	详细内容
矛盾处置	制定医疗纠纷预防与处理办法	建立医疗纠纷预防机制，规范卫生行政部门、医疗机构及医务人员、患者及其近亲属的相关行为，对病历书写保管和复制、死因异议的处理及尸体的处理作了规定。
应急处置	应急管理体系建设	截至 2013 第一季度，建立省、市、县（市、区）三级综合性应急志愿者救援队伍 2500 多支，约 31 万人，建立乡镇（街道）、村（社区）等基层综合应急救援志愿者队伍 88000 多支，约 29 万人。全省县级以上行政区划单位已建设应急避护场所 1980 个，面积近 1.93 亿平方米。
公共安全	开展"粤安 13"行动	清查治安复杂的重点行业、场所 2.7 万多处，查扣各类违法车辆 2.1 万多辆，整改安全隐患 280 多处，破获、查处一批刑事、治安案件，收缴毒品、赃车等一批。
	打击侵害公民个人信息犯罪	截至 3 月初，共打掉犯罪团伙 23 个，破获出售、非法提供和非法获取公民信息案件 63 起，抓获犯罪嫌疑人 94 名。
食品安全	婴幼儿配方奶粉风险评估制度	省食品行业协会主导，每月对市场流通中的婴幼儿奶粉进行整体评估，每月公布一次评估报告。风险评估涵盖产品的进货、生产、销售各个环节。
社会诚信	制定守信激励和失信惩戒办法	《广东省社会法人守信激励与失信惩戒试行办法》进入征求意见阶段，《办法》提出建立公共联合征信系统，实现跨地区、跨部门信用联合奖惩。

---

① 2013 年 5 月 8 日，省公安厅新闻发布会。
② 2013 年 3 月 31 日，广东食品行业发展工作会暨食品安全年会。

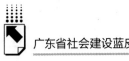
续表

领域	推进工作	详细内容
三打两建	打击制假贩假	一季度，全省各地公安机关主要围绕假食品、假药品、假农资产品等危害人民群众生命健康、危害粮食安全的制假售假犯罪开展猛烈打击，成功侦破假食品药品案件107宗，逮捕83人。

资料来源：2013年3月4日，省政府网站：《"粤安13"第二波清查2.7万场所 梁伟发督导集中统一行动》；2013年3月14日，省公安厅：《第三次集中打击侵害公民个人信息犯罪战果显著》；2013年4月28日，省政府应急办：《科学部署精心实施全力推进平安广东创建工作》。

法治广东建设规范化常态化。本季度，《广东省依法行政考评办法》与《广东省法治政府建设指标体系》通过审议。两份文件设置科学合理的指标体系和考评办法，引导各级各部门加强法治政府建设，切实提高依法行政水平。《广东省重大行政决策听证规定》出台，在听证范围、功能、程序以及结果运用等方面作出明确规定，以保障听证意见充分表达，民意得到充分汇集。

（三）社会建设获城乡居民初步认可

为全面了解广东城乡居民对改善民生的真实需要和感受，广东省社会工作委员会从2013年第一季度开始启动全省性的"广东省民生问题调查"①（以下简称"省社工委民生调查"）。调查结果显示，在公众满意度、信心度、公平感、安全感等各个方面，肯定的比例均远远高于否定的比例，这表明广东社会建设获得城乡居民初步认可。

改善民生效果基本获得认同。调查结果显示，城乡居民对广东改善民生效果基本认同，满意和比较满意的占44.6%，而不太满意和不满意的仅占13.4%，还有42.0%的人认为一般（见图4），这显示改善民生效果基本获得认可，当然也还有较大改善空间。从城乡来看，农村受访者的满意度比城镇略高，两者分别为47.0%和42.8%。从收入分层来看，满意度与社会阶层高度相关，满意度由低收入阶层到高收入阶层，呈明显的梯级走势，底层的满意度只有24.4%，而上层的满意度达到84.0%（见表5）。

---

① "广东省民生问题调查"于2013年4月在全省范围展开。此次调查覆盖全省19个地市（深圳、佛山除外），每市样本200份，城乡样本比例为6:4，采取分段随机抽样的方式，共发放问卷4000份，回收问卷3868份，有效问卷率达97%。

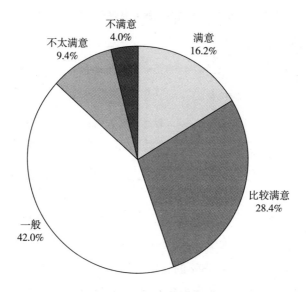

**图 4　2013 年第一季度全省城乡居民对政府
民生改善效果的满意度情况***

说明：*由于四舍五入的关系，图中数据百分比数字之和约等于 100%。

表 5　2013 年第一季度全省各阶层对当前政府改善民生效果满意度情况

单位：%

	满意	比较满意	一般	不太满意	不满意
上层	70.0	14.0	14.0	2.0	0
中等偏上	30.1	42.5	20.8	4.6	1.9
中层	19.4	37.8	36.0	5.1	1.8
中等偏下	12.3	26.8	46.3	11.5	3.2
底层	10.7	13.7	50.5	15.0	10.1

　　在对各项公共服务的评价中，公共教育获得的评价最高，有 53% 的受访者对公共教育服务感到满意和比较满意。文化体育和公共交通也获得相对较高的满意评价，分别为 48.0% 和 42.2%。住房保障获得的满意评价则最低，只有 31.7%（见表 6）。公共教育满意度相对较高，与近年来全省普及城乡义务教育有关。

表6 2013 年第一季度全省城乡居民对各项公共服务满意度评价情况

单位：%

	满意	比较满意	一般	不太满意	不满意	缺失值
住房保障	11.1	20.6	43.5	16.1	7.0	1.7
劳动就业	11.9	26.0	47.0	10.8	2.8	1.5
医疗卫生	11.9	26.9	41.1	14.2	4.8	1.1
社会保障	14.0	25.6	42.2	13.0	3.6	1.6
公共交通	15.1	27.1	38.3	13.7	4.7	1.1
文化体育	18.0	30.0	38.7	9.0	2.7	1.6
公共教育	19.5	33.7	35.9	7.2	2.5	1.2

社会管理基本得到认可。调查结果显示，对于"您对目前的社会管理是否满意"的问题，41.2%的受访者选择满意和比较满意，选择不太满意和不满意的仅占12.0%，还有46.8%的受访者选择一般（见图5）。这显示广东社会管理基本获得公众认可，当然也还有较大改善空间。

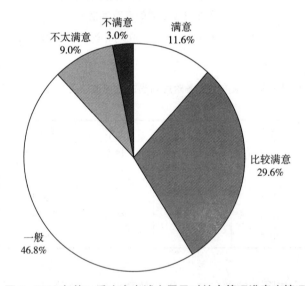

图5 2013 年第一季度全省城乡居民对社会管理满意度情况

对社会管理的认可程度，与社会阶层具有高度的相关性。上层的认可程度（满意和比较满意）高达87.2%，而底层的认可程度，仅为20.6%。从城乡来看，农村居民对社会管理的认可程度略高于城市，城乡占比分别为39.0%和44.3%（见表7）。

表 7　2013 年第一季度城乡与社会阶层对社会管理满意度的评价

单位：%

阶层/城乡	满意	比较满意	一般	不太满意	不满意
上　层	55.3	31.9	8.5	4.3	
中等偏上	22.4	44.9	27.6	4.3	0.8
中　层	16.6	38.3	38.9	4.7	1.4
中等偏下	7.1	27.9	52.6	9.6	2.8
底　层	5.9	14.7	55.9	16.7	6.7
城　镇	10.2	28.8	48.7	9.1	3.3
农　村	13.4	30.9	44.4	8.7	2.6

　　近四成城乡居民认为到政府办事方便。政府机关工作作风一直受到社会各界高度关注，个别部门"门难进、脸难看、事难办"等问题时有发生，因此，城乡居民对政府部门工作作风的评价和感受对于建设服务型政府十分重要。调查结果显示，37.8% 的受访者表示到政府部门办事容易和比较容易，22.1% 的受访者表示办事不太容易和不容易，接近一半的人表示一般。这显示广东政府机关工作作风有改善，群众还是基本接受的，但改进的空间还很大。

　　从不同社会阶层来看，上层对机关办事认可程度（容易和比较容易）最高，达到 79.6%，中层偏上为 69.2%，中层为 51.3%，中层偏下为 30.1%，底层认同程度最低，只有 17.9%。反过来看，对机关办事否定程度（不太容易和不容易）最高的是底层，占 34.4%，否定程度最低的是中等偏上（9.4%）和上层（12.3%）（见表 8）。

表 8　2013 年第一季度全省各阶层对到政府部门办事认可程度的评价

单位：%

	容易	比较容易	一般	不太容易	不容易
上　层	63.3	16.3	8.2	8.2	4.1
中等偏上	21.0	48.2	21.4	4.7	4.7
中　层	15.7	35.6	36.2	9.1	3.4
中等偏下	7.1	23.0	43.4	20.3	6.1
底　层	5.5	12.4	47.7	20.6	13.8

公众社会安全感有提高。调查结果显示,对于"最近一段时间,您的社会安全感有了什么变化"这一问题,34.6%的受访者表示"提高了",38.7%的受访者表示"没变化",只有19.0%的受访者表示"降低了"(见图6)。这表明,在过去一段时间里,公众的社会安全感总体来说提高了。

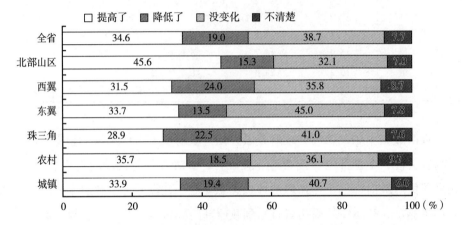

图6　2013年第一季度全省城乡居民社会安全感程度变化情况

城乡居民对社会安全感的感受基本一致,但区域差异比较明显:北部山区受访者社会安全感最高,45.6%的人表示"提高了",珠三角地区最低,仅为28.9%。从收入分层来看,上层安全感最高,78.0%的受访者表示"提高了",而底层只有20.1%(见表9)。

表9　2013年第一季度全省各阶层社会安全感变化情况

单位:%

	提高了	降低了	没变化	不清楚
上　　层	78.0	4.0	12.0	6.0
中等偏上	54.3	15.9	24.4	5.4
中　　层	43.9	16.2	34.3	5.5
中等偏下	29.3	21.4	41.4	7.9
底　　层	20.1	20.6	47.6	11.7

社会公平获得初步肯定。调查结果显示,对于"您认为目前的社会是否公平"这一问题,39.6%的受访者表示公平和比较公平,表示不公平和不太

公平的为 20.0%，40.4% 的受访者表示一般。也就是说，对社会公平表示肯定的比例超过否定的一倍，这显示社会公平初步获得城乡居民的认可，但应该注意，表示一般的比例非常高。

城乡居民对社会公平的评价基本一致，但区域间有所差异，北部山区对社会公平的评价相对较高，肯定比例（公平和比较公平）占 47.9%，珠三角地区评价最低，肯定比例只有 34%（见图 7）。从收入分层来看，上层受访者对社会公平的评价很高，肯定比例占 78.0%，下层受访者评价很低，肯定比例只有 19.4%（见表 10）。

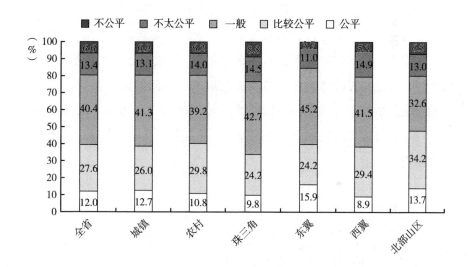

图 7   2013 年第一季度全省城乡居民社会公平感差异情况

表 10   2013 年第一季度全省各阶层对社会公平的评价

单位：%

	公平	比较公平	一般	不太公平	不公平
上　　层	56.0	22.0	10.0	6.0	6.0
中等偏上	22.8	44.8	25.1	5.8	1.5
中　　层	16.2	36.6	35.4	8.6	3.2
中等偏下	7.4	26.0	44.5	15.9	6.2
底　　层	7.9	11.5	47.4	18.9	14.4

二　存在的问题

（一）民生热点"旧问"蕴"新题"，公共服务尚需进一步提升

省社工委民生调查结果显示，广东省社会建设获得公众初步认可。但仅仅是初步的认可，民众公平感、满意度、自信度和安全感等都还不够高，这既反映了社会建设的不足，也代表了民众希望过上更好生活的新期待。

第一，食品药品安全、物价偏高、社会治安等最受关注。对于目前最关注的问题，排在第一位的是食品药品安全，其余的依次是物价偏高、社会治安、官员贪污腐败、看病难看病贵、买房难租房贵、养老问题、收入分配不公平等（见图8）。与此相近的是，对于最期待政府改变的问题，排在前四位的分别是：稳定食品价格、完善社会保障体系、加强食品安全监督、改善社会治安（见图9）。此外，提高收入缩小收入差距、改善居住环境等问题也是人们非常希望改善的问题。

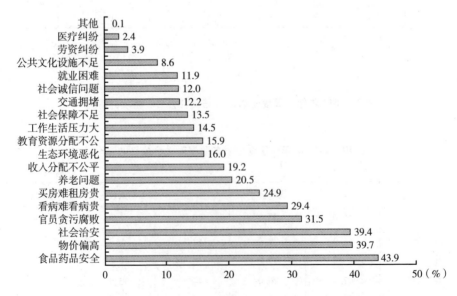

图8　2013年第一季度全省城乡居民对社会问题的关注情况

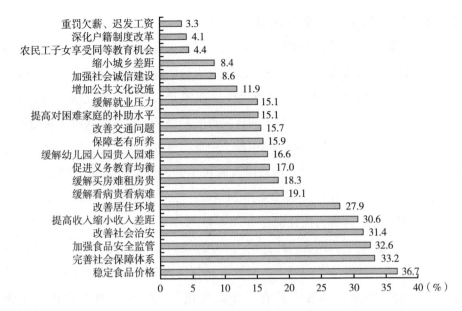

图 9　2013 年第一季度全省城乡居民对政府解决问题的期待情况

综合地看两个问题，人们关注或期待解决的这些问题，都与人民群众工作生活、切身利益紧密相连，关系着每一个人的心理感受和幸福指数，都是广东省经济社会发展需要进一步解决的问题。其中，食品安全、物价问题最受关注，或者说最容易引起人们的不满。近年来，食品安全问题新闻不断，可谓一波未平一波又起，从苏丹红、孔雀绿、三聚氰胺、地沟油、瘦肉精、毒胶囊、毒苹果到近期的塑化剂、速成鸡、毒豆角等，食品安全问题总是让人胆战心惊。

第二，公平感、信心度、满意度、安全感受到抑制。省社工委民生调查结果显示，在关于"您对当前政府改善民生的效果是否满意""您认为目前的社会是否公平""最近一段时间，您的社会安全感有了什么变化""您对未来几年广东经济社会发展是否有信心""您对自己未来的发展是否有信心""您对目前的社会管理是否满意""您认为目前向政府反映意见、表达诉求的渠道是否畅通""您认为现在到政府部门办事是否容易"等问题上，虽然否定的比例不高，但认同的比例也不算太高，大多在四成左右，而认为一般的比例也在四成左右。这充分显示，城乡居民虽然看到了政府在改善和保障民生方面的决心和效果，但不尽如人意的地方还不少，需要提升的空间还很大，因此，公平感、信心度、满意度、安全感等暂时还上不来。

第三，底层民生最让人担忧。从收入分层的角度看，低收入阶层的民生问题令人担忧。调查结果显示，当前广东低收入阶层规模仍然比较庞大，年收入在2万元以下的群体占总人口的54.5%。在涉及公平感、信心度、满意度、安全感的所有问题上，高收入阶层的认同程度都很高，中等收入阶层认同程度居中，而低收入阶层的认同程度都很低，呈现明显的梯级走势，高低阶层认同差距悬殊。比如，在"您对当前政府改善民生的效果是否满意"问题上，上层和底层肯定的占比分别为84.0%和24.4%；在"您对自己未来的发展是否有信心"问题上，两者占比分别是88.0%和28.7%；在"您对目前的社会管理是否满意"问题上，两者占比分别为87.2%和20.6%；在"您认为现在到政府部门办事是否容易"问题上，两者占比分别为79.6%和17.9%；在"最近一段时间，您的社会安全感有了什么变化"问题上，两者占比分别为78.0%和20.1%；在"您认为目前的社会是否公平"问题上，两者占比分别为78.0%和19.4%。这说明低收入阶层在分享发展成果方面处于明显的弱势，他们自身的生存和发展面临严重的困境，对未来信心不足。这个问题如果不能有效解决，势必使社会公正受到挑战，从而降低人们对改革的认可度，制约经济的健康快速发展。

第四，贫困地区教育问题触动社会神经。2013年伊始，一则关于贫困地区教育的新闻成为社会焦点，吴川市部分学校存在义务教育阶段学生自带桌椅上课的情况被媒体曝光后，在社会上引起热议，并引起省、市主要领导的关注。除了监管方面的漏洞外，人们对贫困地区义务教育问题表示担忧，城乡教育公平问题远非人们想象的那么简单。调查结果显示，尽管公共教育在各项公共服务中满意度最高，但仍有40.2%的受访者对当前的义务教育评价"一般"，11.5%的居民评价"不太满意"和"不满意"，仅半数居民对义务教育持肯定评价（见图10）。在农村地区受访者看来，不满意的主要原因是："学校教学设施差""农村与城里学校差距太大""学校师资力量薄弱""学校太远，上学不方便"等（见图11）。可见，城乡义务教育的差距是全方位的，学生自带课桌椅上学尽管是个别现象，但城乡孩子在接受教育起跑线上的不公平是显而易见的。

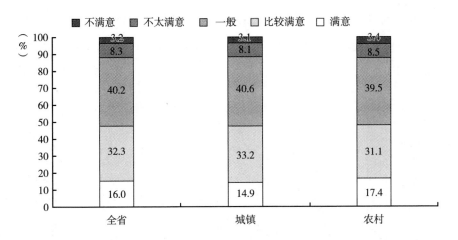

图 10　2013 年第一季度全省城乡居民对义务教育满意程度情况

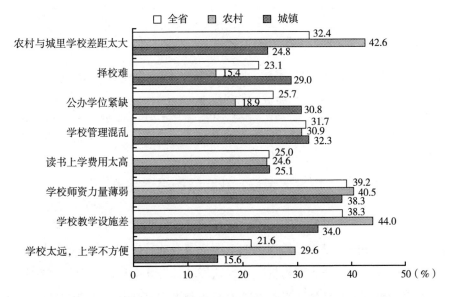

图 11　2013 年第一季度全省城乡居民对义务教育不满意原因分布情况

第五，基本公共服务评价整体不高。省社工委民生调查结果显示，人们对各项公共服务持肯定态度的比例在 40%～50%，持否定态度的比例较低，在 10%～20%。但也应看到，近四成居民对公共服务评价一般。按照国际通用计算方法，将受访者对基本公共服务的评价转换成分数，可以看到，各项基本公共服务满意度得分并不高，除了公共教育之外，其余都在及格线附近。得分排行由高到低依次为：公共教育、文化体育、劳动就业、社会保障、公共交通、医疗卫生和住房保障（见图12）。可见，广东各项公共服务还有很多需要不断完善的地方。

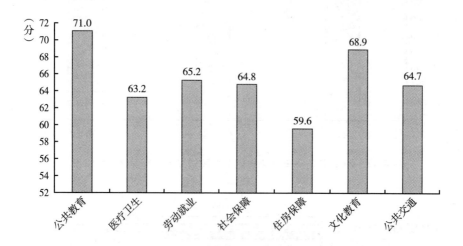

图12　2013年第一季度全省城乡居民公共服务满意度得分情况

注：满意度得分评价标准：90分为优秀，80分为良好，60分为及格；满意度得分计算按国际通用的公式：满意度＝"满意"比例×100＋"比较满意"比例×80＋"一般"比例×60＋"不太满意"比例×30＋"不满意"比例×0。

（二）中等收入层发展缓慢，社会结构尚需完善

社会结构的内核是社会阶层结构。现代社会学理论和发达国家的经验都表明，理想的社会阶层结构是橄榄型的，即最富有的阶层和最贫穷的阶层所占人数比例都较少，中等收入层占据主流，这样的社会才会稳定、理性、务实，能推动符合大多数人利益的公平、公正的政治制度与经济制度的建立，推动整个社会的文明和进步。目前，发达国家的中产阶层都在60%以上，在美国、瑞典等少数国家甚至高达80%。中产阶层的崛起，对于促进社会稳定、缓解社会矛盾具有特殊意义。党的十八大报告提出，到2020年要实现国内生产总值和城乡居民人均收入比2010年翻一番。从某种意义上说，国民收入倍增计划的主要目标就是扩大中等收入层的比例。就目前情况而言，广东中等收入层还比较薄弱，建设橄榄型社会结构路程还很遥远。

一是中等收入群体比重偏低、规模过小。2012 年，广东人均 GDP 越过 8000 美元关口，按照世界银行制定的标准，广东已迈进中上等收入国家或地区门槛。但以居民收入的平均水平（2012 年广东省城镇人均可支配收入中位数为 27213.99 元）为标准的中等收入群体比重普遍偏低，全省人均收入水平为 2 万~3 万的居民比重仅为 18.3%。若以收入中位数以上至中位数近 2.5 倍（3 万~7 万）范围来计算，全省中等收入人群比重为 20.9%。同时，处于收入中位数以下（2 万以下）的人群比重则较高。其中，全省为 54.4%，城镇为 45.3%，农村为 66.5%；珠三角 43.6%，东翼 61.3%，西翼 64.6%，北部山区 59.0%。由此可见，广东中等收入人群比重明显偏低，低收入人群比重太大。从各层次收入人群占比结构图可以看出，目前广东社会结构尚处于"上小下大"的金字塔形而非"两头小、中间大"的橄榄形结构（见图 13）。有研究指出，当前中国的经济结构已进入工业化中期阶段，甚至有些指标表明已经进入了工业化后期阶段。但是，社会结构指标还没有随着经济结构的转变而实现整体性转型，多数社会结构指标仍然处在工业化初期阶段，测算结果显示，中国社会结构滞后经济结构大约 15 年。广东情况也大致如此。

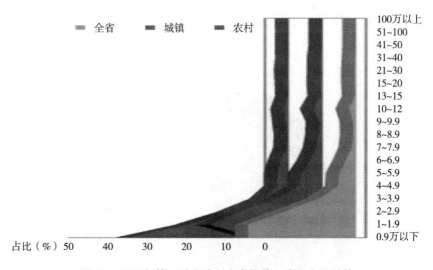

图 13　2013 年第一季度城乡全省各收入人群占比结构

　　二是中等收入层比较脆弱，自我认同度低。当前，广东中等收入层正逐步壮大，但仍很脆弱。这种"脆弱"的突出表现，就是中等收入群体在当前的生存环境压力下自我认同度偏低。调查结果显示，收入处于中等水平的受访者中，只有近四成的人认同自己中等收入层的地位，超过50%的人认为自己是中等偏下或底层（见图14）。值得注意的是，年收入3万~7万人群与年收入2万~3万人群对自身的认同并无明显差别。同时，40.0%的受访者认为目前中产阶层发展缓慢，8.1%认为中产阶层在缩小，仅有24.1%认为中产阶层在扩大（见图15）。中等收入群体自我认同度低，主要源于他们目前面临的生存环境压力较大。高房价、高物价、看病贵、上学贵、收入增速慢，以及分配不公和相对剥夺感的上升，都会让他们对未来前景产生焦虑与不安。近期媒体一份关于"月薪多少会让你在相应的城市生活不惶恐"的调查显示，上海、北京等一线城市需9000元左右，而成都、大连等二线城市则在5000元上下浮动。月入几千元的工薪族，实际上承受不了太多的变数。社会保障制度的缺失或不完善更是加大了这种变数。结婚买房，就能把几代人的积蓄一次花光，万一再有病痛等意外发生，很可能就变得一贫如洗。因此，"月薪惶恐"一方面体现人们对于更高物质生活水平的向往，另一方面则反映人们对生活成本上升、社会保障不足等的担忧。由此可以理解，本次省社工委民生调查中，人们最希望政府解决的问题，排在前两位的，是稳定食品价格和完善社会保障体系。

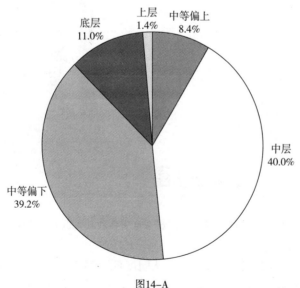

图14-A

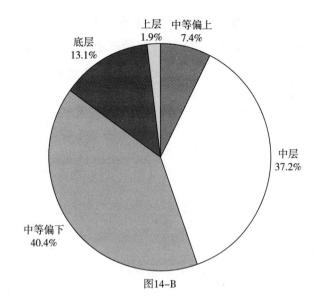

图14–B

图 14　2013 年第一季度全省中等收入群体社会阶层自我认同情况

　　注：图 14 – A 为收入 3 万 ~7 万人群认同情况，图 14 – B 为收入 2 万 ~
3 万人群认同情况。

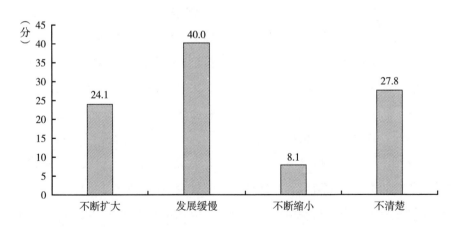

图 15　2013 年第一季度全省城乡居民对中产阶层是否扩大的判断情况

　　三是纵向社会流动通道不畅，阶层固化迹象明显。阶层的社会流动，是现
代社会的灵魂。当社会流动严重受阻，机会跟随权力、财富的阶层占有而固
化，社会结构就呈"断裂"状态。一般来说，社会底层通过努力实现向上流

动是中等收入层的一个重要来源，但就目前情况看，社会底层向上流动的空间较小。20世纪90年代初期之前，阶层之间的流动还相当频繁，但此后，情况发生了很大的变化，处于经济社会地位较低阶层的社会成员进入较高阶层的门槛明显增高。低收入阶层、农民子弟通过自身努力"鱼跃龙门"的机会越来越少。而"富二代""官二代""穷二代"的出现，表明了社会地位的世袭性。据调查，二代农民工的父母几乎都是农民或农民工，而父辈具有社会资本的那些人比一般人更易于成为干部。在任何一个社会中，教育都是向上流动的重要渠道，受过高等教育是进入中等收入层的重要门槛，大学生群体本应是中等收入层的后备军，但由于就业难，不少大学生沦为"蚁族"。国内多家媒体联合进行的一项"谁在沦为新底层"的问卷调查发现，"不能充分就业的大学生群体"名列第一，最有可能成为社会新底层。

（三）社会组织"造血"能力不足，生存发展面临挑战

由于种种因素的制约，社会组织生存发展面临很多挑战，能力不足，公信力差，离社会建设的要求和公众的期望差距很大。

一是社会组织自我"造血"能力不足。资金是任何一种组织的生命之源，但资金短缺却是中国社会组织发展的最大障碍。国外社会组织的资金来源主要有民间捐赠、服务收费、政府补贴和外国援助四个渠道。其中，服务收费是获得资金的重要来源。在一些国家，社会组织来自会费、收费活动和商业经营的收入超过了所有其他来源的收入，构成了社会组织总收入的最大部分。国内的情况则不同，政府提供的财政拨款和补贴、会费是大部分社会组织收入的主要来源（见图16）。现实情况是，一方面社会组织过分依赖政府扶持和资助，另一方面政府的资助极为有限，在这种矛盾下社会组织的资金短缺更为凸显。虽然广东设立了培育发展社会组织专项资金，但在竞争机制下，仅有极少数的社会组织可以获得资助，更多的社会组织的生存和发展还需要依靠自身的"造血"能力。

二是社会组织自我发展定位不清晰。在一项问卷调查中发现，只有17.2%的社会组织定位为"独立于政府的第三方"，而高达46.3%的社会组织把自己定位为"政府的助手"，这也从一个侧面说明不少社会组织缺乏市场意

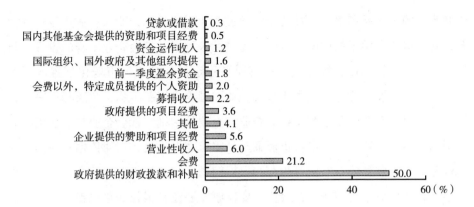

图 16　中国社会组织收入来源结构（2000 年）

数据来源：邓国胜：《非营利组织评估》，北京：社会科学文献出版社，2001。

识，不习惯从服务和市场中求生存、谋发展，仍习惯于依赖政府以求得生存。由此可见，去社会组织"行政化"易，而要去掉社会组织"心中的行政化"还很难。特别是一些从政府主管部门衍生出来，或是挂靠在政府机构、带有强烈政府色彩的社会组织，更是乐于依赖政府以获得生存空间。

三是社会组织获得购买项目难度大。虽然政府向社会转移的可购买社会服务事项不断增加，但购买量依然不足，政府购买社会服务还处于起步阶段。在欧美等发达国家，社会组织已与政府、企业并列，被称为第三部门或第三方力量；在我国香港，政府80%以上的社会服务以向非政府机构购买的方式提供。广东省社会组织虽以年均10%的速度增长，却仅有10%承接了政府转移职能，所承接的政府购买项目也多存在数量较少、额度不大的问题。同时，政府在购买社会服务方面还存在三个难点：首先是购买公共服务的设置条件大多数有较高的要求，如服务业绩、专业人员、资金账目等，新产生的小型社会组织缺乏机会，生存困难；其次是政府为了规避风险，购买服务的细则非常烦琐，不利于社会组织的创新探索；最后是购买服务的报账、审查、评估环节多、要求高、限制多，耗费社会组织很多人力物力，无法真正用到社会服务之中。在这种"僧多粥少"且"领粥条件苛刻"的竞争机制下，增长如此之快的广东社会组织很有可能走向恶性竞争。

四是社会企业发展步履艰难。鼓励发展社会企业是 2013 年广东深化社会体制改革的工作要点之一。社会企业通过商业手法运作，赚取利润用以贡献社会，其所得盈余用于扶助困难群体、促进社区发展及社会企业本身的投资。与传统的社会组织相比，社会企业拥有财务稳定保持独立、市场化配置保证专业、持续性发展等优势。但由于社会企业在国内尚属新事物，政府和市民、社会组织都对社会企业不了解，社会企业与企业的区别、社会企业与社会组织的区别均不明晰，社会企业本身也面临产品需求掌握不足、法律依据不明确、人才资源缺乏和监管体系空白等生存和发展问题，因此省内多家社会企业目前为止还未有十分成功的案例。社会企业要健康发展还有很长的路要走。

三　意见建议

（一）全面提升服务型政府民生保障水平

一是坚持加快改革发展与优化分配格局并举。二是坚持保障生存条件与提升生活质量并举。三是坚持解决实际问题与建立长效机制并举。四是坚持促进政府转型与强化市场运作并举。

（二）促进中等收入层成长壮大

当前，广东省经济社会发展呈现与过去30多年不同的阶段性特征，其中最重要的一点，就是从以物质生产为导向的改革，转向以人的自身发展为导向的改革，中等收入层在经济社会发展中的重要性全面提升。因此，无论是从发展经济的角度，还是从改善民生的角度，都需要把扩大中等收入层作为新阶段改革的总体目标。必须采取有力措施，促进中等收入层的发展，增强改革的普惠性，使广大人民群众从改革发展中获得实实在在的好处。一是完善收入分配制度。二是建立公平竞争的市场机制。三是着力解决大学生就业难问题。四是实施"蓝领战略"，造就以技工为主体的中等收入层。

（三）加强社会组织能力建设

一是加快社会组织的去行政化步伐。从治理的角度看，政府和社会组织是分属不同领域的治理主体，面临共同的治理目标，而且具有一定的互补性。因此，要明晰政府与社会组织的边界，逐步建立起"职责清晰、定位准确、各司其职、各负其责"的社会组织管理体制。推进行业协会商会去行政化和去垄断化改革，按照市场化、民间化的原则，明确行业协会商会的权利和义务，让行业协会商会回归民间，真正成为具有独立地位和权威的社会治理主体。

二是完善政府购买服务制度。根据实际需要，拟定政府向社会组织购买服务目录，并明确每项服务的具体目标和服务细则。开展社会组织等级评估，按照公平、公正、公开的原则，通过竞争性方式选择承接政府购买服务的社会组织。政府部门应加强对购买服务项目的监督和绩效评估，及时了解购买服务项目的实施情况，保证公共服务的质量。

三是促进社会组织规范有序运行。健全规范社会组织的内部治理结构和内部治理机制，完善自律机制，保证行业的规范有序运行，不断提高社会组织的自我管理水平和自我服务能力。社会组织要增加运作透明度，主动接受外部监督，强化自我约束，提高诚信水平。要建立信息共享模式，增加成员的相互沟通和交流，减少信息不对称。

四是优化人力资源配置，提升社会组织发展能力。积极引进专业人才，提高员工整体素质，并通过到企业挂职锻炼和专门培训等方式，培养高质量的服务队伍。推进社会组织专职工作人员的职业化进程。完善专职工作人员的相应保障政策，改善和提高专职工作人员的福利待遇。

B.30

广东省社会建设分析报告
（2013年第二季度）

一 社会建设总体情况

党的十八大报告提出经济建设、政治建设、文化建设、社会建设和生态文明建设"五位一体"的总体布局，要求进一步保障和改善民生，创新社会管理，这为社会建设指明了方向。2013年上半年，广东继续加强社会建设力度，在保障和改善民生、创新社会管理上取得了明显的进步，也获得了城乡居民的基本认可。

（一）保障和改善民生进步明显

民生投入力度加大。在经济运行稳中有进、财政收入较快增长的利好形势下，广东民生投入也有较大幅度的提高。数据显示，上半年全省地方公共财政预算收入3483.57亿元，同比增长16.34%；相应地，上半年全省教育、社会保障和就业等11类民生支出完成2224.73亿元，同比增长24.34%，高于支出平均增幅6.98个百分点，占全部支出的66.3%，较2012年同期提高3.7个百分点；同时，全省各级财政投入839.68亿元用于十件民生实事工作，完成年初预算的53.28%，快于时间进度3.28个百分点。[①]

居民收入稳定增加。上半年，广东城镇居民人均可支配收入17168.4元，同比名义增长8.8%，扣除价格因素实际增长6.7%，比同期全国平均水平高

---

① 2013年7月17日，广东省财政厅公布上半年全省财政预算收支数据。

0.2 个百分点。农村居民人均现金收入 6528.2 元，同比名义增长 10.3%，扣除价格因素实际增长 7.7%（见图 1）。①

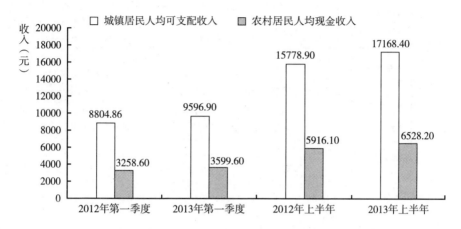

图 1　2013 年上半年广东省城乡居民收入变动情况

数据来源：广东省统计局。

民生实事任务完成过半。省长朱小丹在省十二届人大一次会议上作政府工作报告时提出，2013 年将集中力量办好提升就业社保水平、促进教育均衡协调发展等十件民生实事。截至上半年，十件民生实事基本实现"时间过半、任务过半"，具体进展情况见表 1。

表 1　2013 年上半年十大民生实事进展情况

事项		进展情况
提升就业社保水平	就业	全省扶持创业 4.96 万人、新增城镇就业 95 万人、失业人员再就业 33 万人，分别完成全年任务的 49.6%、79.2% 和 55%。6 月末城镇登记失业率为 2.4%，控制在计划目标内。培训劳动力 30.6 万人，完成全年任务的 51%。
	社会保障	截至 6 月底，城镇基本养老(含离退休)、基本医疗、失业、工伤和生育保险参保人数分别达到 4054 万人、9062 万人、2632 万人、2957 万人和 2556 万人，同比分别增长 14.1%、12%、37%、2.6% 和 7%。城镇居民养老保险基础养老金从 55 元提高至 65 元，企业退休人员基本养老金增长 10.4%，均已完成全年任务。新增发放社会保障卡 1558 万张，完成全年任务的 51.9%，全省持卡总人数达 4923 万。

---

① 广东省统计局发布的广东经济"半年报"。

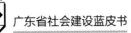
广东省社会建设蓝皮书

续表

事项		进展情况
促进教育均衡发展	教育强省建设	全省创建教育强镇44个,完成年度任务的44%,创建教育强县2个。全省公办幼儿园比例为30.4%,落实中职教育助学政策,16个地市已预安排补助资金到学校,剩余的深圳、汕头、汕尾、潮州、揭阳5市也已出台相关实施方案。
	义务教育补贴	提高城乡免费义务教育公用经费补助标准,省财政厅等已联合印发《山区和农村边远地区义务教育学校教师岗位津贴实施方案》《关于做好山区和农村边远地区义务教育学校教师岗位津贴制度有关工作的通知》,各地正抓紧落实。
加强基本医疗服务	医疗保险	截至6月底,基本医疗保险参保率超过96%,全省职工医保、居民医保政策范围内住院支付比例分别平均提高到87%和73%。实现参保职工在省内不同统筹地区参保年限互认。
	医疗服务	基本实现全省所有三级医院检验检查结果互认。汕头、韶关、惠州、湛江、清远和肇庆6市已出台平价医疗服务工作具体方案并进入实施阶段。上半年,全省共为51.65万余人提供了免费孕前优生健康检查服务,占目标人群总数的51.84%。
	医药管理	全省各级公立医院加强药物管理,结合广东气候条件增补基本药物目录,全省可用的基本药物超过1000种,基本药物在公立医院的使用比例已提高至32%。
健全基层文体服务	文化设施建设	实施2013年第一批全省经济欠发达地区基层公共文化设施建设奖补扶持方案,项目已进入施工阶段,有14个县级馆、95个乡镇(街道)综合文化站完成主体工程。全省150个乡镇农民体育健身工程建设已完成项目申报,正抓紧工程建设。
	影视服务	广播电视户户通工程,第一期20万套直播卫星接收设备已到位,安装开通77493套,开通率38.75%。全省电影放映队达1073支,到5月底农村电影已公益放映10.30万场次,完成年度任务的44.10%,观影人次超2298万。
	文体补贴	省财政对经济欠发达地区县、镇两级图书馆、文化馆(站)免费开放的补助经费已开始拨付,正在推动各级文化馆(站)建立健全服务规章制度和保障机制。
改善农村生活条件	帮扶贫困	对相对贫困村和贫困人口已完成帮扶对接。
	农村公路	2013年新农村公路硬底化明细项目计划已下达,省政府已拨付60%的补助款。
	饮水安全	国家新增的针对农村饮水不安全的投资计划已下达,各地正在开展项目招投标。
	住房改造	农村低收入住房困难户改造竣工26690户,在建35678户。
	河流治理	推进79宗小河流治理项目,完成42宗项目主体工程建设任务,重点小型病险水库除险加固工程开工建设306宗,完工148宗,完成投资46257万元,投资完成率81%。
助困扶残有序推进	提高低保标准	全省71%的县(市、区)城镇低保、83%的农村低保平均补贴水平分别提高到242元、109元,各地按照农村五保供养标准不低于当地上年农村居民人均收入的60%调整五保供养标准。
	残疾人服务	珠三角地区已全面启动为5000户贫困家庭残疾人提供居家康复服务和5000户贫困家庭残疾人实施居家无障碍环境改造工作,欠发达地区的相关工作正在抓紧推进。

续表

事项		进展情况
保障房建设力度加大	保障房建设	全省新开工建设保障性安居工程46972套，新增发放租赁补贴4072户，基本建成保障性住房52105套，分别占省年度任务的59.9%、81%、44.9%。
	渔民住房	渔民保障性安居房已平整建设土地533户，动工建设196户，省级补助资金已下达。
改善异地务工人员生活条件	积分入户	上半年新增1.7万异地务工人员积分入户城镇。
	子女就学	随迁子女参加高考实施细则已制定，各市随迁子女参加中考方案工作正在省有关部门的指导下抓紧进行，相关政策宣传工作也已推开。2012~2013学年初，全省共有158.5万随迁子女入读义务教育阶段公办学校，占随迁子女总数的52.7%。
	技能培训	《加快提升劳动者技能水平服务产业转型升级的意见》《关于规范省级农村劳动力培训转移就业专项补助资金使用管理的通知》已出台，以县区为单位下达了2013年异地务工人员减免费技能培训任务。全省已对异地务工人员实行减免费技能培训30.6万人，完成年度任务的51%。
稳价惠民工作有效落实	价格补贴	为缓解低收入群众生活压力，广东省在元旦、春节期间，向全省283万城乡困难群众发放一次性临时价格补贴4.25亿元。
	平价商店	制订了全省平价商店建设计划，将全年任务分解到各市，新建653家平价商店，完成年度任务的65.3%。截至6月，全省共建平价商店4815家，优惠让利约2亿元。
	平价药店	稳步推进药品平价商店建设，起草了《广东省药品平价商店建设方案（试行）》，新建平价药店117家。
环保生态工程建设扎实推进	空气治理	珠三角区域空气质量监测点位稳定运行，从6月起全省各市县均发布灰霾天气预报。
	垃圾处理	全省33个县建成生活垃圾无害化处理场，12个县开工建设，364个镇建成转运站。
	污水处理	新建扩建污水处理厂9座，新增污水处理能力83.3万吨，新建成配套管网840.4公里，全省所有县和珠三角地区所有中心镇全部建成污水处理设施，城镇生活污水处理率达80%。

资料来源：2013年7月10日，省办公厅2013年上半年省十件民生实事进展情况通报；2013年8月6日，省发改委公布《关于广东省2013年上半年国民经济和社会发展计划执行情况的报告》。

（二）创新社会管理体制机制成效良好

社会体制改革进入全面推行阶段。2013年5月，广东省委办公厅、省办公厅转发了省社工委的《2013年广东深化社会体制改革工作要点》，其内容包括民生体制、社会组织体制、基层社会管理体制、社会工作和志愿服务体制和社会管理五大领域，共计40个工作要点，基本涵盖广东社会建设的重点工作。改革要点为推进广东社会体制改革提供了一个"菜单"式指引，各地各部门可根据自身实际选择若干个项目进行改革探索。广东各省直部门、各地级以上市和各县（市、区）共承接了 423 个改革项目，形成上下联动、整体推进的社会体制改革格局。各项要点工作正在顺利推进中，社会体制改革取得较好成效。

服务型政府效能不断提高。2013 年上半年，随着重点领域和关键环节改革的顺利推进，广东科学发展体制机制进一步完善，特别是在处理政府和市场关系方面加大了改革攻坚力度，使得服务型政府社会服务和管理效能不断提高。

第一，行政审批制度改革继续深化。自 2012 年 8 月被国务院确定为行政审批制度改革的试点以来，广东深入贯彻落实 2012 年以来出台的三批行政审批制度改革事项目录，不断推进市县行政审批制度改革。2013 年 6 月 14 日，《广东省行政审批管理监督条例（送审稿）》向社会公开征求意见，明确今后行政审批须由公众评判、建立联审联办机制等，这意味着广东"把行政审批的权力关进法规的笼子"又向前迈进了一步。

第二，省网上办事大厅建设加快推进。2013 年 4 月，广东省政府出台《2013 年省网上办事大厅建设工作方案》，明确了 2013 年省网上办事大厅建设工作的主要目标、任务和保障措施，并第一次明确将珠三角九市所辖的县（市、区）纳入工作方案细则。6 月 24 日，省政府下发《广东省人民政府转发〈国务院关于取消和下放一批行政审批项目等事项的决定〉的通知》指出，2013年年底前，省网上办事大厅将联通到全省各县（市、区），省直各部门行政审批事项网上办理率达 70% 以上，社会事务服务事项网上办理率达 60% 以上。截至4 月，省直单位已进驻事项中有 324 项事项可以在网上申请办理，21 个地级以上市及珠三角各县（市、区）分厅全部与主厅联通，所有地市和顺德区进驻省网上办事大厅的事项共有 2 万余项。① 惠州在全省率先开通并同步运行县区网上办事分厅，广州、佛山结合本地公民网页推进网上办事分厅建设。同时，省网上办事大厅已经为服务事项申报和结果反馈提供了统一的对接入口。

第三，省政府办公厅电子政务系统开通运行。广东省政府办公厅电子政务系统自 2013 年 1 月 1 日正式开通运行以来，已经联通了 21 个地级以上市及顺德区政府，以及 110 家省有关单位，这些单位约 60% 的文件已能实现网上办

---

① 2013 年 4 月 15 日，省网上办事大厅建设惠州现场会提供数据。

理。电子政务系统的开通运作意味着广东领全国之先，继建成开通省网上办事大厅后，又推出了电子政务领域一项重要举措。该系统利用信息化手段，提升了政府行政效率，有利于转变政府工作作风，推进政府职能转变，为广东迎接大数据时代做好了准备。

第四，依法行政考评办法及法治政府建设指标体系出台。2013 年 4 月 12 日，省政府网站公布了《广东省法治政府建设指标体系（试行）》，硬性规定自 2013 年 6 月 1 日起"涉及民生重大决策的听证率、民调率均达 100%"，而"对社会公众申请公开政府信息的答复率和答复及时率均达 100%"也成为政府信息公开的量化指标。《广东省依法行政考评办法》规定了依法行政工作应当纳入地方各级人民政府及其部门领导班子、领导干部落实科学发展观和政府绩效考评体系，且增加了社会评议环节。两项文件的出台意味着政府决策将更为公开透明，依法行政考评将更加科学严谨。

平安广东创建成效显著。2013 年以来，广东组织实施了创建平安广东 10 大工程和 53 个具体项目，在加强法治建设、化解社会矛盾、维护社会治安和创新社会管理方面均取得较好成绩，具体成效如表 2 所示。

表 2　2013 年上半年平安广东创建情况

事项		进展情况
加强法治建设	公正廉洁司法	开展"司法公正水平提高年"和"司法作风明显改进年"活动,出台 30 条具体实施意见,研究制定广东省《关于建立行政执法与刑事司法衔接的意见》。
	法制宣传教育	全省 190 个村、159 个社区被评选为省民主法治示范村（社区）,22 个村（社区）获评全国民主法治示范村（社区）,获评总数居全国第一。异地务工人员上岗前普法覆盖面达 85%。
	法律援助	施行全国首个就法律援助经济困难标准颁布的地方性政府规章《广东省法律援助经济困难标准规定》,占全省总人口 20% 的低收入群体被纳入法律援助范围。
化解社会矛盾	排查化解机制	目前,全省建有 5800 多个专业性、行业性调解组织,3 万多人民调解组织和 18 万人民调解员。
	完善社会稳定风险评估机制	目前全省省、市、县三级及省直 24 个重点部门建立了社会稳定风险评估机制。
	完善诉前联调工作机制	1～5 月,全省诉前联调工作室共受理纠纷 26888 件,其中达成调解协议 23885 件,调解成功率 88.8%。

续表

事项		进展情况
维护社会治安	推进"平安细胞"工程	开展平安县(市、区)、平安镇街、平安村居、平安校园、平安医院、平安企业、平安市场、平安家庭等基层平安创建活动。
	加快社会治安视频监控系统建设	截至4月底,共建成视频监控镜头144万个,全省90%以上的城市派出所、珠三角地区全部派出所建立了视频监控室,95%的县(区)公安局建立了监控分中心。据统计,2008年至今,全省应用视频监控系统累计破获各类案件12万多起,抓获违法犯罪嫌疑人11万多名。
	保持严打高压态势	1~5月,全省"八类"严重暴力犯罪案件数同比下降5.6%,其中,绑架案件同比下降14.3%;抢劫案件同比下降9.1%,其中入室抢劫、抢机动车、抢汽车分别下降25.1%、28.8%和53.4%;破坏社会主义市场经济案件发案数同比下降44%,其中制贩假币、金融诈骗分别下降6.7%和19.9%;涉枪案件立案数同比下降28.1%,其中持枪抢劫下降76.7%。
创新社会管理	社会管理组织创新	省社会治安综合治理委员会正式更名为省社会管理综合治理委员会,下设八个专项工作小组,包括实有人口专项组、特殊人群专项组、"两新"组织专项组、社会治安专项组、法规规章专项组、预防青少年违法犯罪专项组、校园及周边治安综合治理专项组、护路护线联防专项组。
	完善流动人口管理	在全国率先全面实施流动人口"一证通"制度,截至目前,全省累计发放居住证4400多万张,基本覆盖了在粤流动人口。建成统一的流动人口信息系统。拓展居住证功能应用,目前东莞的居住证基本实现了金融服务、公交服务、小额消费、充值服务、票务服务、新莞人积分制服务等八项功能。

资料来源:2013年6月26日,省委外宣办第二场省委工作部门新闻发布会上相关材料。

社会组织管理体制改革不断深化。第一,社会组织发展迅速。自广东率先成为深化社会组织管理体制改革试点、开展登记改革以来,社会组织每年以10%左右的幅度增长。截至2013年4月底,在全省各级民政部门依法登记成立的社会组织共37333个,备案社会组织9545个,社会组织年均经济活动总量超过500亿元。

第二,公益服务类社会组织发展办法愈加完善。2013年4月2日,为进一步促进公益服务类社会组织发展,广东省对2009年出台的《广东省民政厅关于进一步促进公益服务类社会组织发展的若干规定》进行修订,出台了新的《关于进一步促进公益服务类社会组织发展的若干规定》,新规定在简化登

---

① 2013年7月4日,全国民政法制工作会议提供资料。

记程序、下放登记权限等方面推出了一些不同以往的措施。

第三，开全国先河适度放开校友会登记。2013 年 5 月 29 日，广东省民政厅印发《广东省民政厅关于校友会登记管理的指导意见》，首次以正式文件的形式对校友会的登记管理作出专门规定。该文件明确了校友会的登记范围、登记原则以及业务范围等。

第四，充分发挥民企商会作用。2013 年 5 月，广东开启"百家商会山区行"活动，联合商会会员企业到山区开拓市场，并发动会员大力支持山区特别是贫困地区的公益事业，有力推动了山区经济社会发展。

基层社会管理体制不断创新。各地不断开拓创新，涌现不少基层社会管理体制改革的好经验。如顺德杏坛以"水乡梦家园"为社区理念，打造"一一三"（成立一个促进会，发展一个基金，建立三支骨干队伍）社区综合发展模式，从社群参与、社会经济、社区保育三方面推进社区综合发展；佛山南海通过建立"三大平台"——农村集体资产管理交易平台、农村集体经济财务监管平台和农村集体经济组织成员股权（股份）管理交易平台，推进农村集体"三资"管理的规范化、专业化和精细化。在各地涌现基层管理经验的同时，广东着手推进基层服务体制综合改革试点工作，广东省社工委已选择广州、深圳、珠海、东莞、清远五市，开展为期一年的基层管理综合改革试点工作。

（三）社会建设认可度有所提高

与 2013 年第一季度"广东省民生问题调查"结果相比较，第二季度民生调查①结果显示，在公众满意度、公平感、安全感等各个方面，肯定的比例仍然远远高于否定的比例，且各方面满意和比较满意的比重均有所上升，这表明城乡居民对广东社会建设的认可程度在逐步提高。

改善民生的满意度略有提升。调查结果显示，城乡居民对广东改善民生效果基本认同，满意和比较满意的占 46.6%，比第一季度提高了 2 个百分点。从城乡来看，农村受访者的满意度明显比城镇高，两者分别为 51.3% 和

---

① 第二季度"广东省民生问题调查"于 2013 年 7 月在全省范围展开。此次调查覆盖全省 19 个市（除韶关、揭阳），每市样本 200 份，城乡样本比例为 6∶4，采取分段随机抽样的方式，共发放问卷 4200 份，回收有效问卷 3750 份，有效问卷率达 89.3%。

43.3%，而且两者满意度均较第一季度有不同程度的提升。从收入分层来看，不同收入群体对政府改善民生的满意程度差异并不大，低、中、高收入群体认同的比例分别是46.6%、47.4%和43.5%；不满意程度稍有差异，高收入群体不满意的占比更多（见表3），这可能与其更高的期望值有关。

表3 2013年第二季度全省城乡居民对民生改善效果的满意度情况

单位：%

	满意	比较满意	一般	不太满意	不满意
城镇	14.5	28.8	41.4	10.8	4.5
农村	21.6	29.7	36.6	8.6	3.5
低收入层	20.8	25.8	39.1	9.5	4.8
中等收入层	13.6	33.8	40.1	9.7	2.8
高收入层	15.6	27.9	38.5	13.0	5.0
第二季度全省	17.3	29.3	39.5	9.9	4.0
第一季度全省	16.2	28.4	42.0	9.4	4.0

在对各项公共服务的评价中，公共教育依然获得最高评价，满意度为52.9%，与上季度基本一致。其他公共服务项目的满意度均较上季度有所提升，除住房保障外，各项服务满意度均超过40%。住房保障满意度虽有提升，但依然评价不高，仍有21.3%的受访者对住房保障不太满意和不满意（见表4）。

表4 2013年第二季度全省城乡居民对各项公共服务的满意度评价

单位：%

	满意	比较满意	一般	不太满意	不满意
住房保障	9.1	25.7	43.9	14.3	7.0
劳动就业	10.0	31.3	45.9	9.9	2.9
医疗卫生	10.9	32.8	40.5	10.7	5.1
社会保障	11.5	32.1	42.4	10.6	3.4
公共交通	12.5	34.0	38.0	10.6	4.9
文化体育	14.5	35.9	39.7	6.9	3.0
公共教育	15.1	37.8	39.0	5.6	2.5

社会管理满意度略有提升。调查结果显示，广东城乡居民对社会管理基本认可。对于"您对目前的社会管理是否满意"的问题，43.0% 的受访者选择满意和比较满意，选择不太满意和不满意的仅占 12.5%，还有 44.5% 的受访者选择一般（见表 5）。与上季度调查结果相比，本季度社会管理满意度提升 1.8 个百分点，但不满意的占比增加了 0.5 个百分点，这表明广东社会管理还有进步空间。从城乡和收入分层来看，各类型居民对社会管理的满意度差别不大（见表 5）。

表 5　2013 年第二季度全省城乡居民对目前社会管理的满意度评价

单位：%

	满意	比较满意	一般	不太满意	不满意
城镇	11.4	30.4	45.3	9.2	3.7
农村	17.5	27.2	43.1	9.1	3.1
低收入层	16.5	26.8	44.0	8.9	3.8
中等收入层	10.8	32.6	45.0	8.8	2.8
高收入层	12.1	26.3	45.6	11.4	4.6
第二季度全省	13.8	29.2	44.5	9.1	3.4
第一季度全省	11.6	29.6	46.8	9.0	3.0

基层服务管理基本获得认可。基层是社会管理的终端，基层的稳定也决定了整个社会的稳定。因此，基层服务管理能否获得居民认可是社会建设是否成功的重要标准。调查结果显示，当前广东基层社会服务管理获城乡居民基本认可，但在基层治理方面仍有不少需要改善的地方。

第一，约六成居民对本社区或村的社会稳定和谐持肯定评价。对于"您认为你们社区/村总体上是否稳定和谐"的问题，认为稳定和比较稳定的受访者，城镇有 59.9%，农村有 60.0%；认为一般的，城镇有 35.7%，农村有 34.3%；认为不太稳定和不稳定的，城镇仅为 4.4%，农村仅为 5.7%（见图 2）。

第二，五成以上居民对社区居委会或村委会工作表示认同。对于"您对本社区/村居委会工作是否满意"的问题，选择满意和比较满意的，农村为 54.6%，城镇为 56.4%，认同度相差不大（见图 3）。

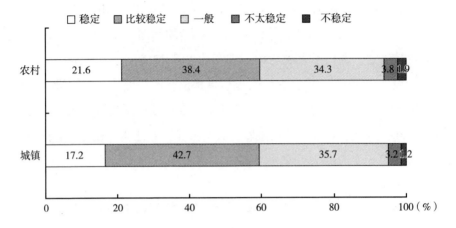

图2 2013年第二度季全省城乡居民对所在社区/村稳定和谐度的评价

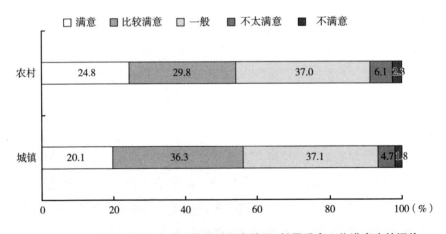

图3 2013年第二季度全省城乡居民对所在社区/村居委会工作满意度的评价

在事务公开方面，农村有49.3%的人对本村的党务、村务、财务公开工作表示满意和比较满意，城镇有47.8%的人对本社区的事务公开、政务公开工作表示认同（见图4）。在"两委"的威信方面，农村有55.0%的人认为有威信和比较有威信，城镇为51.1%（见图5）。

第三，约五成城乡居民满意基层自治工作。对于"您对你们社区/村的自治工作是否满意"的问题，选择满意和比较满意的，城镇有50.8%，农村有49.5%；选择一般的，城镇有39.3%，农村有39.1%；选择不太满意和不满

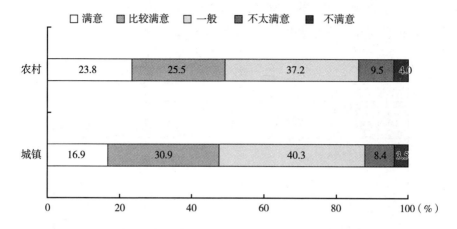

图 4　2013 年第二季度全省城乡居民对所在社区/村事务公开工作的评价

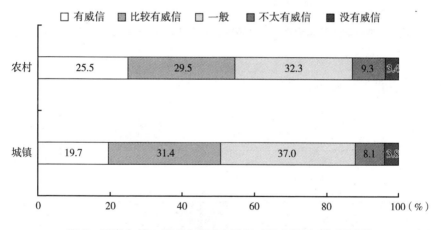

**图 5　2013 年第二季度全省城乡居民对所在社区/村"两委"
在群众中威信度的评价**

意的，城镇有 9.9%，农村有 11.4%（见图 6）。这表明，当前广东城乡基层
自治工作还有很大的改善空间。在基层直选方面，农村有 66.6% 受访者表示
有直接选举，城镇仅 48.1%，这显示农村直选普及程度明显比城市社区高
（见图 7）。在社会参与方面，城乡居民对社区和本村民主事务参与的积极性不
高。对于"您认为目前居民是否积极参与社区/村的民主事务"的问题，选择
很积极的，城镇有 20.6%，农村有 25.9%；选择一般的，城镇有 50.8%，农

村有46.5%；选择不积极的，城镇有19.0%，农村有18.9%（见图8）。这表明城乡居民参与和自治的意识还需要大大提升。

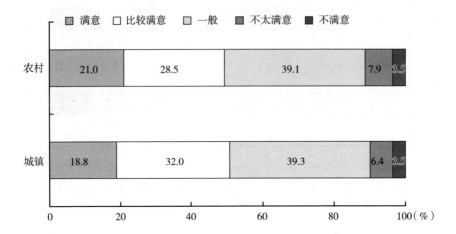

图6　2013年第二季度全省城乡居民对所在社区/村自治工作满意度的评价

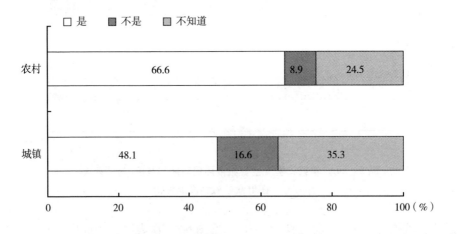

图7　2013年第二季度全省城乡居民对所在社区/村是否实行了直选情况的评估

政府服务效能获四成正面评价。2013年上半年，广东实施多项社会体制改革促进政府服务和管理效能的提高，相应地，城乡居民对政府服务效能的正面评价也增加了。对于"您认为目前到政府部门办事是否容易"的问题，有40.5%的受访者认为容易和比较容易，认为不太容易和不容易的占比为

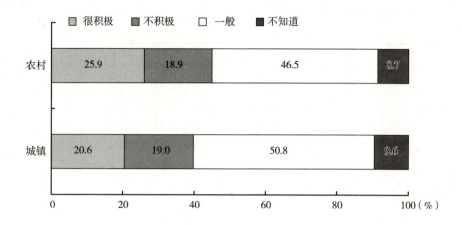

图8　2013年第二季度全省城乡居民对参与社区/村民主事务积极度的评估

23.1％，另外还有36.4％表示一般。与上季度相比，容易和比较容易的正面评价上升了2.6个百分点（见图9）。对于"您认为目前向政府反映意见、表达诉求的渠道是否畅通"的问题，有42.1％的受访者认为畅通和比较畅通，比上季度提升了3.8个百分点（见表6）。但也要看到，居民认为到政府部门办事不容易和不太容易的比例依然高达23.1％，同时，有20.5％的居民认为向政府反映意见、表达诉求的渠道不太畅通和不畅通。可见，推动政府服务效能提高的各项行政体制改革还需不断深化。

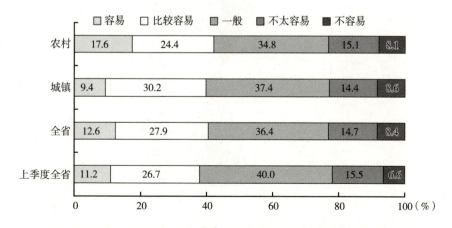

图9　2013年第二季度全省城乡居民对到政府部门办事难易度的评估情况

表6 2013年第二季度全省城乡居民对表达诉求畅通度认可情况

单位：%

	畅通	比较畅通	一般	不太畅通	不畅通
城镇	9.2	29.6	39.1	14.7	7.4
农村	19.3	27.8	35.1	12.5	5.3
低收入层	16.2	25.7	38.1	13.4	6.6
中等收入层	10.1	32.2	38.5	13.9	5.3
高收入层	10.2	32.2	30.4	15.5	11.7
第二季度全省	13.2	28.9	37.4	13.9	6.6
第一季度全省	11.7	26.6	41.1	14.7	5.9

居民社会安全感有变化。调查结果显示，对于"最近一段时间，您的社会安全感有了什么变化"的问题，33.9%的受访者表示"提高了"，37.3%的受访者表示"没变化"，有20.9%的受访者表示"降低了"（见图10）。与上季度相比，认为"降低了"的受访者的比重增加了1.9个百分点，而认为"提高了"和"没变化"的比重反而分别减少了0.7和1.4个百分点。这表明，虽然平安广东建设取得了良好的成效，但还要继续努力。

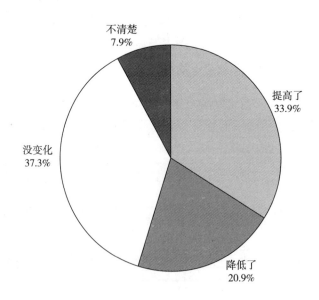

图10 2013年第二季度全省城乡居民社会安全感程度变化情况

四成居民认为社会公平或比较公平。调查显示，对于"您认为目前的社会是否公平"的问题，40.1%的受访者表示公平和比较公平，表示不公平和不太公平的为22.6%，37.3%的受访者表示一般。与上季度相比，公平和比较公平的比重增加了0.5个百分点，但不公平和不太公平的比重也增加了2.6个百分点，同样也有近四成的受访者表示一般（见表7）。这表明，广东在社会公平方面还有很多需要改进的地方。从城乡、收入分层来看，各类型居民对社会公平的评价差异并不明显。

表7　2013年度第二季度全省城乡居民社会公平感差异情况

单位：%

	公平	比较公平	一般	不太公平	不公平
城镇	10.8	27.2	37.5	16.5	8.0
农村	16.4	26.7	37.1	12.2	7.6
低收入层	15.8	23.5	37.5	14.0	9.2
中等收入层	10.0	30.9	38.1	14.9	6.1
高收入层	11.7	31.6	30.5	19.1	7.1
第二季度全省	13.0	27.1	37.3	14.8	7.8
第一季度全省	12.0	27.6	40.4	13.4	6.6

二　存在的问题

（一）基层治理难度加大，社会稳定面临挑战

当前，基层社会治理仍是一个薄弱环节，尤其是农村。改革开放以来，农村社会急剧变迁，大量农民走出农村，加上现代通信、传媒技术，农村社会已变得越来越开放、多元。旧的控制模式逐步瓦解，失去了对农村的控制力，新的整合控制机制却没有随之建立起来。城市社区同样也面临单位制解体后的制度转换问题。在这新旧制度转换的关键期，基层社会管理情况复杂，难度加大。

一是村民自治和社区自治制度仍不完善。由于村民参与意识和能力不足，以及相关配套措施不健全，一些地区出现了基层村委会瘫痪或半瘫痪的状况，自

治无序化现象并不少见。在村委会选举中，贿选、暴力、威胁等不正当竞争手段时有发生。调查结果显示，基层群众对本地自治工作基本上是持肯定态度的，农村大约有一半左右的人对村民自治工作和村委会工作表示满意或比较满意。而且，村民对民主事务的参与并不踊跃，只有25.9%的人很积极，18.9%的人不积极，46.5%的人表示一般。至于其中原因，主要是"村民民主意识不强""村里的事情不够公开透明"和"村民缺乏民主参与途径"。对于村"两委"存在的问题，村民认为主要是"集体经济薄弱，没钱办事""干部队伍能力不强""村务管理不够规范公开"。城市社区问题大致相似，社区"两委"同样面临"社区经济薄弱，没钱办事""社区管理不够规范公开""干部队伍能力不强"的困境。

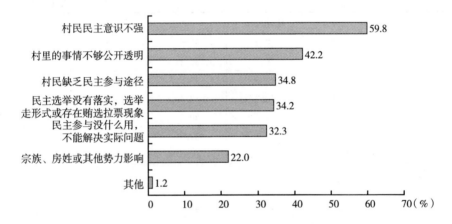

图11 农村居民不积极参与村里民主事务的原因

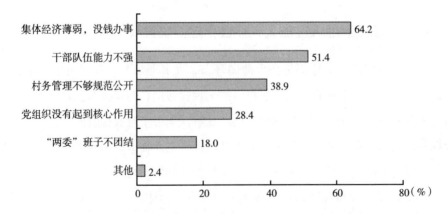

图12 农村居民认为本地"两委"班子存在的最大问题

二是基层治理存在"失灵"现象。尽管强调政府职能转变，但政府究竟应该管什么、怎么管、管到什么程度，什么事情应该放、放到什么程度，仍然不是很清楚。多数地方政府还延续"大政府"的惯性，对社会管理采取包揽的态度，但实际上很多问题却管不了，因而出现很多"失灵"状况。一些地方黑恶势力趁机而入。调查结果显示，农村有 12.9% 的人认为"黑恶社会势力猖獗"是影响社会稳定的主要因素（见图 13）。由于政府直接面对社会，加上历史形成的传统习惯和心理依赖，农民遇到问题往往去找政府，使政府疲于应付各种社会问题，还容易使部分群众产生与政府的对立情绪。调查结果显示，目前农村基层面临的主要问题，排在前三位的依次是："经济发展滞后，群众生活困难""集体经济薄弱，无钱为群众办事""公共服务滞后"。这三个问题反映农村公共服务不足，民生问题亟待解决。紧随其后的是"党员干部队伍素质不高""农村社会矛盾多，不够和谐稳定""干部软弱涣散、缺乏战斗力"，同时还存在"村务不够公开""选举制度不健全、不落实"等问题（见图 14），这些都反映农村基层治理能力的不足。城市社区面临的主要问题，首先也是民生问题，包括"公共服务滞后""社区管理服务无资金保障"等，其次是治理问题，包括"居民参与社区管理意识淡薄""党员干部队伍素质不高""选举制度不健全、不落实"等（见图 15）。

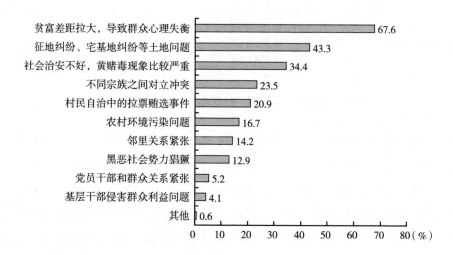

图 13　农村居民认为影响农村基层社会稳定最突出的因素

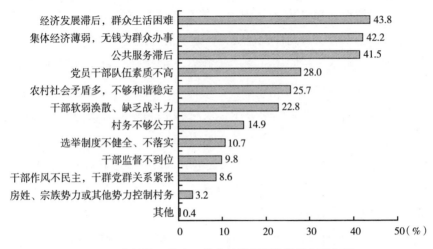

图14 农村居民认为目前农村基层面临的最主要问题

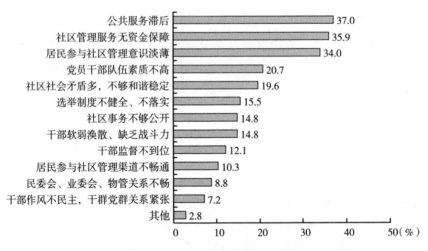

图15 城镇居民认为目前社区基层面临的最主要问题

三是基层社会面临的不稳定因素比较多。调查显示，当前影响基层社会稳定的因素，无论农村还是城市，"贫富差距拉大，导致群众心理失衡"问题都高居榜首。此外，农村还面临"征地纠纷、宅基地纠纷等土地问题""社会治安不好，黄赌毒现象比较严重""不同宗族之间对立冲突""村民自治中的拉票贿选事件""邻里关系紧张""黑恶社会势力猖獗"等问题的影响（见图13）。城市基层则面临"社区居民就业问题""社会治安不好，黄赌毒现象比较严重""社区环境卫生问题"的影响（见图16）。

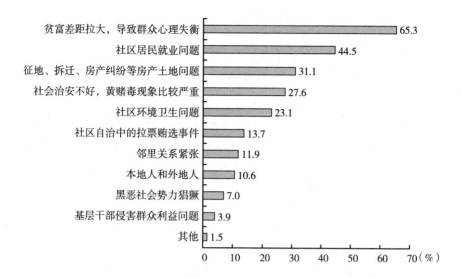

图 16　城镇居民认为影响基层社会稳定最突出的因素

四是司法救助作用发挥不明显。当前一个耐人寻味的现象是，面对不断增加的居民上访和群体性事件，基层政府在处理问题的时候，往往面临两难，一方面希望群众能通过法律渠道解决矛盾冲突和纠纷，另一方面在目前的维稳信访考核机制下，往往对越级上访和群体性事件顾虑重重，因而采取很多非法制化的救助手段息事宁人，甚至认为"搞定就是稳定""摆平就是水平"。而上访群众很快就发现，通过越级上访和聚众闹事的方式，经常能促使一些问题得到落实解决。这反过来又助长了部分群众"不闹白不闹，闹了不白闹"的心理，弱化了人们的法律意识。人们对司法救助的期望值下降，对非法制化救助的期望值上升，这就陷入了一种恶性循环状态：地方政府越是害怕，部分群众越是喜欢越级上访和聚众闹事；事情闹得越大，地方政府就越害怕。

（二）社会问题频发多发，社会不满情绪蔓延

当前社会一个显著特征，就是在经济持续快速发展、居民福利水平不断提高的情况下，社会不满情绪有增无减，整个社会充斥一种"进步的不满"。

一是各种社会问题以惊人的速度在增长。各种问题集中爆发，如收入分

配问题、贪污腐败问题、失业问题、通货膨胀问题、房价失控问题、弱势群体生存困难等，使得人们在经济快速发展中提高生活水准的良好愿望受到挫折。特别是金融危机之后，经济发展迟迟没有走出困境，人们的生活受到影响。

二是社会分化造成了一种广泛的相对剥夺感。经济高速发展时期，也是社会阶层利益差距加大、贫富分化愈加明显的时期，不同阶层的人（尤其是弱势群体）很容易在心理上产生自己权益被他人剥夺的感觉。当前，不公平感成为一种较为典型的社会心态。

三是经济高速发展极大地刺激了人们的民生期望。随着经济的持续快速发展和福利水准的提高，民众追求更高福利的期望也快速提升。无论政府多么努力地去改进居民福利，满意度与期望值之间的差距始终难以缩小，甚至会随着政府的努力而"递进推升"。深入分析巴西和土耳其近期发生的大规模反政府示威活动，就会发现高期望值与现实落差是引爆矛盾的主因。在一个"人人都感到自己是弱势群体"、现实与愿望差距过大的社会里，由不断累积的隐性社会不满引发显性的社会矛盾和冲突的可能性在增大。

（三）社会风险集聚释放，不安全感成为普遍心态

一是社会进入一个情绪多变的阶段。转型期激烈的社会竞争和强大的利益驱动，引发了急功近利的焦虑浮躁心态，人们总想以最少的投入、最简捷的方式在最短的时间内获取最大的利益，甚至为了达到目的而投机取巧、不择手段，社会上产生了一种"浮躁病"。特别是近年物价节节走高，房价持续高涨，贫富差距逐步扩大，百姓收入增长缓慢，加上看病难、上学难、出行难、养老难等，无一不让老百姓感到焦虑。

二是社会进入一个低信任度的阶段。社会的总体信任度进一步下降，群体间的不信任进一步加深，既表现为官民、警民、医患、民商等社会关系的不信任，也表现在不同阶层、群体之间的不信任，从而导致社会冲突增加。

三是社会进入一个失范现象剧增的阶段。由传统的农业社会和农村社会急剧转变为工业社会和城市社会，社会上还没有建立一套被普遍遵守的规则体系，出现比较严重的社会失范和无序状态。失范现象在社会各个阶层、各个领

域的成员中比较普遍地表现出来，社会规则受到了前所未有的挑战和冲击。以权谋私、权钱交易、损公肥私、贪污受贿、偷税漏税、假冒伪劣、走私贩私等犯罪活动，成为许多暴富者致富的捷径。

（四）社会矛盾错综复杂，群体利益冲突加剧

一是群体利益冲突更加频繁。当前的社会矛盾突出地表现为不同群体的利益冲突，甚至出现各阶层间的对立和紧张现象，主要表现为利益丧失者或受损者与既得利益者之间产生强烈的利益冲突。如企业改制中的下岗失业职工、城市拆迁中的失房居民、农村征地中的失地农民、因经济困难而失学的青少年，以及城乡二元社会结构下大量生活在贫困线以下的农村困难群众、城镇低保职工，等等，这类人群，可以说在当今整个社会推进现代化、城市化的过程中越来越边缘化，弱势群体更为弱化。这既是当前社会矛盾的主要方面，又是影响社会稳定的重要因素。

二是社会矛盾构成更加复杂。受多种因素的影响，目前的社会矛盾构成愈来愈复杂。首先是矛盾主体多元化；其次是矛盾内容多样化；再次是矛盾化解长期化。现阶段人民内部利益矛盾的复杂性决定其化解周期的长期性和反复性。过去的矛盾容易在短期内解决并见效。而目前的利益矛盾涉及面广、处理难度大，从而在很大程度上延长了真正解决问题的周期，使矛盾由短期转向长期并出现反复性。

三是社会隔阂有所加深。这些年来，社会阶层有固化的倾向，赢者通吃、弱者无助的现象时有发生，社会阶层与群体间也存在一些疏离隔阂。社会各个阶层之间的猜忌与隔阂，极大妨碍了社会信任的确立，刺激了各种纯粹自利的短期行为。

四是矛盾冲突对抗性加剧。社会矛盾往往走向激化、尖锐甚至恶性冲突。特别是群体性、对抗性事件增多，组织化程度提高，如集体上访、越级上访、突袭上访，乃至动辄拉横幅、写血书、封桥堵路、冲击机关、要挟政府，甚至暴力抗拒执法、殴打公务人员，有的还演化为"打砸抢"事件。群体性事件涉及的往往是群体利益，在有共同利益的人群中极易产生"连锁反应"，产生很大的社会破坏力。

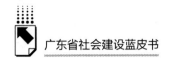

（五）弱势心态正在蔓延，民生问题有待改善

最近，"共同享有人生出彩的机会，共同享有梦想成真的机会"成为热议的社会话题。然而，时下正在蔓延的弱势心态，一方面表明当前社会仍缺乏有效的社会整合机制，另一方面也显示民生问题有待进一步改善。调查结果显示，尽管本季度广东省低收入群体占比略有减少，由上一季度的54.5%降至50.1%，同时，中低阶层认同占比也有所下降，由上一季度的59.5%降至54.1%，但这个群体仍然非常庞大。从调查结果看，高低阶层社会处境及社会心态相差极大，高序位社会阶层公平感、满意度、安全感都很高，低序位社会阶层在这些方面的认同感则非常低。由于低序位社会阶层利益表达能力低下，加上缺少有效的、低成本的利益表达方式，特别是民生改善进展不快、社会分配失衡、社会保障不足、社会救助薄弱等问题远未解决，从而在中下社会阶层中形成了一种"苦涩的自嘲"现象。自嘲现象的蔓延，是当前社会中下层弱势心态的综合表达。它首先反映的是对阶层利益分化、贫富差距拉大的不满。社会中下层面对的现实是即使竭尽全力奋斗，也难以赶上"高富帅""白富美"所拥有的条件。其次，它表达的是对中下层社会不利处境的焦虑。中下层面临巨大的生存环境压力：高房价、高物价、看病贵、上学贵，收入增速慢，以及分配不公和相对剥夺感的上升，对未来前景充满焦虑与不安。最后，它反映的是对社会阶层固化的不满。阶层的社会流动，是现代社会的灵魂。就大多数人而言，改变命运的机会一是外出打工，二是读书考学。但由于农民工市民化受阻、大学生就业难，社会底层向上流动的空间十分狭小，无处不在的"天花板"将他们固化在社会底层。

（六）干群关系出现僵局，政府诚信需要重塑

古罗马著名历史学家塔西佗说过，当政府不受欢迎的时候，好的政策与坏的政策都会得罪人民。这一政治定律被称作"塔西佗陷阱"。目前，政府与民众的关系虽并未陷入"塔西佗陷阱"，但干群关系出现僵局、干群矛盾摩擦增多仍值得注意。

一是地方政府遭遇信任危机。当前，各级地方政府都面临许多挑战：行政

机构臃肿，行政效率低下，社会恶性事件频出，网络媒体频频曝光官员腐败和社会不公等负面事件。这让人们对一些地方政府的信任逐渐降低。近年来，因地方政府诚信缺失而引发的公共危机事件频繁发生，导致公众对政府能力、绩效、作风等产生"刻板印象"，对于一些突发事件，任凭地方政府怎么解释，公众的疑虑总难消除。一些公信力较差的地方政府机关陷入这样的尴尬境地：无论说真话假话，都会受到公众质疑。

二是政府工作人员形象受损。近年来，公务员以权谋私、权钱交易、公费吃喝等现象频频曝光，致使公务员队伍的形象受到损害。

三是党群干群矛盾冲突增加。各地党群、干群之间的矛盾不断增多，党群、干群关系比较紧张，地方党委和政府成为社会矛盾的焦点。

三　意见建议

就现阶段广东情况而言，改善民生仍然是化解社会矛盾和问题的根本途径，也是社会和谐稳定、人民幸福安康的基础条件。

（一）全面提升服务型政府民生保障水平

应当进一步强化政府的责任，以底线责任为基础，用生活满意指数代替简单的经济增长指数，全面提升服务型政府民生保障水平。

首先，强化政府底线责任。切实保障好弱势群体的衣、食、住、行等基本生活条件。要细化民生标准，明确政府维持民众基本生计的底线，保证每个社会成员"有尊严地生存下去"。其次，保障公平发展机会。保障每个社会成员自由发展的空间，为民众提供基本的发展平台。再次，提升社会福利水平。根据形势变化逐步提高基本公共服务标准。在公共财力大幅度提升的前提下，逐步为全体社会成员提供使生活质量得以全面提升的福利。

（二）提升政府驾驭现代社会的综合能力

在复杂的社会环境和持续高涨的民生期待中，必须建立灵活有效的治理模式，全面提升政府驾驭现代社会的综合能力，进一步增强政府治理的针对性、灵活性和前瞻性。现代社会治理，应当建立五种机制。

一是利益调节机制。深化收入分配制度改革，提高低收入者的收入水平，缩小低收入者的比例，扩大中等收入者的比例，调节高收入者的收入。二是利益表达机制。畅通社会成员特别是弱势群体的利益诉求渠道，使他们有地方发声，有人重视他们的诉求。三是利益协商机制。在利益协调方面，要吸收各方面参与协商，特别要注意吸收利益当事方。四是利益保障机制。社会成员的利益保障，需要制度、法律的支撑。五是应急管理机制。进一步完善应急管理体制机制，有效应对各种风险，将应急管理寓于常态化管理之中，确保处理问题及时、准确、妥善、高效，提高危机管理能力。

（三）用公平的规则为人们提供发展上升的空间

深化行政管理体制改革，优化机构设置，创新公共服务体制，完善公共政策，增强政府公信力。围绕公平正义的基本原则，进一步完善社会建设制度体系，用规则与制度创造公平发展的空间和共建共享的平台，建立一个人人肯努力、人人有机会、人人有希望的公平社会。加强制度的顶层设计，将不同层次的制度编织成立体的制度体系，提高制度的规范性、系统性。推动民生制度体系协调运转，使不同层面、不同环节的制度有机联动，协同运作，整体推进。

（四）进一步完善基层社会治理新格局

一是从职能转变入手，探索政府负责新模式。必须充分发挥政府的主导和核心作用，切实转变政府职能，建立健全基层社会管理体制与机制，培育合理的现代社会结构，促成公平公正的社会利益关系，化解社会矛盾冲突，维护社会秩序和稳定。

二是从基层自治入手，探索社会协同新模式。注重发挥以党组织为核心的基层社会管理服务多元主体的作用，建立一个具有灵活性同时又具有强大能力的基层组织体系。要培育和发展社会自治和自我管理能力，不断扩大社会自治和自我管理的社会空间。同时，根据经济社会发展和基层治理的需要，积极探索新的组织形式，创新基层组织设置。

　　三是从公民教育入手，探索城乡居民参与新模式。城乡居民是社会生产和社会生活的主体，各项事业的发展都离不开他们，都需要他们的积极参与。以城乡居民的全面而自由的发展，促进基层的全面发展。在创新基层社会管理中，要探索公民教育新模式，增强城乡居民的主体意识，扩大城乡居民参与渠道，发挥城乡居民主体作用。

广东省社会建设分析报告
（2013 年第三季度）

一　社会建设总体情况

党的十八届三中全会提出推进国家治理体系和治理能力现代化，要求创新社会治理体制，改进社会治理方式，激发社会组织活力，创新有效预防和化解社会矛盾体制，为社会建设指明了方向。2013 年前三季度，广东继续加大保障和改善民生力度，积极创新社会治理体制，社会建设取得明显进步。

（一）民生支出比重提高，民生实事进展顺利

财政民生支出比重提高。前三季度，广东地方公共财政预算支出 5241.86 亿元，同比增长 6.0%。其中教育、社会保障和就业等 11 类民生支出同比增长 9.0%，占财政支出的 66.8%。①

民生实事进展顺利。随着十件民生实事工作逐步进入攻坚阶段，各地各部门认真贯彻落实省委、省政府关于各项民生工作部署，把办好十件民生实事摆上重要工作日程，突出重点，不断推动各项民生实事取得新成效（见表 1）。

表 1　截至 2013 年第三季度民生实事推进情况

事项		进展情况
就业	就业创业	全省共扶持创业 12.43 万人，带动就业 43.55 万人；36 个省级产业园区吸纳劳动力 68.02 万人，其中新增吸纳劳动力 4.4 万人；全省家庭服务业新增就业 6.42 万人，培训 6.27 万人。至第三季度末，粤东西北新增就业人数约占全省新增就业总量的 35%，比年初上升了近 4 个百分点。截至 9 月 1 日，广东应届高校毕业生就业率达 95.9%；通过落实积分制入户政策，促进 11.3 万人积分入户城镇

① 国家统计局广东调查总队、广东省统计局 2013 年 10 月 21 日发布数据。

续表

事项		进展情况
教育	教育强省建设	确定民办教育强省建设目标。省政府颁布《关于促进民办教育规范特色发展意见的通知》，从管理机制、扶持力度、保障措施等方面提出 23 条意见，明确到 2018 年基本建成民办教育强省。
	义务教育均衡优质标准化	稳步提高异地务工人员随迁子女入读义务教育公办学校的比例；公办学位供给不足的地方，可向符合条件的民办学校购买义务教育服务。
		在 2013～2015 年，省财政将拿出 2.1 亿元对珠三角各市（除深圳以外）通过教育现代化先进市督导验收的市进行奖励，以激励珠三角各市推进教育现代化。
医疗	基层医疗服务	推进社区卫生服务机构、乡镇卫生院、村卫生站标准化建设。推进全科医生签约服务和基层首诊试点，为经济欠发达地区转岗培训 425 名全科医生，逐步推行家庭医生服务。
	公共卫生服务	全省人均基本公共卫生服务经费标准提高到 30 元以上；以乡镇为单位的适龄儿童国家免疫规划疫苗接种率达到 90% 以上；农村孕产妇住院分娩率保持在 95% 以上；继续推进地中海贫血防控项目和农村妇女两癌免费检查项目。
	医药管理	《广东省巩固完善基本药物制度和基层运行新机制实施方案》出台，提出要建立药品第三方电子交易平台并完善相关交易规则，鼓励非政府办基层医疗卫生机构使用基本药物。
	医疗保险	进一步提高医保参保率和医保支付水准。基本医疗保险参保率稳定在 96% 以上，政府对城乡居民医保的补助标准提高到每人每年不低于 280 元，政策范围内的住院费用报销比例达到 75%。鼓励有条件的地区不设职工医保最高支付限额。
	医保异地结算	截至 9 月，全省有 13 个地市接入省异地就医联网结算平台、12 个地市启动与广州市医疗机构结算。省异地就医联网结算系统启动结算业务至今，完成结算业务共 7.3 万人次，结算金额逾 18 亿元。
文化	文化设施建设	截至第三季度，全省已建有县级以上公共图书馆 137 个、文化馆 145 个、国有博物馆（纪念馆）168 个、国有美术馆 16 个、乡镇（街道）综合文化站 1599 个，城乡社区文化活动室 16139 个，建成具有一定规模的文化广场 5000 多个。

资料来源：省人社厅 10 月 3 日发布第三季度全省就业数据；省教育厅 7 月发布《关于促进民办教育规范特色发展意见的通知》、8 月发布《关于深入推进义务教育均衡优质标准化发展意见》；省社保局 11 月公布《广东省异地就医联网结算进展情况公告》；省政府 9 月发布《广东省巩固完善基本药物制度和基层运行新机制实施方案》；省卫生厅 8 月发布《2013 年深化医药卫生体制改革工作要点》。

　　救灾复产工作有序展开。2013 年 9 月 21 日以来，受强台风"天兔"持续影响，广东遭遇暴雨洪涝灾害。截至 9 月 30 日，全省 11 个地级以上市、49 个县（市、区）、452 个镇受灾，累计受灾人口 980.52 万人，因灾死亡 30 人，因灾失踪 1 人，紧急转移安置 65.21 万人（危险区域人员均得到及时转移），农作物受灾面积 33.2 万公顷，倒塌房屋 1.6 万间，直接经济损失 228.29 亿元。各级各部门带领群众奋起防灾抗灾，全力以赴救灾复产，尽最大努力减少灾害造成的损失，取得了阶段性成绩。

（二）城乡居民收入稳步提高，城乡差距逐步缩小

城乡居民收入分列全国第四与第七。前三季度，广东城镇居民人均可支配收入 25080.61 元，同比名义增长 9.3%；农村居民人均现金收入 9689.15 元，同比名义增长 10.8%（见图 1）。① 根据各省（自治区、直辖市）公布的数据，广东城乡居民收入在全国分别排名第四与第七（见图 2）。

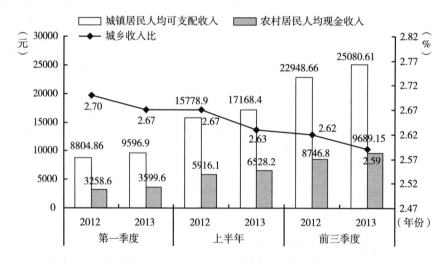

图 1　2013 年前三季度广东省城乡居民人均可支配收入同比变化情况

城乡收入差距进一步缩小。广东城乡居民收入差距呈继续缩小态势，2013 年前三季度城乡收入比由上半年的 2.63 缩小至 2.59。但是，与兄弟省份相比较（见表 2），广东城乡收入差距仍高于天津（1.62）、浙江（1.81）、北京（1.83）、山东（2.00）、江苏（2.05）、上海（2.10）等兄弟省市。

---

① 国家统计局广东调查总队 2013 年 10 月 21 日发布数据。

表 2 　2013 年前三季度广东省城乡居民人均可支配收入与部分省市对比

省份	城镇居民可支配收入		农村居民现金收入		GDP 增速（%）	城乡收入比
	绝对值（元）	同比名义增长（%）	绝对值（元）	同比名义增长（%）		
上海	32786	8.5	15611	9.5	7.7	2.10
北京	29626	9.9	16150	11.0	7.7	1.83
浙江	29108	9.1	16122	10.3	8.3	1.81
广东	25081	9.3	9689	10.8	8.5	2.59
江苏	24695	9.2	12036	11.4	9.6	2.05
天津	23617	10.6	14594	13.5	12.6	1.62
福建	23354	9.5	8966	13.0	11.3	2.60
山东	20780	9.7	10372	13.5	9.6	2.00
重庆	18812	9.5	7289	12.8	12.4	2.58
湖北	17433	9.6	7147	13.3	10.0	2.44
湖南	17404	9.5	6983	12.9	10.2	2.49

数据来源：上海市统计局、北京市统计局、浙江省统计局、广东省统计局、江苏省统计局、天津市统计局、福建省统计局、山东省统计局、重庆市统计局、湖北省统计局、湖南省统计局。

收入增速"跑输"GDP 与财政收入增速。从收入增速来看，扣除价格因素，前三季度城镇居民人均可支配收入实际增长 6.8%，农村居民人均现金收入实际增长 7.8%，增速"跑输"GDP 增速（8.5%）和财政收入增速（13.6%）。[1]

城乡居民工资性收入增速高于经营性收入。工资性收入仍是拉动收入增长的主要动力。据统计，广东省各地企业职工最低工资标准平均提高 19.0%，城乡居民工资性收入对人均收入增长的贡献率分别达到 65.8% 与 59.6%。再者，在企业退休人员基本养老金平均增加 10.5% 等政策性因素带动下，城乡居民转移性收入同比分别增长 9.3% 与 17.0%。同时，在房屋出租价格持续攀升、农村租赁市场活跃、土地收益平稳增长等推动下，前三季度城乡居民财产性收入同比分别增长 9.4% 与 14.0%。受到外围经济及台风影响，城乡居民经营性收入增长仅为 5.3% 与 8.2%。[2]

———————

[1] 广东省统计局 2013 年 10 月 21 日发布数据。
[2] 国家统计局广东调查总队 2013 年 10 月 21 日发布数据。

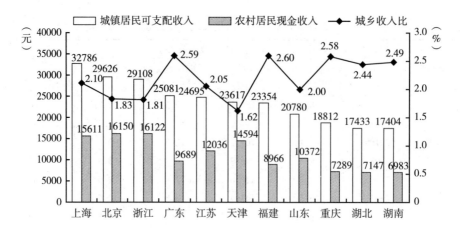

图2　2013年前三季度广东省城乡居民人均可支配收入与部分省市对比

数据来源：上海市统计局、北京市统计局、浙江省统计局、广东省统计局、江苏省统计局、天津市统计局、福建省统计局、山东省统计局、重庆市统计局、湖北省统计局、湖南省统计局。

（三）物价温和上涨，房价增长势头仍未受控

居民消费价格总水平温和上涨。2013年前三季度广东居民消费价格总水平（CPI）呈温和上涨态势（见图3），同比上涨2.3%，涨幅较上年同期收窄0.7个百分点，比2012年全年回落0.5个百分点，比同期全国平均水平低0.2个百分点。①

商品房价格居高不下。从商品房销售均价走势看（见图4），2013年前三季度全省商品房销售均价9289元/平方米，同比增长13.5%，增速持续保持高位。② 数据显示，广州、深圳、惠州、湛江、韶关五市房价持续上涨，广州房价持续居高不下，1~5月同比涨幅均领涨全国，6月才让出"领头羊"位置，但6、7、8月涨幅仍然保持两位数，仅次于北京。③

此外，珠三角地区综合地价增速仍处高位。根据全国城市地价动态监测系统的最新数据（见图5），④ 从同比增长率看，珠三角地区的综合地价（包括

---

① 国家统计局广东调查总队2013年10月21日发布前三季度广东居民消费价格数据。

② 对同比增长率而言，"高位"指增长率超过8.0%，"较高位"指增长率处于5.0%~8.0%。

③ 国家统计局发布的2013年1~9月70个大中城市住宅销售价格变动情况数据。

④ 中国土地勘测规划院发布的《2013年第三季度全国主要城市地价监测报告》。

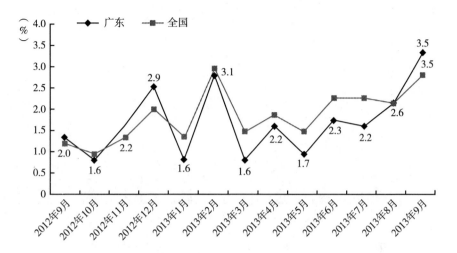

图3 2012 年 9 月~2013 年 9 月全国及广东省 CPI 月度同比涨幅走势图

数据来源：国家统计局广东调查总队官方公布统计图表。

商服、住宅、工业地价）增速达到 11.49%，远高于全国及其他两大重点区域长江三角洲与环渤海地区综合地价。长江三角洲和环渤海地区综合地价增速则低于全国平均水平，属温和上涨，分别为 4.44% 和 4.34%。地价增速持续占据高位预示楼市"高温"将延续，房价持续上涨的势头仍未受控。

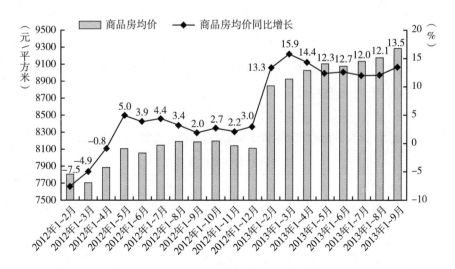

图4 2012 年 1 月~2013 年 9 月广东省商品房均价与同比涨幅走势图

数据来源：广东省统计局固定资产投资统计处公布图表。

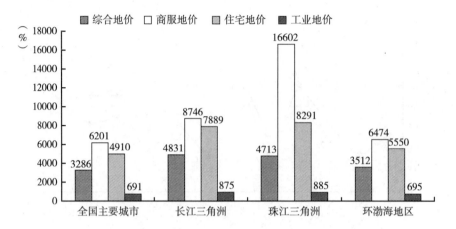

图5 2013年第三季度全国及三大重点区域地价水平

数据来源：中国土地勘测规划院城市地价动态监测组公布图表。

（四）社会体制改革不断深化，社会治理创新成效显著

社会体制改革不断深化。2013年8月省政府颁布《关于落实国务院2013年深化经济体制改革重点工作的意见》，其对基本民生保障制度改革、城镇化和统筹城乡改革等也作出了部署，涉及社会领域的改革共3大类、11小类、35个细项（见表3）。同时，还肯定了一批在社会治理创新方面取得突破的试点项目，如广州与中山住房保障制度创新试点，云浮国家级农村改革试验区建设，梅州、湛江新农村金融服务模式、重特大疾病医保改革"湛江模式"等被列为重点工作大力推行。

表3 《关于落实国务院2013年深化经济体制改革重点工作的意见》

涉及社会体制改革重点工作

领域	项目	举措
行政审批制度改革	继续清理行政审批事项	清理投资项目审批、生产经营活动和资质资格许可等事项;深入推进商事登记制度改革。
	创新政府公共服务提供方式	完善政府购买社会服务制度;推进社会组织去行政化;完善社会组织登记制度;深化公务用车制度改革。
	完善基本医疗保障制度	全面开展城乡居民大病保险试点;完善和推广"湛江模式";编制《广东省基本医疗保险诊疗常规》。

续表

领域	项目	举措
基本民生保障制度改革	继续推进住房保障制度改革	加大公租房建设力度，完善公租房分配管理制度；推动广州、中山两市住房保障制度改革创新试点工作。
	加快完善基本社会保障制度	健全并落实社会救助标准与物价涨幅挂钩机制；建立全省统一的城乡居民社会养老保险制度；探索引入社会组织参与城乡居民社会养老保险服务。
	建立健全食品药品安全监管制度	对食品药品实行集中统一监管；完善食品药品质量标准和安全准入制度；加强农产品质量监管；建立和完善市场主体信用信息系统；建立食品药品违法违规企业"黑名单"管理制度。
城镇化和统筹城乡改革	探索推进新型城镇化	研究制定城镇化发展规划及政策。抓紧出台城镇化发展规划。有序推进城乡规划、基础设施、公共服务一体化，创新城乡社会治理体制。
	创新现代农业经营体制机制	着力培育四大经营主体①与四大发展载体②；完善现代农业社会化服务体系。
	改革农村集体产权制度	推进农村集体经济组织成员资格界定，完善股权固化方式，探索建立股权内部有序流转机制；建立健全农村集体资产管理交易平台和财务监管平台；积极推进林下经济发展和农民林业专业合作组织建设；积极探索社会化和专业化的多种水利工程管理模式。
	完善农村土地管理制度	建立健全农村土地承包经营权和集体建设用地使用权交易机制；完善征地制度；促进农村土地承包经营权流转；完善农村宅基地制度；依法推进农村土地综合整治。
	深化农村综合改革	推进以"政经分离"为重点的珠三角农村综合改革，全面铺开山区县简政强镇事权改革；推进云浮市国家级农村改革试验区建设，深化佛山市南海区省级农村综合改革试验；鼓励梅州、湛江市创新农村金融服务模式。

①四大经营主体指：新型农民合作组织、农业产业化龙头企业、家庭农场（合作农场）、种养大户。

②四大发展载体指：现代农业示范园区、农产品商品基地、农业专业镇村、农产品批发市场。

（五）平安广东创建力度加大，社会大局和谐稳定

2013年前三季度，广东组织实施了创建平安广东多项任务，在健全法治建设、化解社会矛盾、维护社会治安、创新司法体制等方面均取得较好成绩（见表4）。

表4 2013年前三季度平安广东创建情况

事项		进展情况
依法治省	惩治腐败	前三季度,省纪委立案查处违纪违法案件5929件6208人,其中厅级干部33件33人,县处级干部319件322人,结案5090件,给予党政纪处分5166人,处分人员中有厅级干部33人、县处级干部326人。移送司法机关457人,其中有地厅级干部18人、县处级干部64人。为国家和集体挽回直接经济损失4.49亿元。经过核查为党员领导干部澄清问题3880人次。
	各地法治惠民实事工程	按照《广东省2013年依法治省工作要点》部署,各地级以上市上报了2013年度法治惠民实事工程项目。经依法治省办梳理,共33项被列为重点督办项目。
	查办与预防危害生态环境职务犯罪专项工作	省检察院集中开展查办与预防危害生态环境职务犯罪专项工作。1~8月,全省检察机关共立查危害生态环境职务犯罪案件381件440人,其中,重特大案件165件,占立案件数的43.3%,涉及县处级以上要案32人(包括地厅级1人)。所立查的专项工作案件440人占同期立查职务犯罪案件总人数的18.4%。
化解社会矛盾	信访维稳平台建设	截至三季度,全省已实现县镇村三级综治信访维稳平台全覆盖,建立5800多个专业性行业性调解组织、3万多人民调解组织。
	完善诉前联调工作机制	1~9月,广东省共受理诉前联调案件46440件,经过调解达成协议37435件,调解成功率达80.6%。
维护社会治安	夏秋社会治安整治专项行动	省公安厅自7月25日起展开为期3个月的夏秋社会治安整治行动,至9月底共破获涉枪涉爆案件477宗,查处涉黄案件1399宗,网络违法犯罪案件301宗,涉赌刑事案件402宗,查获吸毒人员3167名,缴获各类毒品1142.08克。仅9月份就破获刑事案件19161起,逮捕8819人,移送起诉10837人,抓获在逃人员1911名,其中,破获严重暴力犯罪案件2546起。
	打击整治赌博违法犯罪	7月底以来,省公安厅组织全省公安机关深入开展夏秋社会治安整治,重点抓社会普遍关注、群众反映强烈的赌博活动,组织开展专项行动,对各类赌博违法犯罪进行集中打击整治,取得了突出战果。行动开展3个月,全省共破赌博刑事案件848宗,打掉赌博团伙395个,查获违法犯罪分子11044人,其中刑事拘留3113人、逮捕1361人,收缴赌资人民币8686万元。
完善司法体制	简易民商事案件速裁改革	深圳简易民商事案件速裁改革全市启动。所有权利义务关系明确、双方争议不大,标的在20万元人民币以下的简易民商事案件均可适用速裁程序。通过"门诊式"庭审、"令状式"裁判的速裁模式及"要素式"庭审、"要素式"裁判的速裁模式两大程序创新,市民打官司最快可一天搞定,打官司将如看门诊一样便捷。

续表

事项		进展情况
完善司法体制	高院与代表、委员联络工作	省高院加强与人大代表、政协委员联络工作，着力推动"全方位、全覆盖、经常化、制度化"联络机制。对于代表、委员关注的案件，要求各级法院按照法定程序，切实做到不遗漏问题、不积压意见，在依法独立行使审判权的前提下，力争实现法律效果和社会效果的统一。省高院 2013 年工作报告通过率达 92.07%，比 2008 年提高 7.48 个百分点。

资料来源：省纪委 10 月 8 日召开新闻发布会公布数据；省高院 8 月发布《关于加强与人大代表、政协委员联络工作的意见》；省检察院 8 月 22 日召开新闻发布会公布数据；省公安厅 8 月 29 日召开新闻发布会公布数据；《人民公安报》11 月 5 日刊发《广东强化打击犯罪主业主责意识》。

（六）社会组织发展迅速，社工志愿者联动政策启动

社会组织发展迅速。截至 2013 年 9 月，全省依法登记社会组织 42582 家，比 2012 年同期增长 28.4%。成立 9 家省级异地务工人员服务协会和 125 家异地务工人员服务组织。同时，广东先后出台省级政府向社会组织转移职能、政府购买社会组织服务、具备承接政府职能转移和购买服务资质的社会组织三个目录，向社会组织转移职能 56 项，公布了省级具备资质的社会组织 618 家。

率先实施社工志愿者联动政策。省民政厅、团省委、省文明办 2013 年 9 月出台《关于推进社会工作者与志愿者联动工作的实施意见》，提出要推动社工志愿者"换岗"，志愿者组织中设立社工岗位，鼓励社工组织设置相关志愿服务岗位，招募具有相应专业知识和技能的志愿者进入社工组织参与社会服务项目工作，推行志愿服务社会化和岗位化运作，鼓励优秀志愿者报考社工资格考试，成为专业社工；同时，还提出要建立志愿者信息管理系统及选派社工到境外交流等。

（七）社会建设认可度稳中有升，中等收入群体略有增加

第三季度，"广东省民生问题调查"[①] 继续开展。调查结果显示，在公众

---

① 此次调查主题为"民意诉求表达"，覆盖全省 21 个市，每市样本 200 份，城乡样本比例为 6∶4，采取分段随机抽样的方式，共回收有效问卷 4250 份。

满意度、信心度、公平感、安全感等各个方面，肯定的比例仍然远远高于否定的比例。

对改善民生的效果基本认同。调查结果显示，城乡居民对广东改善民生效果，满意和比较满意的占45.6%。从城乡来看，城镇受访者的满意度比农村高，分别为47.3%与42.8%。与第二季度比较，农村受访者的满意度有较大幅度的下降，降幅近9个百分点（见表5）。

表5　2013年第三季度民生调查满意度结果

		满意与比较满意		不满意与不太满意	
		绝对值(%)	与上季度比	绝对值(%)	与上季度比
政府改善民生满意度		45.6	−1.0	14.3	+0.4
公共服务的满意度	公共教育	57.1	+4.2	6.8	−1.3
	医疗卫生	43.0	−0.7	16.2	+0.4
	劳动就业	42.0	−0.7	12.4	−0.4
	社会保障	41.7	−1.9	15.8	+1.8
	住房保障	35.5	+0.7	21.7	+0.4
	文化体育	49.9	−0.5	9.1	−0.8
	公共交通	45.0	−1.5	15.1	−0.4
社会治理满意度		42.7	−0.3	13.8	+1.3

注：与上季度比较情况，"＋"表示上升，"－"表示下降。

在对各项公共服务的评价中，公共教育依然获得最高评价，满意度为57.1%，比上季度增加4.2个百分点。除了住房保障满意度有不到1个百分点的微升，其他公共服务领域满意度均有不同程度的下降。评价较低的领域包括住房、医疗、社会保障与交通，不满意度分别达到21.7%、16.2%、15.8%、15.1%（见表5）。

对社会治理基本满意。调查结果显示，广东城乡居民对社会治理基本认可。对于"您对目前的社会治理是否满意"的问题，42.7%的受访者选择满意和比较满意，选择不太满意和不满意的仅占13.8%。从收入分层来看，低收入群体对社会治理的满意度最低，为38.2%，比中等收入群体（47.2%）和高收入群体（45.7%）分别低9和7.5个百分点。同时，与上季度数据比较，低收入群体的满意度下降了5个百分点（见表5）。

信心度、公平感与安全感有提高。调查结果显示，本季度城乡居民对广东经济社会未来发展和自身未来发展的信心均在五成以上。对广东未来发展有信心和比较有信心的占 59.5%，比上季度增加了 0.9 个百分点；对自己未来发展有信心和比较有信心的占 56.7%，比上季度降低 1.8 百分点（见表6）。

表6 2013 年第三季度民生调查信心度、公平感与安全感结果

		有信心与比较有信心		不太有信心与没有信心	
		绝对值（%）	与上季度比	绝对值（%）	与上季度比
信心度	对广东未来发展信心度	59.5	+0.9	6.8	-1.3
	对自己未来发展信心度	56.7	-1.8	16.2	+0.4
公平感		公平与比较公平		不太公平与不公平	
		绝对值（%）	与上季度比	绝对值（%）	与上季度比
		40.9	+0.8	21.0	-1.6
安全感		提高了		降低了	
		绝对值（%）	与上季度比	绝对值（%）	与上季度比
		34.6	+0.7	20.3	-0.6

注：与上季度比较情况，"+"表示上升，"-"表示下降。

从公平感来看，对于"您认为目前的社会是否公平"的问题，40.9% 的受访者表示公平和比较公平，21.0% 表示不公平和不太公平。与上季度相比，公平和比较公平的比例增加了 0.8 个百分点，不公平和不太公平的比例下降了 1.6 个百分点（见表6）。

从安全感来看，对于"最近一段时间，您的社会安全感有了什么变化"的问题，34.6% 的受访者表示"提高了"，有 20.3% 的受访者表示"降低了"。与上季度相比，认为"提高了"的比重增加了 0.7 个百分点，认为"降低了"的比重减少了 0.6 个百分点（见表6）。这表明，平安广东建设的良好成效已逐步转化为居民对社会安全感的切身体验。

中等收入群体略有增加。调查结果显示，若以 2 万~7 万作为中等收入标准，广东中等收入群体占总体的 44.2%，较二季度微增 2 个百分点。其中 3 万~7 万年收入占比上升了 3.7 个百分点。但从自我认同来看，中等收入群体在缩减。在"您认为自己属于哪个社会阶层"的问题中，认为自己属于上层、中等偏上阶层及中层的比例分别减少 0.6、2.7、2.8 个百分点（见表7）。

表7　2013年第三季度广东省城乡居民收入分层情况

单位：%

自述人均年收入	2万以下	2万~3万	3万~7万	7万以上	
	46.3	16.6	27.6	9.5	
您认为自己属于哪个社会阶层	上层	中等偏上	中层	中等偏下	底层
	1.4	6.0	32.5	40.8	19.3
您认为中产阶层在不断扩大吗	不断扩大	发展缓慢	不断缩小	不清楚	
	21.1	37.2	9.0	32.8	

二　民意诉求表达专题报告

（一）基本情况

近年来，广东在畅通民意表达渠道方面做了很多工作，表达渠道逐步增多，公众与政府沟通的意愿逐步加强，效果也获得社会公众的认可。

1. 表达渠道逐步增多，公众有了更多选择

民意诉求表达包含三个维度，即表达渠道、表达意愿和表达效果。从表达渠道来说，随着信息化的飞速发展，民意诉求表达渠道呈现多元化的发展态势，公众选择的途径也逐步增加。在这些渠道中，公众是否熟悉、更喜欢哪些渠道，对于进一步加强民意诉求表达渠道建设具有重要参考价值。

表达渠道的公众知晓度较高。调查结果显示，广东城乡居民对当前已有的各种表达渠道均有所了解（见图6），知晓率最低的"现场政务论坛"也有四成以上的受访者知道。公众知晓率最高的五个渠道分别是居委会或村委会（79.2%）、新闻媒体（73.5%）、信访（72.6%）、热线电话（68.6%）和工青妇（64.5%）。作为基层群众自治组织，居（村）委会成为最多公众了解的沟通渠道既符合国情，又反映居（村）委会在基层社会治理的重要作用；信息化时代下大众传媒作为沟通民情、反映民意、汇聚民智的社会传播载体的作用越来越显著，新闻媒体为公众所熟知是顺理成

章的事情；而信访作为公众认可度颇高的民意诉求表达渠道，也为大家所
熟知。

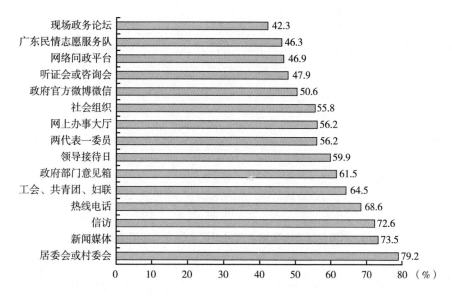

图6　2013 年第三季度全省城乡居民对民意诉求表达渠道的了解情况

表达渠道的效度获得肯定。民意诉求表达渠道的效度能够从一个侧面反映
民意诉求表达渠道的畅通程度。从调查结果来看（见图7），公众对广东省民
意诉求表达渠道的效度基本持肯定态度。对于"民意诉求表达渠道是否有用"
的问题，各个沟通渠道均获得六成以上的"有用"评价。其中，评价最高的
前五位分别是新闻媒体（82.9%）、居委会或村委会（78.4%）、信访
（74.4%）、热线电话（70.7%）和领导接待日（70.7%）。这表明现有的各个
民意诉求表达渠道均能承担重要功能，关键是如何用好这些渠道。

公众最喜欢回应性强的沟通方式。尽管目前沟通渠道比较多，但公众更喜
欢直接得到反馈信息的渠道。当问及"您最喜欢选择哪种方式向政府反映意
见"时，"直接去找相关部门"和"拨打热线电话"高居第一、二位，分别占
65.5%和62.9%，远远高于其他方式，主要原因是这两种方式互动性强，能
直接获得反馈信息。而对于互动性比较差的方式，如"写信""发短信"等，
受访者选择的比例都很低，不到20%。值得注意的是，"在网上发帖、发微

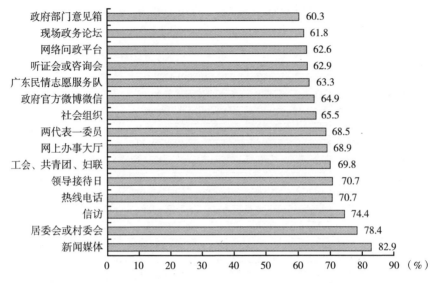

政府部门意见箱　60.3
现场政务论坛　61.8
网络问政平台　62.6
听证会或咨询会　62.9
广东民情志愿服务队　63.3
政府官方微博微信　64.9
社会组织　65.5
两代表一委员　68.5
网上办事大厅　68.9
工会、共青团、妇联　69.8
领导接待日　70.7
热线电话　70.7
信访　74.4
居委会或村委会　78.4
新闻媒体　82.9

图7　2013年第三季度全省城乡居民对民意诉求表达渠道效用的认可度

博"（34.0%）和"发电子邮件"（25.9%）受到一定程度的关注，显示信息时代网络沟通渠道特有的吸引力。城乡居民选择的情况大体一致，只是城镇居民更多选择"拨打热线电话"，而农村居民则倾向"直接去找相关部门"（见图8）。

热线电话和信访最受欢迎。当问及"您最喜欢通过哪种渠道与政府沟通"时，42.3%的受访者选择热线电话，34.6%的受访者选择信访，可见这两个渠道在公众心目中认同程度最高，在实际应用中效果最好。此外，居委会或村委会（25.2%）、新闻媒体（24.8%）以及政府部门意见箱（23.0%）等也比较受欢迎。而两代表一委员、工青妇、社会组织等受到的关注度则比较低（见图9）。

媒体曝光是维权首选。当问及"如果权益受到侵害，您会选择何种方式进行维权或投诉"时（见图10），排在第一位的是"媒体曝光"（35.6%），其余依次是"上访"（34.3%）、"向直接责任相关单位申诉"（33.8%）、"到当地政府行政部门申诉"（32.5%）等。这几种方式占比差距不大，显示公众可选择的维权渠道较多。值得注意的是，选择"到法院起诉""找律师咨询"的比例都不高。由此可见，当权益受到侵害时，人们更倾向通过行政渠道解决问题，通过法律渠道维权的人不多。

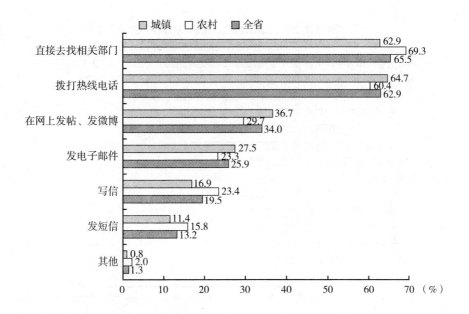

图 8　2013 年第三季度全省城乡居民的政见反映方式偏好情况

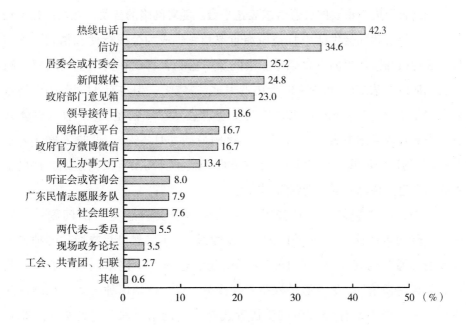

图 9　2013 年第三季度全省城乡居民与政府沟通的渠道方式选择情况

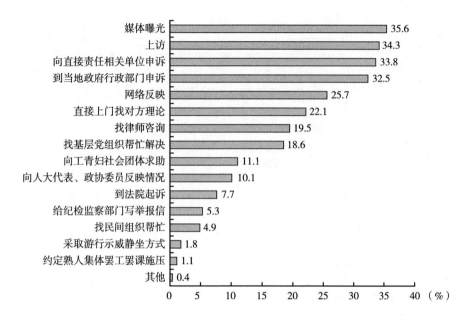

图10　2013年第三季度全省城乡居民维权或投诉渠道选取的偏好情况

网络日渐成为重要的民意诉求表达平台。随着网络的普及，互联网在民众的政治、经济和社会生活中日益扮演重要角色，成为公民行使知情权、参与权、表达权和监督权的重要渠道。当问及"您是否喜欢在网络上向政府反映意见"时（见表8），36.9%的受访者表示"喜欢"，但也有34.5%的受访者表示"不喜欢"，另外还有28.6%的受访者表示"不清楚"。从收入群体来看，中等收入群体中表示"喜欢"的比例最高（41.5%），低收入群体表示"喜欢"的比例最低（31.5%）。在这方面，城乡居民没有太大差别。这显示互联网渠道在特定人群中受到特别欢迎。

此外，在"您最喜欢选择哪种方式向政府反映意见"的问题中，有34%的受访者选择了"在网上发帖、发微博"；在"您最喜欢通过哪种渠道与政府沟通"的问题中，有16.7%的受访者选择了"网络问政平台""政府官方微博微信"；在"如果权益受到侵害，您会选择何种方式进行维权或投诉"的问题中，有25.7%的受访者选择了"网络反映"（见图8、图9、图10）。由此可见，网络已成为公众反映意见和利益诉求表达的重要平台和渠道。

表8　2013 年第三季度全省城乡居民网络反映政见的偏好选取情况

单位：%

	喜欢	不喜欢	不清楚
城镇	38.6	33.8	27.6
农村	34.0	35.5	30.5
低收入群体	31.5	35.9	32.6
中等收入群体	41.5	32.5	26.0
高收入群体	39.6	38.3	22.1
全省	36.9	34.5	28.6

2. 公众诉求表达意愿强烈，咨询求助成为首要目的

公众是否愿意向政府反映意见，在一定程度上反映公众社会参与的积极性和自觉性。

公众与政府沟通意愿较强。民意归根到底就是民众的意愿，反映的是大多数社会成员对与其相关的公共事务或社会现象所持有的大体相近的意见、情感和行为倾向。对"您愿意向政府部门反映意见吗"这个问题，55.3%的受访者表示愿意，只有16.8%表示不愿意，另外有27.9%表示说不清。可见，广东居民与政府沟通的愿望比较强，政治参与的热情比较高。从城乡来看，城镇居民参与社会事务的积极性略高于农村居民；从收入分层来看，中、高收入群体参与的积极性略高于低收入群体（见表9）。

表9　2013 年第三季度全省城乡居民对主动向政府部门反映意见的态度评估

单位：%

	愿意	不愿意	说不清
城镇	57.8	14.8	27.4
农村	51.0	20.0	29.0
低收入群体	52.9	16.1	31.0
中等收入群体	57.8	17.3	24.9
高收入群体	55.3	18.9	25.8
全省	55.3	16.8	27.9

咨询求助是公众与政府沟通的主要目的。公众与政府沟通的主要目的一般包括维权与投诉举报、咨询求助和建言献策三类。其中，维权与投诉举报主要

反映公众受到的权益侵害等问题；咨询求助主要反映公众在日常生活过程中遇到的困难和问题；建言献策则是公众参与政府决策的表现形式。调查结果显示，当问及"您与政府沟通的主要目的"时，50.5%的受访者选择"咨询求助"，35.7%选择"维权与投诉举报"，12.4%选择"建言献策"（见图11）。这显示群众与政府沟通更多是希望解决其在日常生活过程中遇到的困难和问题，而参与政府决策的热情和欲望并不高。

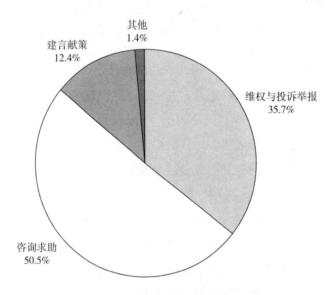

图11　2013年第三季度全省城乡居民对与
政府沟通的主要目的调查情况

3. 表达渠道日益畅通，公众对沟通效果评价偏中性

民意诉求表达渠道畅通程度，是沟通效果最直接也是最重要的指标。从调查结果看，公众对当前民意诉求表达的评价略偏中性，有一定程度的肯定，但否定的比例也不低。

表达渠道畅通程度获基本认可。民意诉求表达渠道畅通程度既可反映沟通渠道的情况，也能反映民意诉求表达的整体过程，在一定程度上，可以说公众对民意诉求表达渠道畅通程度的评价即是对民意诉求表达的总体评价。调查结果显示，公众对表达渠道畅通程度有一个基本的认可。当问到"您认为目前百姓与政府沟通渠道是否畅通"时，39.7%的受访者认为"一般"，

36.0%的受访者认为"畅通"和"比较畅通"，而认为"不太畅通"和"不畅通"的有 24.3%，肯定的比例高于否定的比例（见表 10）。在这个问题上，城乡居民、不同收入人群的评价也大体一致。可见，公众对广东民意诉求表达的效果是"有保留"的基本肯定，评价偏中性，显示这方面还有很大的提升空间。

表 10　2013 年第三季度全省城乡居民对群众与政府沟通渠道畅通程度的认同情况

单位：%

	畅通	比较畅通	一般	不太畅通	不畅通
城镇	12.4	25.4	40.5	15.5	6.2
农村	11.8	21.3	38.8	18.8	9.3
低收入群体	12.2	21.1	39.9	17.9	8.9
中等收入群体	12.5	26.2	39.9	15.7	5.7
高收入群体	11.6	27.8	38.3	13.9	8.4
全省	12.2	23.8	39.7	16.8	7.5

对政府部门办事评价偏中性。政府部门直接面对公众，公众有问题也愿意找政府有关部门反映，因此，到政府部门办事是否容易，直接影响民意诉求表达的效果。从调查结果来看，对于"您认为现在到政府部门办事是否容易"的问题，38.0%的受访者认为"一般"，36.0%的受访者认为"容易"和"比较容易"，但也有 26.0%的受访者认为"不太容易"和"不容易"（见图 12），可见"门难进、脸难看、事难办"的现象在一定程度上还是存在的。不过，对于到政府部门办事容易程度，肯定的比例还是明显高于否定的比例，显示公众对当前到政府部门办事有一定程度的认可，评价偏中性。

（二）存在的问题

从目前的情况来看，民意诉求表达总体来说效果一般，与人民群众的期望还有较大差距。

1. 处理反馈机制不健全，表达效果不够理想

在互联网时代，人人都能"发出声音"，表达诉求并不难，但是相关部门愿不愿意听、能不能听到、听到之后怎么办，这才是问题的关键所在。调查结

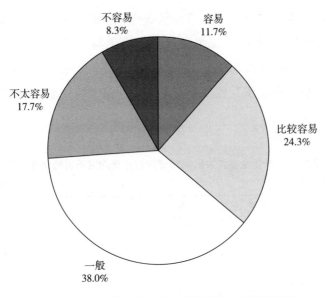

图12 2013年第三季度全省城乡居民对到政府部门
办事难易程度的认同情况

果显示，超过半数的群众愿意向政府部门反映意见，但也有16.8%的人明确表示不愿意，不愿意的原因，高达61.9%的人认为"沟通作用不大"，34.8%的人"怕打击报复"，还有27.9%的人"对政府不信任"（见图13）。同样，对于到政府部门办事是否容易的问题，表示"不容易"和"不太容易"的人也占到了26.0%，还有38.0%的人认为"一般"（见图12）。由此可见，群众对目前的民意表达效果满意度不高。

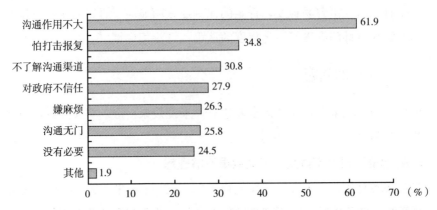

图13 2013年第三季度全省城乡居民不愿主动向政府部门反映政见的原因评估

导致这种情况的原因：一是处理反馈机制不健全。有些部门处理民众反映的问题时，存在推诿、扯皮、踢皮球现象，由于没有必须处理的硬约束，很多苗头问题在拖延与推诿中演变成大问题、老问题、难问题。调查结果显示，对于百姓与政府沟通不畅通的原因，排在前三位的分别是"踢皮球，问题得不到解决"（40.9%）、"程序繁琐，耗时耗力"（39.1%）、"不知道去找谁"（38.6%）（见图14）。二是少数干部对民意重视不够。对于群众的诉求、意见，少数干部充耳不闻，"说了也白说"，甚至个别基层干部出于"政绩"、私利考虑，隐瞒下情、掩盖矛盾，群众的呼声往往不能及时反映到上级党委和政府那里，民意被冷落、压制。

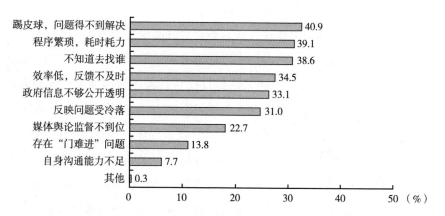

图14　2013年第三季度全省城乡居民对与政府沟通不畅原因的评估

2. 行政渠道表达民意受青睐，司法渠道维护权益意识淡薄

调查结果显示，在民众维权或投诉的方式中排在前四位的分别是：媒体曝光（35.6%）、上访（34.3%）、向直接责任相关单位申诉（33.8%）、到当地政府行政部门申诉（32.5%）。而选择找律师咨询或到法院起诉的比例都很低，分别只占19.5%和7.7%（见图10）。

导致这种情况的原因：一是传统"青天意识"影响人们的选择。当遇到问题时，人们很自然地希望"青天大老爷"出面主持公道，为民做主。特别是在法制不健全的现实条件下，找政府表达诉求、解决问题依然是百姓的首选。二是在目前的维稳信访考核机制下，地方政府往往对越级上访和群体性事件顾虑重重，因而采取很多非法制化的政治救助手段息事宁人，"摆平就是水平"，弱化了群众的法律意识，诱导了大量社会矛盾和民意诉求流向政府部门。三是司法公信力不高。目前我国法律运行机制还存在一些问题，司法权容易受到各方面的掣肘，司法腐败现象也严重妨碍司法公正，有些纠纷在审判中很难做到不偏不倚，当事人得不到公正的对待。

3. 不同群体话语权有差距，弱势群体利益表达处于劣势

现代社会利益多元，只有让不同群体都能充分表达各自的利益诉求，才能形成良好的利益协调机制，促进社会和谐稳定。但现实中，不同群体的诉求表达机会和表达能力不平等，精英集团占有更多的社会资源，也容易获得更多的话语权；弱势群体由于社会地位低、资源少，权利表达不畅甚至不通，主流话语体系中没有他们的位置，其话语权较弱。

调查结果显示，弱势群体往往在利益表达方面也处于劣势。从收入分层的角度看，高、中收入群体对目前广东民意诉求表达渠道的肯定程度高于低收入群体。高收入群体中有39.4%的人认为目前百姓与政府沟通渠道畅通和比较畅通，中等收入群体的比例也差不多，为38.7%，而低收入群体只有33.3%的人对此表示肯定。持否定态度的比例，低收入群体的比例高于高收入群体，26.8%的人认为不畅通和不太畅通，高收入群体和中等收入群体的比例分别为22.3%和21.4%（见表10）。从城乡的角度看，城镇居民对民意诉求表达渠道的肯定比例高于农村。37.8%的城镇居民认为百姓与政府沟通渠道畅通和比较畅通，只有33.1%的农村居民认同这点；28.1%的农村居民认为不畅通和不太畅通，而城镇居民的这一比例为21.7%（见表10）。两者差距明显。弱势群体缺乏影响公共舆论的资源，鲜有参与政府决策的渠道，甚至无法得到与自身密切相关的信息，在利益受到侵害时，也缺少在体制内表达的能力，因此，往往采取一些激进的"个体维权"方式，如静坐、堵路、罢工等，严重影响社会稳定。

（三）建议

1. 拓宽民意表达新渠道

近年来，以网络媒体为代表的新媒体、自媒体，凭借互动性强、传播快、自由度高等优势，日益成为民意表达的重要渠道。各地各部门在拓展原有联系

群众渠道的同时，要进一步发挥新媒体在民意诉求表达中的重要作用。一是完善政府与公众网络互动平台，充分发挥网络在收集民意、汇聚民智方面的作用。各级政府出台重大政策前，要通过互联网征求意见，开展民意调查。二是加强网络舆情工作，做好网上的政务信息公开、突发事件的信息公布，随时收集、掌握、分析网络民意与网络舆情，及时对公众的疑问作出回应，有效地将公众的视线吸引到政府可控范围内。三是建立和完善网络民意引导机制。

2. 推进政府决策民主化

要广开言路、倾听民声，进一步推进决策科学化、民主化。一是进一步扩大基层民主，实行政务公开、厂务公开、村务公开等公开办事制度，保障人民群众的民主权利。二是拓宽公众参与渠道，健全公民参与制度。三是实行政务公开，增强决策信息透明度。规范电子政务，完善民意表达的功能。

3. 健全民意收集处理反馈机制

一是完善以人大代表为主渠道的民意收集处理机制。发挥地方人大的制度化渠道作用，构建人大代表的立体民意收集处理机制，搭建人大代表与对应辖区群众相互联系的通道，探索地方人大代表专业化进程。扩大代表直选范围，提高直选层次，增加信息公开力度，增强代表候选人的竞争性，通过完善制度约束机制来选举敢于和善于表达民意、能监督民意落实的人大代表。二是发挥信访工作的真正效能。信访是我国群众利益表达的制度性安排，引导民意表达步入法制化轨道。三是发挥工青妇等群团组织的枢纽性作用。群团组织通过工作职能的深化和转型，拓宽工作渠道，创新工作手段，发挥组织优势、人才优势和品牌优势，培育发展、引领带动相关领域的社会组织，更好地为特定群体反映民意、解决民困。

B.32

广东省社会建设分析报告
（2013年第四季度）

一 社会建设总体情况

党的十八届三中全会全面深化改革的部署，为广东社会体制改革指明了方向。2013年广东加强以保障和改善民生为重点的社会建设，民生服务水平与覆盖面不断提升，社会治理创新深入推进，社会建设交出亮眼"成绩单"。

（一）民生事业整体发展势头良好

民生事业整体发展水平大幅上升。2013年广东城镇居民人均可支配收入32950元，农村居民人均纯收入7076元，分别增长9.0%和10.5%。城乡居民月人均低保标准分别提高19.1%、17.6%，城乡居民基础养老金提高18.2%，年人均农村五保集中供养、分散供养标准分别提高1200元、1300元，企业职工最低工资标准平均提高19.1%。①

部分民生指标仍有提升空间。从兄弟省份已公开的年度数据来看，首先在财政收入方面，2013年广东省地方公共财政预算收入为7076亿元，高于江苏的6568.5亿元②，财政收入增长率为13.6%，略高于江苏的12.1%与浙江的10.27%。

在居民收入方面，广东城镇居民人均可支配收入比江苏的32500元高450

---

① 广东省2013年政府工作报告。
② 江苏省2013年政府工作报告。

元，比浙江的37851元低4901元。而广东农村居民人均现金收入均大幅低于浙江的16106元与江苏的13550元（比浙江低9030元，比江苏低6474元）。收入水平提升仍有较大的空间。

在社会保障方面，从养老保险数据来看，广东省城乡居民养老保险基础养老金为65元①，低于江苏的80元②。而从2014年1月1日起，浙江省城乡居民养老保险基础养老金提升至每人每月100元③，继续领跑全国。在养老服务设施方面，截至2013年年底，广东千名老人床位数只有17.3张，低于全国25张的平均水平④，大幅低于浙江的30张以上，江苏的28.6张。

在公共就业方面，2013年广东实施更加积极的就业政策，城镇新增就业164.5万人，促进创业17.6万人，城镇登记失业率为2.43%。新增就业人数高于浙江的104.3万人，城镇登记失业率低于江苏的3.03%。

在居民消费价格方面，在食品价格上扬、水油气等资源价格上调的带动下，2013年广东CPI比上年上涨2.5%，低于同期全国平均涨幅（上涨2.6%）0.1个百分点，但高于同期浙江涨幅（上涨2.3%）0.2个百分点。

（二）多项民生实事超额完成任务

全省各级财政共安排1576.06亿元用于十件民生实事，全年共拨付资金1764.45亿元，完成年度预算的111.95%。其中，省级财政安排用于十件民生实事工作的资金为592.07亿元，全年共拨付资金632.68亿元，完成全年预算的106.86%。⑤十件民生实事目标基本实现，多项民生实事超额完成（具体推进情况见表1，财政投入情况见图2）。

与此同时，部分民生项目预算也遭遇了"执行难"的问题，部分实事未能如期完成。比如，《2013年预算执行情况和2014年预算草案》披露，2013

---

① 自2013年1月起，广东省城乡居民养老保险基础养老金从每人每月55元提高至65元，根据《广东底线民生保障水平实施方案》，2014年7月拟提升至80元。
② 江苏省2013年政府工作报告。
③ 浙江省2013年政府工作报告。
④ 广东省十二届人大二次会议新闻发布会、2014年全国民政工作会议公布数据。
⑤ 广东省府办公厅2013年省十件民生实事完成情况新闻发布会。

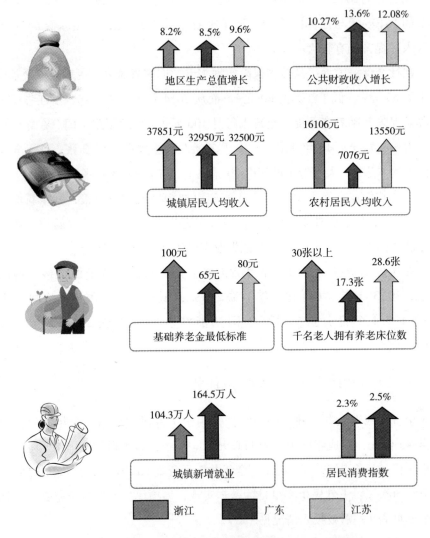

图1 粤浙苏 2013 年民生社会事业发展情况比较示意图

注：城镇居民与农村居民人均收入分别为城镇居民人均可支配收入与农村居民人均现金收入。城乡居民基础养老金为截至 2014 年 1 月 1 日的数据。

数据来源：广东省 2013 年政府工作报告、浙江省 2013 年政府工作报告、江苏省 2013 年政府工作报告。

年广东省政府承诺的十件民生实事中，用于改善异地务工人员生产生活条件的 10.43 亿元预算，完成进度不到六成；用于提升就业社保水平的资金也只完成

表 1　2013 年十件民生实事推进情况

事项		进展情况
提升就业 社保水平	就业	全省扶持创业 17.6 万人，城镇新增就业 164.5 万人，失业人员再就业 67.7 万人，就业困难人员实现再就业 20.2 万人，分别完成任务的 176%、137.1%、112.8% 和 202%。至 2013 年年底，广东高校毕业生就业率达 97% 以上。
	社会保障	新增发放社会保障卡 5534 万张，超额完成新增发放社会保障卡 3000 万张目标，目前全省持卡人数达 8899 万。城乡居民养老保险参保人数达到 2488 万，其中领取待遇 810 万人，参保率 99.8%，养老金发放率达到 100%。
促进教育 均衡协调 发展	教育强省 建设	共创建省教育强县（市、区）12 个，教育强镇（乡、街）196 个，分别完成预定目标的 120% 和 196%。截至 2013 年年底，全省共有教育强县（市、区）68 个、教育强镇（乡、街）982 个，覆盖率分别为 50.8% 和 62%。
	义务教育 补贴	山区和农村边远地区义务教育学校教师岗位津贴省补助标准提高到人均 700 元/月。城乡免费义务教育生均公用经费补助标准小学提高到 950 元、初中提高到 1550 元，省属普通本科学校生均综合定额标准提高到 9100 元，实现了既定目标。
	职业教育 免学费	2013 年"将中等职业教育免学费实施范围扩大至所有农村（含县镇）户籍全日制在校生"顺利实施，广东享受免学费的中职学生人数由 2011 学年的 12 万增加到 2012 学年的约 70 万。
加强基本 医疗卫生 服务	公共卫生	人均基本公共卫生服务经费标准提高到 35 元以上。免费孕前优生健康检查服务已覆盖全省所有县（市、区），全年共为 105.67 万人提供检查服务。全省艾滋病、梅毒和乙肝感染孕产妇及所生婴儿接受免费干预服务比例超过 80%。
	医疗服务	加强基本医疗卫生服务。全省县级公立综合医院基本药物平均使用比例达 49.73%，比目标高出 9.73 个百分点。全省 20 个地级以上市已按要求设立平价医院、平价诊室，共认定平价医院 51 家，平价诊室占二级以上公立医院门诊资源的 9.08%，超额完成任务。所有政府乡镇卫生院和社区卫生服务中心均提供平价药包服务。
	医药管理	全省 117 家三级医院已实现七大类检查检验项目结果互认，在 80% 的县（市）开展公立医院综合改革试点，所有试点医院取消药品加成。全省基本药物品种从 551 种扩大到 967 种，全省县级公立综合医院基本药物使用比例已经达到 49.7%。
优化基层 文体服务	文化设施 建设	投入资金 1.9 亿元，扶持欠发达地区新建、改扩建或完善设施设备地市级数字图书馆 12 个，县级图书馆、文化馆、博物馆 53 个，乡镇综合文化站 306 个、公共电子阅览室 588 个，行政村（社区）文化室 1708 个，在欠发达地区建设乡镇农民体育健身工程 233 个。
	影视服务	全省有线网络未通达地区广播电视"户户通"工程完成 43.1 万户建设，超额完成 3.1 万户。农村电影放映 28.2 万场次，完成任务的 120.6%。全省基层公共文化设施全面实现免费开放。

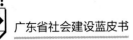

续表

事项		进展情况
改善农村生产生活条件	帮扶贫困	全省各地均已出台新一轮扶贫开发"双到"工作实施方案,落实到位资金30.8亿元,启动扶贫项目17620个。40个渔业产业化基地和41个渔民合作社项目全部建设完工并通过验收。
	农村设施	5000公里新农村公路路面硬化、79宗中小河流治理和312宗重点小型病险水库除险加固工程均全面完工。
	饮水安全	涉及150.4万农村居民的593宗农村饮水安全工程全部完工,广东农村饮水安全问题已基本解决。
	住房改造	10万户农村低收入住房困难户住房改造建设和700个村1.5万户"两不具备"贫困村移民搬迁任务全部完成。
开展助困扶残方面	提高低保标准	全省所有县(市、区)的城镇、农村低保补差水平均已达到或超过242元、109元的年度目标,所有县(市、区)的农村五保供养水平均达到不低于当地上年农村居民人均纯收入60%的年度目标。
	残疾人服务	全年共为5831户贫困家庭残疾人提供居家康复服务,为11099户贫困家庭残疾人实施居家无障碍环境改造,分别完成任务的116.6%和222%。
加强住房保障	保障房建设	截至2013年年底,全省新开工建设保障性住房和棚户区改造88117套,完成年度目标任务的112.4%;发放租赁补贴9138户,完成年度目标任务的181.7%;竣工138874套,完成年度目标任务的119.9%。
	渔民住房	渔民安居住房已全面平整土地,动工建设533套,完成年度任务。
改善异地务工人员生产生活条件	子女就学	全省21个地级以上市均已出台随迁子女就地参加中考的具体办法(广州市为过渡方案),并组织实施。
	技能培训	全省培训劳动力70.6万人,转移就业90.8万人,均超额完成年度任务。
推进价格惠民	价格补贴	2013年元旦、春节期间,向全省283.3万城乡困难群众发放一次性临时价格补贴10.86亿元,超额完成计划。
	平价商店药店	新建农副产品平价商店1244家、平价药店392家,分别完成全年任务的124.4%和130.7%。新增认定菜篮子基地148个,目前全省共有菜篮子建设基地300个、培育基地131个。
加强环保设施和生态工程建设	空气治理	所有地级以上市均已按环境空气质量新标准发布PM2.5等实时监测数据。6月份全省各市县均开始发布灰霾天气预报。全省共完成大气污染治理项目3092个,超额完成全年任务。
	污水处理	新建扩建污水处理厂19座,新增污水处理能力106.9万吨,新建成配套管网1952.6公里,全省所有县和珠三角地区所有中心镇全部建有污水处理设施,城镇生活污水处理率达80%。
	垃圾处理	全省承担开工建设生活垃圾场任务的71个县(市、区)中,有35个已建成、33个已开工;1049个镇(街)和14万个自然村,均全部完成生活垃圾中转站和收集点的建设。

资料来源:2014年1月15日广东省府办公厅2013年省十件民生实事完成情况新闻发布会。

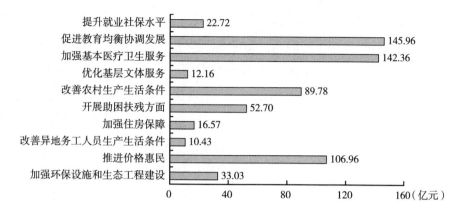

图 2　2013 年十件民生实事财政投入情况

数据来源：广东省府办公厅 2013 年省十件民生实事完成情况新闻发布会。

了年度预算 22.72 亿元的 65%，此外，促进教育均衡协调发展和加强基本医疗卫生服务也没有完成年度预算。未完成预算的原因有两个：一是行政主管部门正在制定资金分配方案，有的因为正在开展资格审核、资金分配，有的采取后清算的方式，需待全年工作完成后才能下拨资金，资金尚未下达；二是市、县（市、区）配套资金难以落实。由于部分市、县（市、区）"穷财政"，资金无法及时到位，使得项目难以推进。因此，接下来广东应当继续大力推动财税体制改革，加强民生资金使用和拨付机制的改革创新，确保民生实事有钱花，花得出去。

（三）民生财政有效支撑社会发展

公共财政改革成效显著。2013 年 10 月底，广东连续出台了《关于压减省级财政专项转移支付扩大一般性转移支付的意见》《关于完善省级财政一般性转移支付政策的意见》两份文件，力图通过"压专项扩一般"优化支出结构、提高市县理财自主权，并提出到 2017 年将省级一般性转移支付占省级财政转移支付支出的比重从 2012 年的 35.7% 提高到 60% 或以上。这意味着市、县政府将新增数百亿甚至上千亿元财力支配。截至 2013 年底，"压专项扩一般"行动纳入清理范围的专项项目、资金达到 670 项，总计金额 759.58 亿元。清理后，公共财政预算专项资金的项目数量比清理前减少 274 项、下降 43%，金额减少 150.87 亿元、下降 25%。[①]

财政支出进一步向民生倾斜。2013 年，全省各级财政民生支出总计达到 1727 亿元，民生支出占全省公共财政预算支出的比重达 67.2%。[②] 然而，与已公布财政民生支出的兄弟省份相比，广东省民生财政仍有上升与改进的空间。如图 3 所示，广东民生支出总量落后于河南、四川、陕西、新疆与甘肃，仅高于黑龙江与青海；民生财政所占比例低于陕西（80.5%）、甘肃（76.0%）、青海（75.6%）、新疆（73.0%）、河南（72.6%），也落后于同为经济发达省份的江苏（75.0%）近 8 个百分点。[③] 这些数据表明，广东在民生方面的投入与其经济大省、财政大省的地位不相匹配，仍有上升空间。"三公"支出的大幅下降，为民生投入大幅增长带来了契机。据统计，2013 年全省共压缩省直部门公用经费开支 5%，用于救灾复产重建。

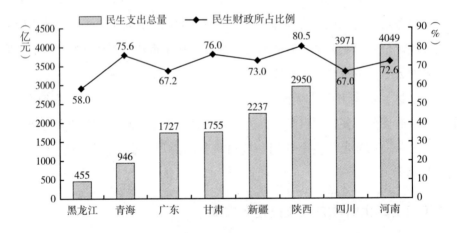

图 3　2014 年度部分省份财政预算案民生财政情况比较

数据来源：各省政府工作报告。

（四）简政放权为全国探路

广东的改革已经进入深水区和攻坚期，2013 年广东拿出"革自己命"的

---

① 省十二届人大二次会议审议通过的《广东省 2013 年预算执行情况和 2014 年预算草案的报告》。

② 广东省 2013 年政府工作报告。

③ 各省政府工作报告。

勇气，通过简政放权推动政府职能转变，进一步促进政府职能归位。

行政审批制度改革大刀阔斧。2013 年重点推进行政审批制度改革，利用国家授权先行先试的契机，取消、转移、下放国家设定和省权限内的行政审批事项共 508 项，市县行政审批改革事项目录全部公布。

取消减免 14 项行政事业性收费，每年为企业、群众"减负"22 亿元。自 2013 年 10 月 1 日起，广东取消、免征、降低 13 项省定行政事业性收费；自 2014 年 1 月 1 日起两年内，降低企业堤围防护费征收标准，据初步统计，以上措施每年可为企业和群众减负 22 亿多元。①

政务公开持续推进，确保权力在阳光下运行。自 2012 年广东网上办事大厅正式开通以来，截至 2013 年 12 月 20 日，应进驻的 52 个省级部门已全部进驻，已进驻行政审批事项 1206 项，进驻率达 99.9%；进驻社会事务服务事项 397 项，进驻率达 100%。全省市、县两级分厅共进驻事项 94387 项，其中行政审批事项 74921 项，社会事务服务事项 19466 项。②

晒出权力清单，防止各种审批事项"卷土重来"。党的十八届三中全会明确提出了"推行地方各级政府及其工作部门权力清单制度，依法公开权力运行流程"的要求。2013 年 11 月，广州 387 项行政审批职权通过市政府门户网站等渠道正式上线接受社会监督，广州成为全国率先"晒"出行政权力清单的城市。通过制定《广州市规范行政权力公开运行工作总体方案》和权力清理、权力公开、权力监督 3 个工作方案，广州市政府组织开展职权清理工作，共确定市本级行政审批职权 387 项、行政处罚职权 3138 项、7 个行政执法电子监察试点单位的全部行政职权。截至目前，共监察行政执法案件 99129 宗，执法异常率从开展监察前的 21.59% 减少到 0.012%，下降了 21.58 个百分点。③

商事登记改革激发活力。2013 年，广东省在广州、深圳、东莞、珠海、顺德等地启动了商事登记制度改革，旨在取消企业登记注册所有前置审批许可事项，彻底破除市场准入门槛。改革充分激发了市场活力，在深圳，商事登记

---

① 2013 年 9 月 29 日广东省人民政府广东省行政事业性收费专项清理新闻发布会。

② 2014 年 1 月 7 日广东省信息中心公布数据。

③ 2013 年 11 月 21 日广州市纪委、监察局对媒体公布数据。

制度实施后，一周内新登记商事主体就达到 6000 户，较同期增长 39.4%，半年内，全市新增商事主体超过 20 万户，同比增长 127%。① 在珠三角地区成功试点后，商事登记改革将在广东全省铺开，更多的市场主体将感受到这项改革带来的"红利"。

（五）平安广东建设认可度大幅提升

社会治安满意度达到 2011 年以来的最高点。广州社情民意研究中心发布的《社会治安广东城乡居民评价变化分析报告》显示，自 2011 年以来开展社会治安相关民调开始，2013 年第四季度城镇居民满意度达到最高点（41%），不满意度达到最低点（23%）（见图 4）。在农村地区，2013 年，受访村民的满意度为 38%，较 2011 年上升了 4 个百分点，不满意度降至 31%，而 2011年不满意度与满意度均在 35% 左右。从地区来看，珠三角与粤北山区民众评价较好。在城镇地区，珠三角与粤北城镇居民 2013 年第四季度满意度分别为45% 与 41%。在粤东的城镇与农村地区，农村满意度较 2011 年大幅上升 10 个百分点至 37%。

矛盾纠纷调解成功率达到 89.10%。逐步健全调处化解矛盾纠纷综合机制，进一步完善诉前联调工作机制，2013 年法院共受理纠纷 7.18 万件，调解成功率达 89.19%，超过 10% 的纠纷有效化解在诉讼之前。法院 2013 年共接待群众来访 18011 人次，同比下降 3.23%，来访人数连续 6 年下降，保持了"案件大省、信访小省"的良好态势。②

信访立法提交审议，"诉访分离"将全面实施。2013 年 11 月省十二届人大常委会第五次会议审议《广东省信访条例（草案）》，把信访工作纳入法治轨道。《条例》提出，要全面实施"诉访分离"制度，明确应当纳入法治轨道解决的八类事项，涉及普通的民事纠纷、行政纠纷等各个方面，对这八类事项当事人应当依照诉讼、仲裁、行政复议等法定程序向有关机关提出。

---

① 2013 年 9 月 11 日"深圳市教育实践活动边学边整边改专题行动之商事登记制度改革深化配套行动"新闻通报会。
② 广东省高级人民法院在省十二届人大二次会议上的工作报告。

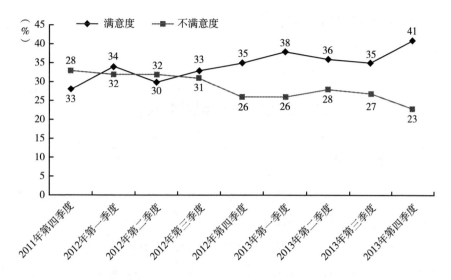

图 4　2011 年~2013 年广东省城镇居民对社会治安的评价结果

数据来源：广州社情民意研究中心发布的《社会治安广东城乡居民评价变化分析报告》。

（六）社会组织培育监管取得新成效

社会组织扶持基金名额扩大 10%。2013 年 10 月，广东省财政厅与民政厅出台《2013 年度广东省省级培育发展社会组织专项资金申报指南》。《指南》提出，广东省将择优选择不超过 400 家的社会组织实行分类扶持，扶持的社会组织名额上调 10%，其中，公益服务类每家 30 万元，最高不超过 200 家；学术联谊类、群众生活类每家 20 万元，最高不超过 100 家；行业协会类、公证仲裁类等每家 10 万元，最高不超过 100 家。同时，《指南》还规定，发挥枢纽作用的社会组织，统一按 30 万元予以扶持。

政府购买社会组织服务一年 4.66 亿元。广东先后出台省级政府向社会组织转移职能、政府购买社会组织服务、具备承接政府职能转移和购买服务资质的社会组织三个目录，向社会组织转移职能 56 项，公布了省级具备资质的社会组织 618 家。2013 年全年，广东省向社会组织购买服务金额高达 4.66 亿元。

全国第一部综合性的社会组织地方法规列入立法规划。作为社会组织各项改革的"领头羊"，广东继率先进行社会组织登记体制改革后，计划用两年时间制定出台全国第一部综合性的社会组织地方法规。《广东省社会组织条例》

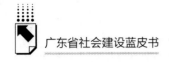
已列入 2014 年省人大立法规划，将对社会组织的法律地位、登记管理、权益保障、监管体系等方面做出规定。

二 底线民生问题专题报告

（一）基本情况

底线民生，是对因各种原因导致难以维持最低生活水平，或出现其他特殊困难的个人和家庭进行救济和援助，以维护其基本生活权益的社会保障制度，对调整资源配置、实现社会公平、维护社会稳定具有非常重要的作用。近年来，广东省委、省政府一直将底线民生保障作为践行群众路线、建设幸福广东的重要内容进行部署，不断加大财政资金投入，完善底线民生保障制度，取得了良好成效。

1. 保障体系逐步完善

2013 年 11 月 14 日，省政府常务会议审议并原则通过《关于提高我省底线民生保障水平的实施方案》，决定落实城乡低保标准和农村五保供养标准，提高城乡医疗救助标准、城乡居民养老保险基础养老金、残疾人保障水平和孤儿生活保障标准，并列为 2014 年省十件民生实事之首，初步建立起与广东经济社会发展水平相适应、覆盖城乡的底线民生保障体系。一是六类人群纳入保障范围。《方案》根据广东实际情况，确定底线民生保障范围为六大类：城乡低保（含城镇"三无人员"，即无劳动能力、无经济来源、无法定赡养人和抚养人的特殊困难人员）、农村五保、医疗救助、基础养老金、残疾人保障、孤儿保障。二是总体目标达到全国前列。按照《方案》要求，力争到 2015 年，粤东西北地区底线民生保障水平达到全国平均水平，珠三角地区达到全国前列；到 2017 年，建立起与广东经济社会发展水平相适应、覆盖城乡的底线民生保障体系，全面提升底线民生保障水平，力争全省底线民生保障水平达到全国前列。三是各项保障目标均已确定。

2. 底线人群基数较大

目前全省纳入城乡低保对象人数达 217.49 万，其中城镇 38.31 万，农村

179.17万；纳入五保供养对象人数共25.4万；享受残疾人居家康复和居家环境无障碍改造补助的各5000户，享受脑瘫儿童康复训练补助的共1.1万人，享受生活津贴的共41.9万多人，享受重度护理津贴的共21.82万人；享受残疾人专职委员补助的约2.3万人；全省纳入各类优抚对象人数为41.77万，其中包括重点优抚对象26.1万人。①

3. 政府投入不断增加

广东省按照"稳高、托底"的总体思路，足额保障底线民生所需资金，通过进一步强化政府职责，建立以公共财政投入为主、慈善捐助和社会帮扶为补充的底线民生保障多元化供给机制。一是底线民生保障支出资金不断增加。2013年，全省各级财政安排用于底线民生保障的支出共计61.75亿元。其中，城乡最低生活保障（含城镇"三无人员"）共计支出35.7亿元，五保供养共计支出11.57亿元，孤儿基本生活保障共计支出3.67亿元，残疾人保障共计支出3.44亿元，医疗救助（含城镇"三无人员"）共计支出7.37亿元。② 在此基础上，2014年底线民生保障支出进一步提高，约投入153.89亿元，较上年增长45%③，其中省级财政负担欠发达地区总投入的58%，共71.8亿元。二是保障标准全面提高。从2014年1月起，城乡居民低保补差标准分别提高到333元/月和147元/月，农村五保对象人均供养标准提高到5897元/年，孤儿基本生活集中供养和分散供养标准分别提高到1150元/月和700元/月，医疗救助人均标准提高到934元/年，残疾人生活津贴和重残护理补贴标准分别提高到600元/年和1200元/年。从2014年7月起，城乡居民基础养老金人均标准提高到80元/月。④ 三是欠发达县市区分为三类补助地区。自2014年起，省级财政继续加大对欠发达地区的支持力度。根据人均财力水平和补助对象人数，将粤东西北等欠发达县市区划分为三类补助地区，省级财政分别按50%、60%、70%的比例给予补助；基础养老金补助仍按省级财政50%、市县财政各25%的原则分担。珠三角地区自行解决。省级

---

① 2013年6月21日广东省民政厅公布数据。
② 广东省财政厅提供数据。
③ 广东省财政厅《广东省2013年预算执行情况和2014年预算草案的报告》。
④ 广东省2013年政府工作报告。

财政补助资金来源由省财政厅按有关规程另行报批，并列入年度省级财政预算计划。

（二）存在的问题

1. 底线人群数量呈增长态势，底线民生体系不完善

从广东 2005～2012 年社会救济总人数、城镇最低生活保障人数和农村最低生活保障人数的变化过程可以看出，底线人群规模并没有减少。以社会救济总人数为例，2005 年的总人数为 262.28 万，到 2012 年达到 293.32 万，社会救济总人数规模不减反增（见图 5）。造成这种现象的原因是多方面的，其中一个重要原因是目前的底线民生保障体系仍存在缺陷。

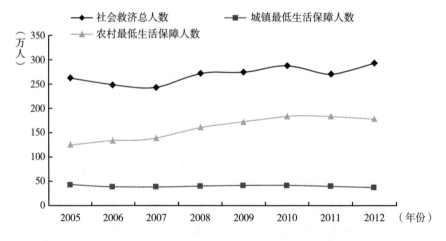

图 5　广东 2005～2012 年三类社会救济人群总量变化

数据来源：《广东统计年鉴》（2006～2013 年）。

底线人群需求满足程度有限，贫困地位难以改变。从整体上讲，现行的保障水平还比较低，只能给予底线人群较低水平的救助，在一些地区甚至不能有效满足底线人群的基本生活需求。如图 6 显示，2013 年，广东城镇低保人均支出水平为 229.23 元，按照城镇居民人均可支配收入 32950 元（平均每月2745.83 元）计算，仅占 8.35%。《关于提高我省底线民生保障水平的实施方案》提出 2014 年广东省城乡低保补差水平进入全国前十名，2015～2017 年保持在全国前十名。即使进入全国前十，按 400 元计算，也仅占 2013 年广东城

镇居民人均可支配收入的 14.57%。这种水平的救助难以改变底线人群的贫困
地位，救助对象往往陷入低生活水平的贫困循环。

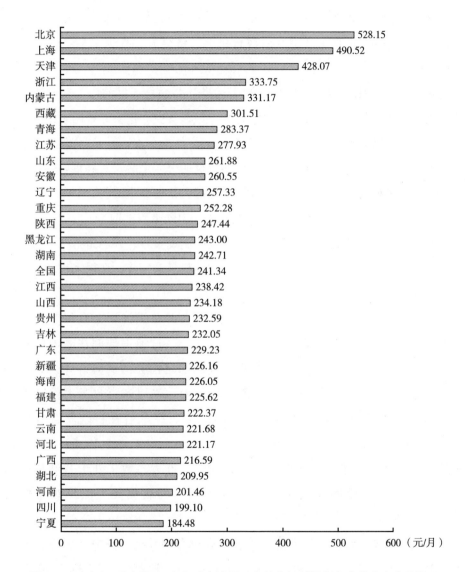

图6　2013 年 10 月全国 31 个省（自治区、直辖市）城镇低保人均支出水平情况

数据来源：民政部公布数据。

保障制度柔性不足，难以对底线人群的诉求作有效回应。底线民生目前更
多地停留在向困难人群发放金钱和物资上，没有考虑到不同救助对象的差别化

需求。底线人群致贫原因可能是家庭成员患病、多子女就学、主要劳动力完全或部分丧失劳动能力、失业、离异等，目前以低保制度为主要内容的底线民生保障体系未能将尽可能多的致贫因素考虑进来并进行分类施救。例如，教育问题，如果切实保障低保家庭子女的教育机会，将会大大减少"穷二代"产生的概率。

底线民生"社会性"欠缺，不利于促进社会融合。目前，广东底线民生的实施主体比较单一，主要靠政府，社会参与非常少。这会导致两个结果：一方面，保障对象对于主流社会存在疏离感；另一方面，政府的社会救助无法迅速带动全社会的互助理念，唤起富裕社会成员的公益之心，其最重要的表现就是民间慈善事业还很不发达，民间社会互助的力量还非常薄弱。

2. 底线人群发展能力不足，社会救济助人自助难以实现

底线民生是给有需要的人提供必要帮助的制度安排，并不是要把一大批人都养起来，有的人长期接受社会救助，就业动机日益弱化，在很大程度上自觉不自觉地形成"福利依赖"，难以走向自立自强。

底线人群自强自立能力不足。由于底线人群在经济社会发展中处于弱势地位，在关键性资源要素获得上不具备优势，这使得他们在激烈的社会竞争中无法自强自立。底线民生关注的人群都是社会的弱势群体，其基本特征是年龄大、学历低，自我发展能力比较差，难以通过自身努力改变贫穷现状。从 2013 年度前三季度广东省社工委、广东省社科院联合开展的"广东省民生问题调查"数据来看，底线人群的平均年龄为 38.67 岁，总体年龄偏高。从人口年龄分布形态来看，底线人群大多数仍处于劳动年龄阶段，50 岁以下的比例占到 81.6%，60 岁以上的底线民生保障对象仅占6.3%（见图 7）。

从教育程度来看，底线人群的受教育程度普遍较低，高中（中专）及以下比例高达七成以上。在底线民生保障人群中，小学学历及以下的占 10.3%，初中学历的占 34.6%，高中（中专）学历的占 28.5%，大专及以上的比例仅为 26.6%（见图 8）。

制度性因素制约底线人群的发展。底线人群总量呈增长态势，他们之所以成为底线人群，一部分人是其身体素质或发展能力存在不足，另外相当一部分

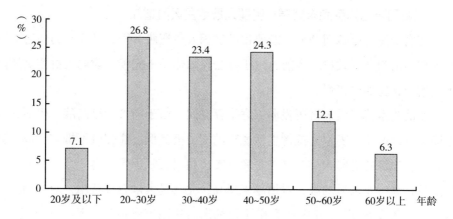

图7　2013 年广东底线民生人群的年龄分布

数据来源：2013 年广东省民生问题调查。

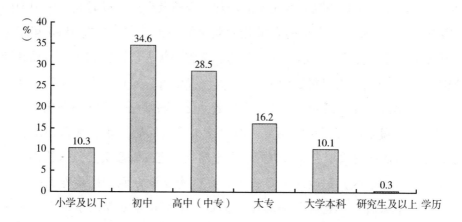

图8　2013 年广东底线民生保障人群的教育程度情况

数据来源：2013 年广东省社会问题调查。

人则是缺少发展权利与就业机会，即制度性贫困。制度性致贫既体现在一些根本性的制度层面上，例如城乡制度设计普遍存在以市民为中心的倾向，缺少对农民利益的公平对待；也体现在一些具体的制度上，例如高等教育产业化政策导致寒门子弟接受高等教育机会减少，高校自主招生制度对贫困家庭子女设置障碍，自主招生操作过程对贫困家庭子女不利，自主招生结果对贫困家庭子女不公，等等。

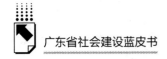

3. 贫困防范体系尚未完善，脆弱人群致贫风险增加

在底线民生保障问题上，既要帮助贫困人口摆脱贫困，又要努力使边缘脆弱人群不沦为贫困人口。当前，由于社会保障体系不完善，脆弱人群致贫风险不断增加，应加以警惕。

生活成本持续增加挤压脆弱家庭生存空间。由于物价持续高涨，生活成本不断上升，一些贫困家庭抵御生活风险的能力极其低，往往收不抵支，成为处在救济线边缘的脆弱人群。首先是教育支出超出实际承受能力。九年义务教育完成后，高中及以后的教育费用越来越高，尤其是大学教育费用，对贫困家庭来说是"天文数字"。其次是医疗问题突出。贫困家庭成员生活于贫困之中，营养状况差，生存压力大，患病率也往往高于其他家庭，较高的"就医门槛"使得他们往往被迫放弃治疗，生病"看不起""治不起"。

老龄化浪潮下贫困老人数量不断增加。当前及今后一段时间，中国面临"银发狂潮"的冲击，广东的老龄化问题更加突出。广东早在1996年就进入老龄化社会，比全国提前4年，目前，全省老年人口已突破千万，预计到2015年，全省老年人口将达到1288万人，占全省总人口的13.64%，80岁以上的老年人口将达到184万人，人口老龄化、高龄化、家庭小型化和空巢化"四化"叠加的特征更加明显。面对这个重大问题，政府部门还准备不足，在养老服务财政资金投入方面，尚未建立稳定的财政资金投入机制，有些市、县（市、区）财政几乎零投入；在机构建设方面，社会养老服务机构建设严重滞后，养老服务配套设施不足，床位和居家养老示范点数量很少；在居家养老服务方面，各地仍处在起步阶段，覆盖面窄、资源分散、服务单一。

流动人口可能成为城市贫困人口的新来源。流动人口为中国经济持续快速增长作出了巨大贡献，但与此同时，流动人口的生存权利长期被忽略，他们在城市中面临住房、教育、医疗和公共卫生、就业、社会保障等多种权益缺失的困境，在经济物质、基本公共服务、个人能力和文化以及身份认同等方面处于弱势，很多人因此陷入贫困的境地。同时，流动人口正常的社会、经济、文化生活的需求难以得到及时满足，缺乏向"主流社会"流动的机会，这成为流动人口贫困的重要原因。

（三）政策建议

1. 以加大投入为重点强化政府责任

要把保障与改善民生作为政府工作的出发点和落脚点，促进广东底线民生持续改善。一是稳定增加资金投入。省级财政要按照人均财力水平和补助对象人数确定补助额度，加大对欠发达地区的财政支持力度，减低甚至免除欠发达地区的财政分担比例，确保欠发达地区的底线民生保障人群能够应保尽保。市、县（市、区）资金要专项安排，确保底线民生保障所需资金足额纳入每年的预算安排计划。二是健全考评体系。落实党的十八届三中全会精神，全面形成以人为本、执政为民的科学政绩观，把政策考评体系从重视"物"的积累转为更加关注"人"的发展，特别要更加关心困难群众的生产生活，把保障底线民生作为地方领导政绩考评的重要指标。三是因地制宜，鼓励基层试点探索新模式。充分发挥基层对底线民生保障工作的积极性和创造性，形成多样化的保障模式。例如，针对部分五保户本土意识浓厚、不习惯到镇敬老院集中生活的情况，研究制定村级五保户集中居住点规划方案及建设设计标准，将分散居住的五保户集中居住，这既能有效减少政府对五保户住房等硬件的投入，也可避免五保户去世后"人去楼空"的状况。

2. 以公平正义为核心优化制度设计

要确保制度本身的公平性，防范底线民生保障人群成为制度建设的牺牲品。一是逐步改革完善现有的不合理制度安排。例如，城乡二元制度，限制了城乡之间人口流动，造成就业、社会保障、教育、医疗卫生等公共产品供给不均衡，最终导致城乡贫富差距拉大和贫困人口群体相对"固化"。二是防范新出台的法规制度重现制度性歧视。避免底线民生保障人群再次成为制度设计缺陷的牺牲品，从而彻底剥夺底线民生保障人群摆脱贫困境地的机会。三是通过法律制度的构建保障底线民生，使保障底线民生制度化、主流化，用制度减缓、减少、消除贫困。

3. 以"助人自助"为取向完善保障体系

底线民生保障人群位于贫困人口最底层，脱贫思路需要从被动接受帮扶为主转向接受帮扶与自力更生共同发展。针对底线民生保障对象的不同特征，以年龄及发展能力情况为分界点，实施"上代救助、中代参与、下代培育"的分类管理保障政策。一是上代救助。对上代（60岁及以上）以救助式扶贫为主，通过直接救助或集中供养等方式来实现，主要满足其基本生存与发展需求。二是中代参与。对中代（19～59岁）以参与式扶贫为主，着重提供技能培训、就业机会，调动这部分人群脱贫致富的积极性和主动性，降低贫困固化风险，防范处于底线民生保障边缘的人群掉入底线保障"陷阱"。三是下代培育。对下代（18岁及以下）以发展式扶贫为主，通过助学、助医、生活资助以及提供发展机会等方式，增强人力资本储备，提高综合素质，严防贫困"世袭"。

4. 以社会融合为目标动员社会力量参与

底线民生保障要在以政府救济为主导的前提下，广泛动员社会力量参与，形成多方联动、相互配合的格局，提升社会救助效能。一是加快培育发展公益慈善类社会组织。创新登记管理机制，降低公益慈善类社会组织准入门槛，简化登记程序；建立培育发展机制，设立公益慈善类社会组织培育发展专项资金。二是大力发展公益慈善事业。以公益慈善活动汇聚社会力量，参与底线民生保障工作，落实慈善捐赠税收优惠政策，鼓励有条件的企业、个人和社会组织参与公益事业；构建公益慈善捐赠平台，建立全省统一、完整、公开的公益慈善信息披露机制；支持和引导社会企业发展；深化与我国港澳台地区及境外国家社会领域合作，加强对境外公益机构参与广东公益事业的引导和监管。三是重视社工综合服务和志愿服务的体系建设。充分发挥社工在帮扶底线民生保障人群中的专业优势，提供更为人性化的服务；激发公众参与志愿服务的热情，推动更多志愿者参与到帮扶底线民生保障人群的队伍中。

社会科学文献出版社

皮书系列

　　"皮书"起源于十七、十八世纪的英国，主要指官方或社会组织正式发表的重要文件或报告，多以"白皮书"命名。在中国，"皮书"这一概念被社会广泛接受，并被成功运作、发展成为一种全新的出版形态，则源于中国社会科学院社会科学文献出版社。

　　皮书是对中国与世界发展状况和热点问题进行年度监测，以专业的角度、专家的视野和实证研究方法，针对某一领域或区域现状与发展态势展开分析和预测，具备权威性、前沿性、原创性、实证性、时效性等特点的连续性公开出版物，由一系列权威研究报告组成。皮书系列是社会科学文献出版社编辑出版的蓝皮书、绿皮书、黄皮书等的统称。

　　皮书系列的作者以中国社会科学院、著名高校、地方社会科学院的研究人员为主，多为国内一流研究机构的权威专家学者，他们的看法和观点代表了学界对中国与世界的现实和未来最高水平的解读与分析。

　　自20世纪90年代末推出以《经济蓝皮书》为开端的皮书系列以来，社会科学文献出版社至今已累计出版皮书千余部，内容涵盖经济、社会、政法、文化传媒、行业、地方发展、国际形势等领域。皮书系列已成为社会科学文献出版社的著名图书品牌和中国社会科学院的知名学术品牌。

　　皮书系列在数字出版和国际出版方面成就斐然。皮书数据库被评为"2008~2009年度数字出版知名品牌"；《经济蓝皮书》《社会蓝皮书》等十几种皮书每年还由国外知名学术出版机构出版英文版、俄文版、韩文版和日文版，面向全球发行。

　　2011年，皮书系列正式列入"十二五"国家重点出版规划项目；2012年，部分重点皮书列入中国社会科学院承担的国家哲学社会科学创新工程项目；2014年，35种院外皮书使用"中国社会科学院创新工程学术出版项目"标识。

中国皮书网

www.pishu.cn

发布皮书研创资讯，传播皮书精彩内容
引领皮书出版潮流，打造皮书服务平台

栏目设置：

- □ 资讯：皮书动态、皮书观点、皮书数据、皮书报道、皮书新书发布会、电子期刊
- □ 标准：皮书评价、皮书研究、皮书规范、皮书专家、编撰团队
- □ 服务：最新皮书、皮书书目、重点推荐、在线购书
- □ 链接：皮书数据库、皮书博客、皮书微博、出版社首页、在线书城
- □ 搜索：资讯、图书、研究动态
- □ 互动：皮书论坛

中国皮书网依托皮书系列"权威、前沿、原创"的优质内容资源，通过文字、图片、音频、视频等多种元素，在皮书研创者、使用者之间搭建了一个成果展示、资源共享的互动平台。

自2005年12月正式上线以来，中国皮书网的IP访问量、PV浏览量与日俱增，受到海内外研究者、公务人员、商务人士以及专业读者的广泛关注。

2008年、2011年中国皮书网均在全国新闻出版业网站荣誉评选中获得"最具商业价值网站"称号。

2012年，中国皮书网在全国新闻出版业网站系列荣誉评选中获得"出版业网站百强"称号。

法 律 声 明

"皮书系列"（含蓝皮书、绿皮书、黄皮书）由社会科学文献出版社最早使用并对外推广，现已成为中国图书市场上流行的品牌，是社会科学文献出版社的品牌图书。社会科学文献出版社拥有该系列图书的专有出版权和网络传播权，其LOGO（ ）与"经济蓝皮书"、"社会蓝皮书"等皮书名称已在中华人民共和国工商行政管理总局商标局登记注册，社会科学文献出版社合法拥有其商标专用权。

未经社会科学文献出版社的授权和许可，任何复制、模仿或以其他方式侵害"皮书系列"和LOGO（ ）、"经济蓝皮书"、"社会蓝皮书"等皮书名称商标专用权的行为均属于侵权行为，社会科学文献出版社将采取法律手段追究其法律责任，维护合法权益。

欢迎社会各界人士对侵犯社会科学文献出版社上述权利的违法行为进行举报。电话：010－59367121，电子邮箱：fawubu@ssap.cn。

社会科学文献出版社